Helmut Konrad von Keusgen

Sainte-Mère-Église und Merderet
US-Luftlandeunternehmen, 6. Juni '44

Druckhinweis:

Libri Plureos GmbH
Friedensallee 273
22763 Hamburg

Diese Neuauflage obliegt dem Originaltext mit der alten deutschen Rechtschreibung.

Meinem indianischen Freund Winggezy gewidmet

Jack Dixon alias Winggezy
…an jener Stelle bei La Fière,
an der er in der Nacht zum 6. Juni 1944
als Fallschirmjäger gelandet ist.
Foto: von Keusgen 2007

Sainte-Mère-Église und Merderet

US-Luftlandeunternehmen, 6. Juni '44

Helmut Konrad von Keusgen

Inhalt

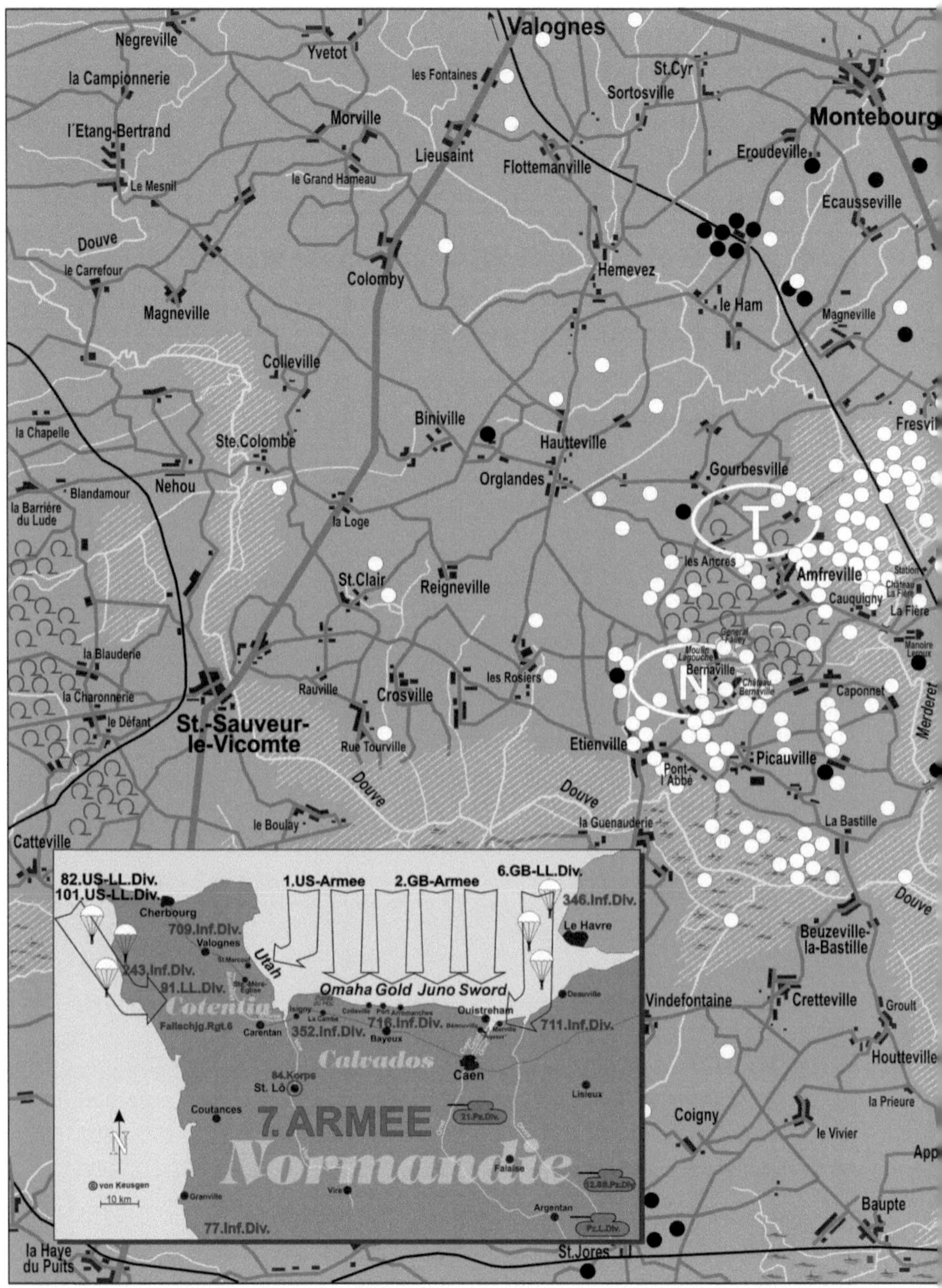

Negreville
la Campionnerie
l'Etang-Bertrand
Le Mesnil
Douve
le Carrefour
Magneville
la Chapelle
Ste.Colombe
Nehou
Blandamour
la Barrière du Lude
la Blauderie
la Charonnerie
le Défant
Catteville
Yvetot
Morville
Lieusaint
le Grand Hameau
Colomby
Colleville
Biniville
la Loge
St.Clair
Reigneville
Rauville
Crosville
les Rosiers
Rue Tourville
le Boulay
Valognes
les Fontaines
Sortosville
St.Cyr
Flottemanville
Hemevez
Hautteville
Orglandes
les Ancres
Bernaville
Etienville
Pont l'Abbé
la Guenauderie
Montebourg
Eroudeville
Ecausseville
le Ham
Magneville
Fresvil
Gourbesville
Amfreville
Cauquigny
Chateau La Fière
La Fière
Station
General Falley
Moulin Lagouche
Chateau Berneville
Caponnet
Manoire Leroux
Merderet
Picauville
La Bastille
Douve
Beuzeville-la-Bastille
Cretteville
Groult
Houtteville
la Prieure
le Vivier
App
Baupte
Coigny
St.-Sauveur-le-Vicomte
Douve
la Haye du Puits
St.Jores
T
N
82.US-LL.Div.
101.US-LL.Div.
1.US-Armee
2.GB-Armee
6.GB-LL.Div.
346.Inf.Div.
Cherbourg
709.Inf.Div.
Valognes
St.Marcout
Utah
St.Mère-Eglise
243.Div.
91.LL.Div.
Cotentin
Fallschjg.Rgt.6
Isigny
La Cambe
Colleville
Port Arromanches
A.H.R.
Omaha Gold Juno Sword
718.Inf.Div.
Ouistreham
711.Inf.Div.
Desuville
Le Havre
Carentan
352.Inf.Div.
Bayeux
Berneville
Calvados
84.Korps
St. Lô
Caen
Coutances
7.ARMEE
21.Pz.Div.
Lisieux
Vindefontaine
Normandie
Granville
Vire
Falaise
12.SS.Pz.Div.
Argentan
Pz.LL.Div.
77.Inf.Div.
von Keusgen
10 km
N

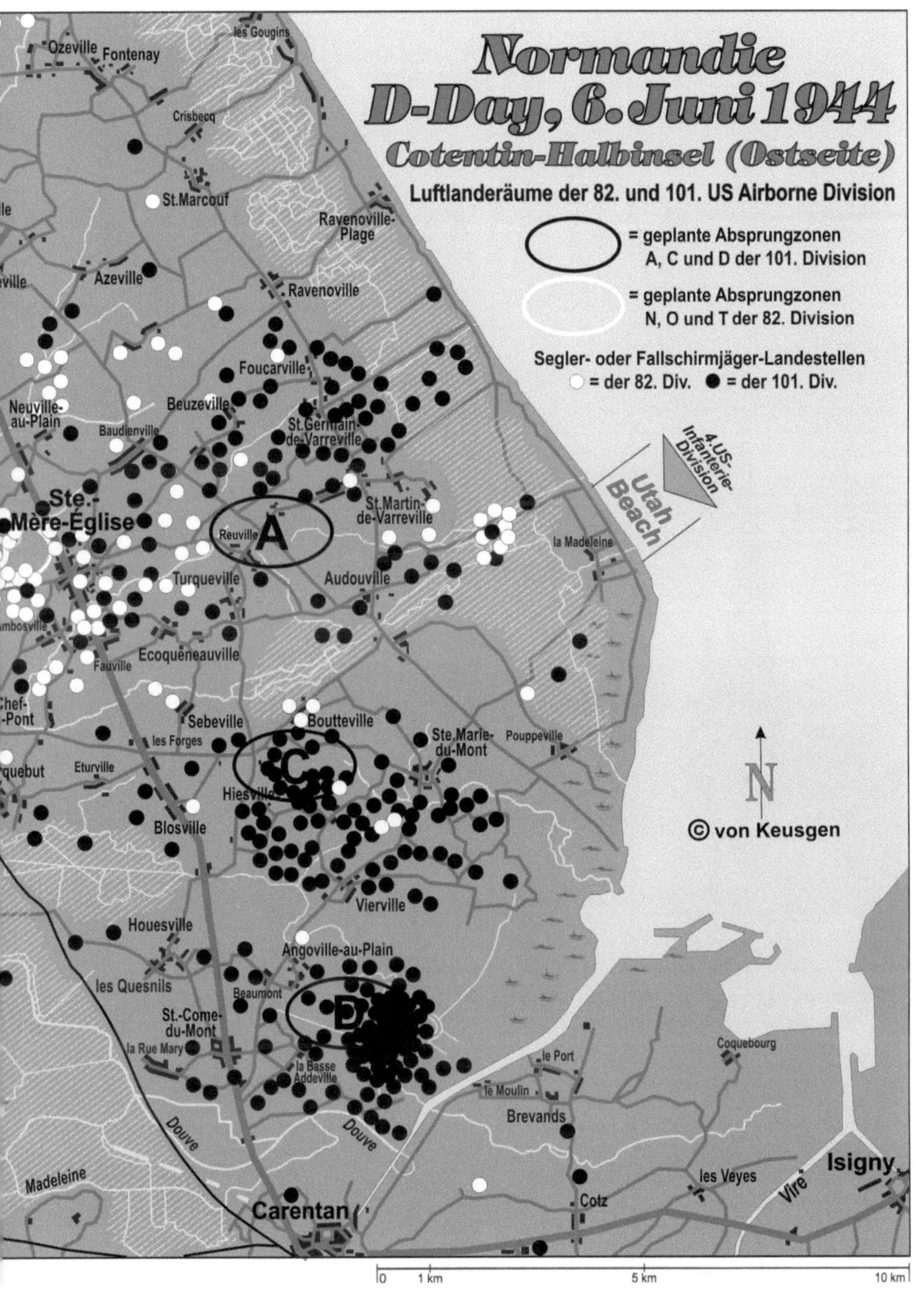

Normandie
D-Day, 6. Juni 1944
Cotentin-Halbinsel (Ostseite)
Luftlanderäume der 82. und 101. US Airborne Division
= geplante Absprungzonen A, C und D der 101. Division
= geplante Absprungzonen N, O und T der 82. Division
Segler- oder Fallschirmjäger-Landestellen
= der 82. Div.
= der 101. Div.
Ozeville
Fontenay
les Gougins
Crisbecq
St.Marcouf
Ravenoville-Plage
Azeville
Ravenoville
Foucarville
Beuzeville
St.Germain-de-Varreville
Neuville-au-Plain
Baudienville
Ste.-Mère-Église
St.Martin-de-Varreville
Reuville
A
la Madeleine
4.US-Infanterie-Division
Utah Beach
Turqueville
Audouville
Ecoqueneauville
Fauville
mbosville
Sebeville
Boutteville
les Forges
Ste.Marie-du-Mont
Pouppeville
hef--Pont
C
Eturville
Hiesville
quebut
Blosville
von Keusgen
N
Vierville
Houesville
Angoville-au-Plain
les Quesnils
Beaumont
D
St.-Come-du-Mont
la Rue Mary
la Basse Addeville
le Port
Coquebourg
le Moulin
Brevands
Douve
Douve
Madeleine
les Veyes
Vire
Isigny
Carentan
Cotz
0   1 km
5 km
10 km

Teil 1:
Vorwort

Der Kirchplatz von Sainte-Mère-Église…

…um den sich viele Geschichten ranken, lag einstmals im Zentrum des nächtlichen D-Day-Luftlandeunternehmens der Amerikaner. Eine lebensgroße Fallschirmjäger-Puppe am Kirchturm erinnert noch heute an jene ereignisreiche Nacht zum 6. Juni 1944, in der ein US-Fallschirmjäger genau dort oben hängengeblieben war…

Foto: von Keusgen

Eine Kleinstadt und ein Bach

Saint-Mère-Église ist die Hauptstadt des Départements Manche. Umgeben von saftigen Wiesen und fruchtbaren Apfelplantagen liegt die Kleinstadt in einem als La Plaine *(die Ebene)* bezeichneten Landstrich im östlichen Teil der normannischen Cotentin-Halbinsel und der Basse *(Tiefen)* Normandie und hat eine sehr lange Historie:

Ursprünglich wurde eine kleine Siedlung mit dem Namen Sindmer *(einem dem Euro ähnlichen Zahlungsmittel)* mehr als einen Kilometer vom jetzigen Standort der Stadt gegründet. Nachdem diese Siedlung im Hundertjährigen Krieg *(1339-1453)* von den Briten vollständig zerstört und viele Einwohner auf grausame Weise umgebracht worden waren, nannte man das Terrain, auf dem sie gestanden hatte, Vallée de Misère *(Tal des Elends)*. Aus diesem Grund wurde eine neue Siedlung am heutigen Standort errichtet. Ihren neuen Namen erhielt sie nach ihrer bis heute einzigen Kirche, deren Bau im Jahr 1080 begonnen und romanisch als Ecclesia Sancte Marie benannt wurde – ab 1082 Ecclesia de Sancta Maria. Bis 1317 inzwischen als Saincte Mariglise *(Santa-Maria-Kirche)* benannt, wurde in der Folge aus Mereglise *(Mater Ecclesia = Mutter Kirche)* der heutige Name: Sainte-Mère-Église *(Heilige Mutter Kirche)*. Die Kirche steht bereits seit 1840 unter Denkmalschutz.

Sainte-Mère-Église *(zirka 9.200 Einwohner)* liegt an der Bahn- und Straßenverbindung, der Nationalstraße 13 *(von Paris kommend, über Caen bis Cherbourg; 1944 führte diese lange Fernverbindungsstrecke noch direkt durch die Stadt, seit 1992 leitet eine breite Schnellstraße den Kraftfahrzeugverkehr nahe westlich an ihr vorbei).* Im Stadtzentrum befindet sich ein großer Platz, auf dessen östlicher Seite einst die Kirche erbaut wurde – damals noch weit außerhalb der ersten Siedlung. Mit den Grundmauern des für die Normandie so charakteristischen Gebäudes wurde im 11. Jahrhundert und im damals üblichen romanischen Baustil begonnen, der Turm und das Kirchenschiff dann aber im gotischen Stil weitergebaut und der 28 Meter hohe Turm im 13. Jahrhundert, das Kirchenschiff im 15. Jahrhundert vollendet. Nach der alles dominierenden Kirche wurde auch der Platz benannt: Place de l'Église *(Kirchplatz)*.

In der Mitte des von Lindenbäumen umstandenen Kirchplatzes, an dessen westlicher Stirnseite damals die Fernstraße direkt vorbei führte, befindet sich auf einem Granitsockel noch heute ein von den Römern errichteter, schlanker und zweieinhalb Meter hoher Meilenstein. Schon vor zweitausend Jahren hatten die Römer diese wichtige Überlandverbindung zu einer über weite Strecken immer wieder schnurgeraden Heerstraße ausgebaut. Sainte-Mère-Église nimmt für sich in Anspruch, die erste befreite Stadt Frankreichs gewesen zu sein, doch sie ist noch viel mehr. Sie wurde durch das Airborne-Museum und im Laufe der Jahrzehnte infolge ihrer alljährlichen spektakulären D-Day-Jahrestagsveranstaltungen, der vielen Gedenktafeln und diversen beziehungsvollen Namensgebungen von Straßen, Hotels und Restaurants zu einer regelrechten Kultstätte amerikanischer D-Day-Luftlandeunternehmen.

8,5 Kilometer nördlich des Stadtzentrums erstreckt sich hinter flachem Weideland die Ost-Küste der Cotentin-Halbinsel mit hellen Dünen und einem breiten, grobkörnigen Sandstrand. Unweit südwestlich Sainte-Mère-Église windet sich ein durchschnittlich sechs Meter breiter und knapp einen Meter tiefer Bach durch den sumpfigen Landstrich – der Merderet. Die von Sainte-Mère-Église direkt ins zentrale Inland des Cotentin führende Landstraße überquert den Bach bei der aus nur wenigen und weit auseinander liegenden landwirtschaftlichen Anwesen bestehenden Siedlung La Fière. An einer seiner tiefstgelegenen

Bilder oben und rechts: Die Brücke über den Merderet bei La Fière. Den Ursprung seines Namens findet man in den landwirtschaftlichen Abwässern und dem trüben Brackwasser begründet, das aus vielen schmalen Gräben in den flachen Bach geleitet wird (Merde=Scheiße).
Fotos: von Keusgen

Stellen *(dreieinhalb Meter)*, unterhalb des ihn umgebenden Landschaftsniveaus seines sonst überwiegend nur wenig tiefer liegenden Bachbettes, überspannt eine kleine Naturstein-Brücke mit einem halbrunden Gewölbe den Merderet. Die nächste über den von Norden nach Süden fließenden Bach ins Inland führende Landstraße überquert ihn drei Kilometer südlich La Fière, zwischen den Ortschaften Chef-du-Pont und Picauville. In nördlicher Richtung ist eine Überquerung erst in 4,6 Kilometern möglich – über die kleine Brücke von Le Port Brénay bei Grainville. Der insgesamt 36 Kilometer lange und wegen seines geringen Gefälles nur träge dahinfließende Bach mit seinem relativ trüben Wasser *(pH-Wert 8,3)* fließt sechs Kilometer südlich Sainte-Mère-Église in die Douve, die ihrerseits sieben Kilometer weiter östlich ins Meer mündet.

In der Nacht zum 6. Juni '44 war ein US-Fallschirmjäger am Turm der Kirche hängengeblieben. Heute erinnert ein Dummy daran. **Fotos: von Keusgen**

Legende und Realität

Am 12. April 1973 kam ich zum ersten Mal nach Sainte-Mère-Église, jenem seit seiner Entstehung jahrhundertelang historisch fast völlig unbedeutsamen Ort, der dann aber ganz plötzlich in einer einzigen Nacht zum Schauplatz dramatischer Ereignisse wurde und als erste durch amerikanische Truppen vom deutschen Militär befreite Stadt Frankreichs in die Weltgeschichte einging – am *D-Day*, dem 6. Juni 1944, dem ersten Tag der großen Invasion der West-Alliierten in der Normandie.

Einiges hatte ich bereits über die nächtlichen Ereignisse gelesen, auch waren mir jene spektakulären Szenen des dokumentarischen US-Spielfilms *Der längste Tag* in Erinnerung, als ich den großen Kirchplatz betrat und die wie eine trutzige Festung anmutende alte Kirche betrachtete. Sainte-Mère-Église lag in jener Nacht zum 6. Juni im Zentrum der amerikanischen Luftlandeunternehmen, die den Angriff auf die deutsche Besetzung in Frankreich eingeleitet hatten. Die sauber und ordentlich wirkende Kleinstadt mit ihrer eher unauffälligen Architektur und einem Flair verschlafener Urwüchsigkeit mutete im ersten Moment nicht wie eine Stätte weltgeschichtlicher Dramatik an – bis ich genauer hinsah. Um die beiden hohen Schallfenster in der Ostseite des Glockenturms konnte ich die ausgebesserten Löcher von Geschoß-Einschlägen oder großen Granatsplittern erkennen, und an den eisernen Latten der Zäune jener dem Kirchplatz gegenüberliegenden Grundstücke etliche kleine Einschläge. Wegen ihrer unregelmäßigen Form und ihrer Entstehung durch offensichtlichen Masseschub konnten sie nur von schweren Granatsplittern verursacht worden sein. Aber *wann* waren sie entstanden...?

Dann besuchte ich das dem Platz gegenüber befindliche Airborne-Museum, das aus zwei separaten Bauten besteht, die riesigen Fallschirmen ähneln und zwei große Ausstellungshallen bilden. Sie bieten den Besuchern eine umfangreiche Sammlung militärischer und ziviler Exponate und viele interessante Informationen bezüglich des amerikanischen Luftlandeunternehmens und der Kampfhandlungen um Sainte-Mère-Église.

Im Verlauf von dreieinhalb Jahrzehnten kam ich immer wieder nach Sainte-Mère-Église, und je mehr Publikationen *(mit fast immer nur unausreichender Recherche und folglich recht oberflächlicher Berichterstattung)* zum Thema *D-Day 1944* betreffs dieser Stadt erschienen, um so legendäreren Charakter nahmen die nicht selten voneinander abweichenden Berichte an. Besonders offensichtlich wurde das, wenn man sich, wie ich es tat, mit sehr vielen Personen der beteiligten Nationen unterhielt, die damals dabei waren... So las ich von einer Flak-Batterie, die angeblich in der Ortschaft stationiert gewesen sein und zwischen die Pulks amerikanischer Transportflugzeuge mit Fallschirmjägern geschossen haben sollte. Tatsächlich war aber, wie ich herausfand, nur ein Flak-Instandsetzungszug ohne ein einziges einsatzfähiges Geschütz und mit nur wenigen Soldaten in Sainte-Mère-Église, der in einem kleinen Park am östlichen Stadtrand lag *(jenem Terrain, auf dem sich heute das Airborne-Museum befindet)*. Ich las auch von einer ganzen Kompanie deutscher Soldaten, die mit Maschinengewehren und Maschinenpistolen auf Massen auf dem Kirchplatz landender US-Fallschirmjäger feuerten, sie noch in der Luft und an ihren Fallschirmen hängend erschossen... Ich las von heftigem Glockengeläut und lange anhaltendem Maschinengewehrfeuer vom Kirchturm herab, von einem brennenden Haus, einer Reihe von vielen Menschen, die mittels weitergereichter Wassereimer zu löschen versucht hatten, und von einem verwundeten Fallschirmjäger, der stundenlang am Kirchturm hing und dann von einem deutschen Soldaten heraufgezogen und gefangengenommen wurde. Auch las ich,

Bild oben: Jack Dixon, Ex-Pfadfinder-Pionier der 101. Airborne Division, mit indianischem Namen Winggezy (Fischadler), erzählte mir exakt dort, hinter dem großen Anwesen nahe des Merderet, wo er in der Nacht zum 6. Juni als Fallschirmjäger heruntergekommen war, seine Geschichte.

Spuren des Krieges an den Zäunen am Kirchplatz. Die starken Deformierungen dieser 20-mm-Eisenstäbe konnten nicht von Handfeuerwaffen verursacht worden sein, sondern nur von großen Granatsplittern...
Fotos: von Keusgen

daß die Planer der Invasion nichts von dem riesigen Überschwemmungsgebiet des Merderet gewußt haben sollten. Doch diese Behauptung widerlegte der Mohawks-Indianer Jack Dixon, der als Berufssoldat im Rang eines Leutnants zur 101. Airborne *(Luftlande-)*Division gehört hatte. Er und einige andere Indianer wurden mehrmals mit Aufklärungsflugzeugen über die für US-Luftlandungen geplanten Regionen des Contentin geflogen.

"Wir saßen", so erzählte mir Jack Dixon, "in den offenen Ausstiegluken der Flugzeuge, mit einem Zeichenblock auf den Knien, und zeichneten blitzschnell alle uns aufgefallenen Besonderheiten: Deutsche Stellungen, blockierte Straßen, Luftlandehindernisse und überhaupt alles, was die Fotokameras der Aufklärer nicht erfassen konnten. Ich fertigte auch Skizzen von den Ausmaßen des Überschwemmungsgebietes an – obwohl die ohnehin fotografiert wurden..."

Rudi Escher, ehemaliger Unteroffizier und Stadtbeobachter, erzählte mir direkt vor der Kirche, daß vom Turm aus niemals geschossen wurde.
Fotos: Karin Clarissa Röhrs

Also war man *doch* bestens informiert...

Als Folge meiner umfangreichen, langjährigen Recherchen mußte ich immer wieder feststellen, daß viele der gerade als so spektakulär geschilderten Begebenheiten auch an dieser historischen Stätte deutlich von den Tatsachen abwichen, und daß besonders die zeitlichen Angaben oft recht unpräzise waren, was in der Wiedergabe der Ereignisse in vielen Dokumentationen folglich zu nicht unerheblichen Verzerrungen führte.

Am 6. Juni 2007 traf ich *(außer wieder vieler anderer Zeitzeugen)* den ehemaligen deutschen Unteroffizier Rudi Escher, mit dem ich schon über lange Zeit vorher in regem schriftlichen und telefonischen Kontakt gestanden hatte *(und den ich in der Folge noch oft kontaktierte)*.

Rudi Escher war seit Aufstellung der 91. Luftlandedivision, im Februar 1944, Angehöriger der Stabskompanie des Grenadier-Regiments 1058 gewesen. Absprachegemäß trafen wir uns genau an der Stätte der damaligen Ereignisse – direkt auf dem Kirchplatz von Sainte-Mère-Église und vor der Kirche, auf dessen Turm er an jenem Abend mit sechs weiteren Soldaten als Stadtbeobachter postiert gewesen war. Sein damaliger langer Aufenthalt an dieser Stätte, die Präzision seines mir bereits lange Zeit vorher zugesandten schriftlichen Protokolls und die um Details bemühten Schilderungen qualifizierten Herrn Escher zum Hauptzeugen betreffs der Ereignisse auf und in der Nähe des Kirchplatzes, ebenso etliche von ihm ausgeführte Korrekturen bisher von anderen Autoren fehlerhaft publizierter Begebenheiten, die auch mit denen weiterer Zeitzeugen und einigen meiner offiziellen militärischen Berichte übereinstimmen.

Anläßlich unseres ersten Treffens hatte Rudi Escher zuerst einmal etwas klargestellt: "Ich kann von den Geschehnissen hier nur bis zum Dienstag, den 6. Juni, bis ungefähr 3:00 Uhr berichten, denn dann verließen die zwei Gruppen unseres Radfahrzugs *(zwei Unteroffiziere und 13 Mannschaften)* die Ortschaft, um mit mir zu unserer Kampfgruppe im nahen Fauville zurückzukehren. Der Kirchplatz war durch das Feuer ziemlich hell erleuchtet, und es gab, als wir dort waren, auf ihm definitiv keine anderen deutschen Soldaten als uns. Auch in den Tagen zuvor hatten wir keine anderen deutschen Soldaten im Ort gesehen. Als wir um etwa 3:00 Uhr abrückten, war das Haus gegenüber bereits völlig ausgebrannt...

Um kurz nach Mitternacht des 6. Juni hatten vier Soldaten und ich für mehr als zweieinhalb Stunden den Kirchplatz verlassen, um in der Nähe abgesprungene Pfadfinder ausfindig zu machen – da brannte das Haus noch nicht. Das Haus brannte erst, als das Gros der Flugzeuge vorüberflog. Die Flugzeuge flogen nur etwa einhundert Meter hoch. Die Amis, die dort während unserer Abwesenheit auf dem Kirchplatz heruntergekommen waren, blieben, wie mir auch mein Beobachter auf dem Kirchturm bestätigte, fast unbehelligt und konnten in der Dunkelheit verschwinden.

Meine beiden Posten auf dem Turm waren nur mit Karabinern bewaffnet; das Maschinengewehr war immer in unserem Ruheraum auf der halben Höhe des Turms. Es durfte gar nicht mit nach oben genommen werden. Vom Kirchdach aus kann man außerdem gar nicht mit einem MG schießen, denn auf der schmalen Balustrade dort oben ist zu wenig Platz, um es aufzustellen. Vom Kirchturm fiel in dieser Nacht kein einziger Schuß..."

Daß vom Kirchturm aus nicht geschossen wurde, hatte mir am Jahrestag 1984 auch schon Rudi Eschers ehemaliger Beobachter und Obergefreiter, Rudolf May, gesagt, außerdem habe ich niemals eine anders lautende Aussage eines der dort gelandeten Amerikaner oder eines Einwohners von Sainte-Mère-Église bekommen – ich erhielt überhaupt keine persönlichen Berichte von Schießereien *auf* dem Kirchplatz...

Von der schmalen östlichen Balustrade des Glockenturms aus sollen in der Nacht zum 6. Juni deutsche Soldaten mit einem Maschinengewehr herabgeschossen haben…

Foto: Bernhard Prugger

Bilder oben: Durch eine kleine Geheimtür nahe des Altars gelangten wir auf die steile Wendeltreppe in den Glockenturm. Da sich nach dieser Aktion im Juni meinerseits noch weitere Fragen ergaben, wiederholten wir sie im September noch einmal. *Fotos: Karin Clarissa Röhrs*

Bild oben: Der prunkvolle Innenraum der Kirche in Sainte-Mère-Église.

Foto: Bernhard Prugger

Bild oben Mitte: Hier mußten damals auf engstem Raum die Soldaten Quartier beziehen.

Bilder links und Mitte: Die schmale, nur 75 Zentimeter breite Wendeltreppe auf den Glockenturm mußte den Soldaten beim Auf- und Abstieg mit ihren schweren und sperrigen Waffen größte Mühe bereitet haben. An den Wänden befinden sich noch viele alte Gravuren von Namen…

Fotos: von Keusgen

Unmittelbar nach dem ausführlichen Gespräch mit Rudi Escher kletterte ich *(allerdings lange vorher angemeldet, offiziell genehmigt und vorbereitet)* am 5. Juni 2007 auf den Kirchturm von Sainte-Mère-Église, um mich selbst davon zu überzeugen, unter welchen Bedingungen die deutschen Soldaten dort oben ihren Dienst als Beobachter verrichten und im Turm hausen mußten, und ob es überhaupt möglich wäre, mit einem Maschinengewehr von irgendwo dort oben herabzuschießen *(ich selbst wurde einst als Soldat der Bundeswehr speziell an einer solchen Waffe, die dem MG 42 noch immer entsprach, ausgebildet)*.

In Begleitung eines mir extra zugeteilten Polizisten *(in Zivil)* stieg ich auf der steilen und nur knapp siebzig Zentimeter breiten Wendeltreppe nach oben. Ich war überrascht, als wir die von Rudi Escher beschriebene Schlafstätte im Seitenschiff auf halber Höhe des Turms und unterhalb des Glockenstuhls erreichten. In diesem nach zwei Seiten offenen, zugigen, engen und dunklen Glockenturm, zwischen dicken, alten Holzbalken und auf einem völlig staubbedeckten, buckligen Fußboden aus festem Lehm Soldaten über einen längeren Zeitraum und unter extrem schlechten sanitären und hygienischen Bedingungen leben zu lassen, kann nur als „besondere Härte" bezeichnet werden, noch dazu, da es damals noch keine Schlafsäcke gab, die Männer lediglich auf Decken lagen und sich damit auch noch vor der Kälte schützen mußten. Der weitere Aufstieg fand über eine Holztreppe bis ins Glockengehäuse statt. Um auf die beiden seitlichen und äußerst schmalen Balustraden auf beiden Seiten der Dachkante des Turms zu gelangen, mußte für vier Meter Höhe eine schmale, in freiem Raum stehende, wackelige Anstell-Leiter benutzt werden – ein äußerst abenteuerliches und durchaus nicht ungefährliches Unternehmen.

Wilhelm Falley (geboren am 25.9.1897 in Metz) wurde am 1. April 1944 im Alter von 47 Jahren zum Generalleutnant befördert und am 25. dieses Monats zum Kommandeur der 91. Luftlandedivision ernannt.
Foto: Kollektion Claus Falley

Als ich wieder herabgestiegen war, mußte ich Rudi Escher recht geben. Das Schießen mit einem 1,23 Meter langen und 10,6 Kilo schweren Maschinengewehr vom Turm herab konnte nur als äußerst schwierig bezeichnet werden, noch dazu ohne eine Lafette *(20,5 Kilo)*, für die es dort oben aber gar keinen Stellplatz gibt, und dann kämen noch die schweren, bestückten Munitionsgurte dazu...

Rudi Escher erklärte: "Wir hatten nur ein einziges MG dabei, aber das blieb die ganze Zeit über in unserem Aufenthaltsraum liegen. Wo sollten wir denn mit dem schweren Ding da oben hin? Ansonsten waren meine Soldaten lediglich mit Karabinern bewaffnet, mit vier K98 und einem Schnellfeuergewehr; nur ich hatte eine Maschinenpistole."

Über die Verfälschung etlicher Darstellungen der Ereignisse möchte ich hier nur zwei von vielen Büchern anführen – den *D-Day*-Klassiker *Der längste Tag* von Cornelius Ryan und das deutsche Pendant *Sie kommen!* von Paul Carell *(erschienen 1960 im Stalling Verlag)*. Carell beschrieb unter anderem die letzten Augenblicke des Generalleutnants Wilhelm Falley, des Kommandeurs der 91. Luftlandedivision, und seines Adjutanten, des Majors Joachim Bartuzat, die sich nachts auf der Rückfahrt zu Falleys angeblichem Gefechtsstand, einem Château *(Schloß)*, nahe der kleinen Siedlung Bernaville befanden, als eine

Das Château de Bernaville, das Stabsquartier des Generals Falley liegt weitab großer Ortschaften und Straßen und ist nur sehr schwer auffindbar. 1944 gehörte es einem Monsieur Noyon aus Cherbourg, wurde nach dem Krieg an das Krankenhaus von Picauville verkauft und diente danach lange Zeit als Seniorenheim.

Foto: von Keusgen

An jener Stelle, an der General Falley in der Nacht zum 6. Juni getötet wurde, berichteten Madame Lagouche und Monsieur Villette von den dramatischen Ereignissen. Maguerite Lagouche (unten) erzählte auch, daß Falleys Ehefrau nach dem Krieg diesen Ort aufgesucht und mit ihr alles besprochen hat.

Fotos: Alexander Keusgen

romanhafte Helden-Saga. Falley und Bartuzat waren in der Nacht zum 6. Juni auf dem Weg zu einer Kommandeursbesprechung im Rennes umgekehrt und in die amerikanischen Luftlandungen geraten.

Original-Text Paul Carell: *Der Wagen prescht über die Straßen der Départements Ille-et-Vilaine und Manches, dem Château Haut zu, nördlich Picauville. Sie hören vor sich Gefechtslärm und über sich Flugzeuggebrumm. Hinten im Raume Carentan-Bayeux-Caen und an der Küste müssen schwerste Luftbombardements im Gange sein. Der Horizont ist von Qualm und Explosionen verhangen (…und das mitten in der Nacht! Anmerkung des Autoren). Der Wagen biegt von der Hauptstraße ab. Drüben liegt das Schloß. Aber ist das nicht MG-Feuer? Prasseln nicht MPi's? Falley reißt die Pistole heraus. Springt aus dem Wagen. "Vorsicht!" ruft Major Bartuzat. Zu spät!*

"Hands up", schreit ein Mann mit einer MPi im Anschlag. Zwei Schüsse bringt der General aus seiner Walther-Pistole 'raus. Dann rattert die MPi los. Mäht Falley und Bartuzat nieder. Die Schlacht in Frankreich hat im Morgengrauen des 6. Juni ihren ersten gefallenen General.

Dieses ist nur ein Beispiel von vielen, in denen die Geschichte willkürlich verzerrt wurde – und alle Welt muß glauben, was da geschrieben steht... Außerdem "zitiert" Carell Aussagen des Generals, die dieser in seinen letzten Augenblicken gemacht haben sollte – obwohl es gar keine Zeugen für dessen letzte Worte gab. In speziell diesem Fall sollte der "Heldentod" eines deutschen Generals sicherlich einen besonders spektakulären und ihn ehrenden Charakter bekommen. Aber die tatsächliche Begebenheit war noch sehr viel spektakulärer – nur weniger ruhmvoll, doch davon später...

Selbst in offiziellen Berichten *(sogar im Bundesarchiv in Freiburg)* wird immer wieder von einem Château Haut als Stabsquartier geschrieben, jedoch ist ein Schloß dieses Namens nirgendwo in der näheren oder weiteren Umgebung von Picauville auf der Karte eingezeichnet. Auch die von mir befragten Franzosen, die in dieser Gegend wohnen, kennen ein Schloß dieses Namens nicht. Erst Monsieur Paul Villette, Einwohner und Zeitzeuge von Picauville, zeigte mir jenes weit von jeder Straße entfernte Château, in dem Falleys Stab damals stationiert war – das Château de Bernaville.

Fast immer werden französische Schlösser nach dem Ort benannt, auf dessen Gemeindegebiet sie stehen, aber einen Ort namens Haut gibt es auf der Cotentin-Halbinsel nicht. Wie es zu einer derartigen Namensverfälschung kam, blieb mir unerklärlich. Es könnte aber die Folge einer falschen Übermittlung *(auf deutscher Seite)* oder eines Mißverständnisses sein *(haute = hoch bzw. oben "le château haute" bedeutet umgangssprachlich "das Schloß dort oben bzw. da hinten...")*. Oder aber es war bewußt zur Tarnung geschehen, denn Generalleutnant Falley hatte sich, wie mir Monsieur Villette und die für meine Recherchen äußerst wichtige französische Zeitzeugin, Madame Maguerite Lagouche, berichteten, weit vom Schloß entfernt in einem alten Autobus etabliert – der in nur sehr wenigen Publikationen erwähnt und lediglich als mobiles Büro oder Fernmeldestelle deklariert wird. Dieser Bus stand aber permanent unter hohen Bäumen und war von dichten Tarnnetzen verborgen – mehr als sechshundert Meter Wegstrecke vom Schloß entfernt, in der Nähe des alten Mühlenanwesens der Familie Lagouche. Einem deutschen General stand sicherlich ein komfortableres und geräumigeres Büro und eine bessere Unterkunft zu, als ein alter Autobus, noch dazu, wo doch das große und luxuriöse Schloß so nahe war. Vermutlich war der General davon ausgegangen, daß bei einer Invasion an der Cotentin-Küste auch sein Stabsquartier von See her unter schweren Beschuß genommen würde.

In jenem besagten Autobus-Abstellplatz nahen alten Mühlenanwesen habe ich im September 2007 auch die geistig noch äußerst rege 86-jährige Besitzerin, Marguerite Lagouche, kennengelernt. Sie wohnt dort seit 1937 und hatte damals, als 24-jährige, die dramatischen Ereignisse betreffs des Todes des Generals Falley aus dem Fenster ihrer Mühle und somit aus unmittelbarer Nähe beobachtet. Sie berichtete sehr detailliert und sichtlich bewegt – und alles war so ganz anders, als Paul Carell es in seinem Buch beschrieben hatte.

1997, so berichtete Madame Lagouche weiter, sei auch ein älterer Amerikaner mit seinem etwa 45 Jahre alten Sohn zur Mühle gekommen. Er sagte, er sei damals 23 Jahre alt gewesen, und habe sein ganzes Leben lang darunter gelitten, hier ein Kind getötet zu haben – es war ein 17-jähriger deutscher Soldat. Er hatte es niemals verkraften können, litt seitdem unter diesem Trauma und sei deshalb hierher zurückgekommen. Er hatte auch gesagt, daß die ersten amerikanischen Fallschirmjäger keine Gefangenen gemacht haben, vielmehr hätten sie einfach jeden, der ein Feind gewesen war, niedergeschossen...

Ein weiterer Zeuge dieser verworrenen Ereignisse war der damals 14-jährige Emmanuel Laisné, der zu dieser Zeit zusammen mit seinen Eltern und seinen Geschwistern in dem großen Mühlenanwesen der Familie Lagouche einquartiert war: "Im Gegensatz zu den Berichten des amerikanischen Soldaten, der Falley erschossen hatte, kann ich bezeugen, daß der General in seinem Wagen getötet wurde – ich selbst habe ihn tot in seinem Auto gesehen und nicht auf der Straße... Er ist dort drinnen geblieben; drei Tage lang, und meine Eltern und andere Leute sind auch dort hingegangen... Ich bin mehrmals an dem Wagen entlanggegangen. Erst am 9. Juni kamen einige deutsche Soldaten, ließen die beiden Toten in Decken rollen und transportierten sie ab..."

Dann gab es noch den US-Fallschirmjäger Jack Schlegel (*3. Bataillon, 508. Parachute Infantry Regiment, 82. Airborne Division*), der in jener Nacht mit einigen Kameraden in der Nähe der kleinen Ortschaft Picauville herunterkam. Sie wußten nicht, wo sie sich befanden und versuchten, ihre Kompanie wiederzufinden. Während ihrer Suche kamen sie auch zum Mühlenanwesen und fanden Falleys verunglückten Wagen.

Schlegel durchsuchte das Fahrzeug nach irgendwelchen brauchbaren Gegenständen und fand dabei eine große Reichskriegsflagge, die zu einem kleinen Päckchen verschnürt war. Schlegel versteckte sie daraufhin in einer nahen Scheune unter zwei losen Fußbodenbrettern. Erst einige Wochen später war es dem Fallschirmjäger möglich, wieder zu dieser Scheune zurückzukehren und die Flagge aus ihrem Versteck zu holen. Als Jack Schlegel 25 Jahre später, 1969, wieder die Normandie besuchte, übergab er die Flagge dem inzwischen eröffneten Airborne-Museum in Sainte-Mère-Église, wo sie noch heute zu sehen ist.

Lange habe ich betreffs der konfusen Luftlandungen und der anschließenden verworrenen Kampfhandlungen auf der Cotentin-Halbinsel recherchiert und dabei eine Vielzahl Personen aller beteiligten Nationalitäten befragt – Menschen, die damals dabei waren. Zwei dicke Aktenordner voller über Jahrzehnte gesammelter wichtiger Unterlagen, Notizen, Fakten und massenhaft Gesprächsprotokolle ausschließlich betreffs dieses Invasionsabschnitts sowie meine eigene Aufenthaltsdauer von *(alles zusammengerechnet)* mehr als acht Wochen vor Ort ermöglichten mir anhand präziser Informationen eine neue Rekonstruktion der Ereignisse, sogar die Richtigstellung etlicher flagranter Fehlinterpretationen, wobei die zu ermittelnden exakten zeitlichen Abläufe für eine chronologisch detaillierte Wiedergabe eine äußerst wichtige Rolle spielen, aber auch die größte Schwierigkeit anläßlich meiner Ermittlungen darstellten.

Die Straße zum Mühlenanwesen wurde nach dem US-Fallschirmjäger Jack Schlegel benannt. **Foto: von Keusgen**

Jack W. Schlegel als Soldat der 82. Airborne Division vor seinem Normandie-Einsatz.

Die von Schlegel gefundene Flagge auf einem Landungsboot während der Überfahrt nach Großbritannien.
Fotos: US National Archives

Gerade diese zeitlichen Abläufe stellen sich in den vielen verschiedenen, mehr oder weniger oberflächlich recherchierten Buchpublikationen als ein oft voneinander abweichendes, wirres Durcheinander dar. Die Ursache hierfür hat zwei Gründe: Einerseits sah während derartig traumatisierender Momente kaum einer der Kriegsteilnehmer andauernd auf seine Uhr, sofern er überhaupt eine dabei hatte, andererseits konnten sich viele Personen später gar nicht mehr an den genauen zeitlichen Ablauf der chaotischen Ereignisse erinnern. Außerdem galt für die landenden Amerikaner die Greenwich-Zeit, auf dem Kontinent jedoch die Sommerzeit, die der Greenich-Zeit damals um eine Stunde voraus war. Da Schriftsteller für Militärgeschichte sich aber auch an bereits erschienenen Publikationen orientieren, in denen vorher irgendwer leichtfertig irgendeine Uhrzeit angab, setzen sich somit folglich deutlich zeitliche Abweichungen vieler Ereignisse in den Berichten ständig weiter fort – und ebenso viele Fehldarstellungen. So konnte ich manchmal unschwer erkennen, wer in welcher Reihenfolge voneinander abgeschrieben hatte. Auch wird selten zwischen gelegentlichen Einzelaktionen und Masseneinsätzen unterschieden. So heißt es zum Beispiel häufig, daß die Lastensegler am 6. Juni erst nach Sonnenaufgang eingesetzt wurden. Das gilt für die *Masse* der Segler. Es gab aber bereits von Beginn an Lastensegler-Landungen, sowohl an der östlichen wie auch an der westlichen Flanke des Invasionsraums. Deshalb war es ja so wichtig, daß die Invasion bei Vollmond und offener Wolkendecke stattfand und noch unmittelbar vor dem eigentlich geplanten Beginn, dem 5. Juni, wegen zu starker Bewölkung um 24 Stunden verschoben worden war. Ursächlich für viele fehlerhafte Interpretationen waren sicherlich auch bereits falsche Aussagen durch die jeweiligen Augenzeugen, von denen viele Zivilpersonen nicht über ausreichendes Wissen betreffs des Militärs verfügten. So wird auch berichtet, daß eine in Sainte-Mère-Église stationierte deutsche Flak-Batterie mit vier 8,8-cm-Geschützen in der ersten Nacht der Invasion auf die Flugzeuge der Amerikaner gefeuert haben sollte. Tatsache ist aber, daß es in dieser Zeit überhaupt keine Fliegerabwehrgeschütze in Sainte-Mère-Église gab. Auch die Ereignisse auf und um den Kirchplatz wurden tendenziös verzerrt, zeitliche Abläufe durcheinander gebracht, und es wird von wilden Feuergefechten mit deutschen Soldaten geschrieben – sicherlich eher um den Ereignissen einen spektakulären Charakter zu geben, und weniger als Zeugnis glaubhafter Zeitzeugenaussagen...

Da die in meinem Bericht angeführten Uhrzeiten der damaligen kontinentalen europäischen Sommerzeit entsprechen, und ich somit die diversen Zeugenaussagen dementsprechend zugeordnet habe, können einige der bisher immer wieder publizierten Gegebenheiten folglich gar nicht stattgefunden haben – jedenfalls nicht unter den beschriebenen Umständen oder nicht zu den benannten Zeiten. In derart zweifelhaften Fällen verzichte ich grundsätzlich auf eine entsprechende Berichterstattung, egal wie spannend und spektakulär sie auch sein mag.

Je mehr Fehldarstellungen ich im Verlauf von mehr als drei Jahrzehnten meiner Recherchen fand, um so mehr wurde ich motiviert, im Rahmen meiner *D-Day*-Buchserie auch einen speziellen Titel den historischen Ereignissen in und um Sainte-Mère-Église und dem Merderet zu verfassen. Die Rekonstruktion der Geschehnisse basiert auch hier wieder, wie bei allen meinen anderen Büchern, hauptsächlich auf Erlebnisberichten jener Menschen, die damals dabei waren, ebenso offiziellen Berichten wie bestätigten Funk- und Telefonmeldungen sowie den Eintragungen in die Kriegstagebücher, Heeres- und Marine-Berichte. Außerdem begebe ich mich grundsätzlich für längere Zeit an die jeweiligen Stätten der Ereignisse, um mir selbst einen möglichst genauen Eindruck der örtlichen und topogra-

Auch dem US-Fallschirmjäger Robert Murphy zu Ehren, Pfadfinder des 505. Parachute Infantry Regiment, wurde eine Straße nach ihm benannt. Er war in der Nacht zum 6. Juni 1944 in der Nähe von La Fière und nahe des Merderet abgesprungen, besuchte Sainte-Mère-Église nach dem Krieg noch sehr oft und sprang selbst mehrmals in der nahen Umgebung der Stadt aus jener Douglas C-47 ab, die heute im Airborne-Museum ausgestellt ist.
Foto: von Keusgen

Auf dem Leroux-Anwesen im Gespräch mit Robert Murphy. Er hatte das Buch "No better place to die" geschrieben und war einer meiner zuverlässigsten Zeitzeugen. Er verstarb 2008.
Foto: Karin Clarissa Röhrs

Puppe eines Fallschimjägers der 81. Airborne Division im speziellen Airborne-Museum in Sainte-Mère-Église.
Foto: von Keusgen

phischen Verhältnisse zu verschaffen. Ich besuchte Sainte-Mère-Église und das nahe Umland nachts und zur selben Jahreszeit, Anfang Juni, auch bei Vollmond, um mir einen Eindruck davon zu verschaffen, wie es die in jenen Nächten kämpfenden Soldaten wohl auch erlebt hatten.

Der US-Brigadegeneral S.L. A. Marshall sagte einst über die Kämpfe am Merderet und jener kleinen aber strategisch so bedeutsamen Brücke bei La Fière: "La Fière war wahrscheinlich der blutigste Kampf in den Erfahrungen amerikanischer Waffengänge..."

Da die verworrenen Kampfhandlungen in und um Sainte-Mère-Église und am Merderet zu sehr von historischer Verklärtheit geprägt sind, war es mir nicht leicht, Licht in jene Nacht mit ihren vielschichtigen Ereignissen zu bringen. Immer neue Berichte und daraus resultierende wichtige Erkenntnisse ließen mich die Fertigstellung dieses Buches um mehr als zwei Jahre nach Vollendung des ursprünglichen und ohnehin schon längerfristig erarbeiteten Manuskripts verschieben.

In der langen Zeit meiner Recherchen und der diversen Interviews erhielt ich leider immer wieder Berichte ehemaliger Teilnehmer an den Kampfhandlungen, deren Schilderungen sich nicht immer in Einklang mit dem Ablauf der Ereignisse bringen ließen. Ich konnte manchen Aussagen unschwer entnehmen, daß sich diese Zeitzeugen *(aller beteiligten*

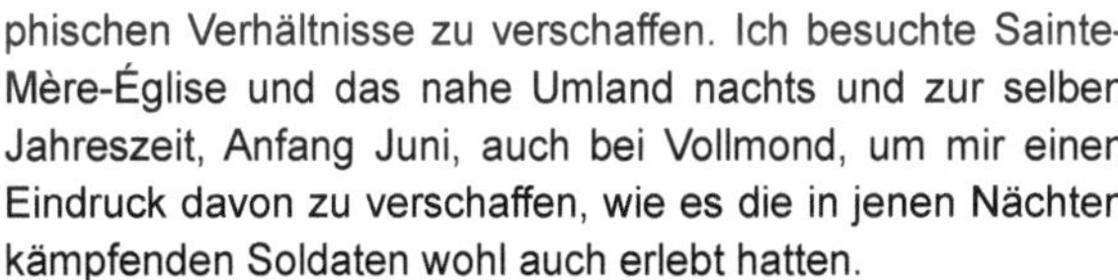

Die originalgetreue Nachbildung eines US-Fallschirmjägers, "Rupert" benannt, hing einst mitten in einem der Ausstellungsräume des Airborne-Museums. Im Film "Der längste Tag" wurden sie aus Flugzeugen abgeworfen, um bei den deutschen Truppen Verwirrung zu stiften. Dieses Modell war aber eine Hollywood-Erfindung, denn nur die Briten hatten kleine, stark stilisierte Attrappen abgeworfen. **Foto: von Keusgen**

Nationen) im Verlauf mehrerer Jahrzehnte ein "Wissen" angeeignet hatten, das aus verschiedenen anderen, bereits publizierten *(nicht selten fehlerhaften)* Darstellungen zusammengetragen war – ein höchst unangenehmer Umstand, den ich aber auch anderswo immer wieder antraf. Die Gründe dafür mögen verschiedenen Ursprungs sein – Deutschfeindlichkeit, Patriotismus, Wichtigtuerei oder *(meistens)* eine glorifizierte Selbstdarstellung. Es macht sich eben gut, ein Held zu sein.

Einen besonders flagranten Fall falscher Selbstdarstellung lieferte der in Chef-du-Pont lebende Amerikaner Howard Manoian, der sich über Jahrzehnte als Ex-Fallschirmjäger der 101. Airborne Division ausgab. Im Zuge meiner Recherchen traf ich auch mit ihm zusammen. Da er alljährlich als Veteran an den aufwendigen und höchst spektakulären Feierlichkeiten anläßlich des D-Day-Jubiläums in Sainte-Mère-Église und an der Zeremonie der Kranzniederlegung am Denkmal des *Iron Mike* bei La Fière beteiligt ist, war es nicht schwer, auf ihn zu treffen. Auch er erzählte mir viele persönliche Geschichten, daß er in der D-Day-Nacht mit seinem Fallschirm auf dem Friedhof von Sainte-Mère-Église heruntergekommen sei, Rudi Escher und dessen Leute gesehen hätte, dann nach La Fière gegangen war und einiges mehr. Im Verlauf meines Interviews mit ihm sagte er plötzlich: "Ich glaube nicht, daß ich dir auf alle Fragen eine Antwort geben möchte…"

Diese Aussage hat mich hellhörig werden lassen. Auf meine Frage, ob er sich an eine die Psyche besonders belastende Situation erinnern könne, antwortete Manoian: "Nein, nein, ich habe so etwas aus meinem Gedächtnis gestrichen…"

Weiteren Fragen zu speziellen historischen Abläufen, über die ich bereits von anderen Zeitzeugen bestens unterrichtet war, wich er aus und konnte mir nur unzusammenhängende Episoden ohne jede Chronologie erzählen. Was sollte er auch sonst tun…?

Im Jahr 2009 erreichte mich die mich wenig überraschende Nachricht, daß Manoian von BBC als Lügner entlarvt worden war. So hatte er in Wahrheit der 33. Chemischen Dekontaminierungs-Kompanie angehört, die weit hinter der Front am *Utah Beach* gestanden hatte. Da Howard Manoian durchaus nicht die einzige Person ist, die betreffs des D-Days nicht die Wahrheit gesagt hat, habe ich in meiner folgenden Darstellung, deren Schwerpunkt der erste Tag der Offensive und die US-Luftlande-Divisionen bilden, auf die Wiedergabe vieler Aussagen und Berichte verzichtet, da sie infolge deutlicher Abweichungen von den historischen Zusammenhängen und/oder Abläufen nicht wahr sein können, und vieles war korrekturbedürftig. Die von mir beschriebenen Ereignisse passen grundsätzlich in den historisch relevanten zeitlichen Ablauf und konnten durch andere Quellen oder Aussagen bestätigt werden. Ich legte auch diesem Bericht wieder die Aussagen von vielen mir bekannten Zeitzeugen zugrunde, außerdem behördlich offizielle Fakten, etliche themenbezogene Buchpublikationen und die Auswertung Hunderter Fotos.

Während meiner Auswertungen des historischen Bildmaterials gab es aber auch gelegentliche Auffälligkeiten, denn einige der Fotos konnten einfach nicht den Tatsachen entsprechen. Hier nur *ein* Beispiel, das "Kampfhandlungen" an der Kirche von Sainte-Mère-Église darstellt; es sind offizielle Fotos aus dem US-National-Archiv.

Wer auch immer historisches US-Bildmaterial ordert, wird den Ort der Ereignisse benennen müssen, um entsprechende Fotos zu bekommen. Dabei ist es möglich, daß man auch *(seltene)* "gestellte" Szenen erhält. Die Ursachen solchen Bildmaterials können darin bestehen, daß sie lediglich Nachstellungen von geschehenen Kampfhandlungen sind. Inwiefern jedoch derartige von diversen Kriegsberichterstattern fotografierte Szenen realistische Handlungen darstellen, bleibt fraglich. Im Fall der drei hier abgebildeten Fotos

Diese drei eindrucksvollen Fotos vermitteln zweifelsfrei den Eindruck ernster Kampfhandlungen mit einem infanteristischen Gegner. Doch wie man an der Kirchturmuhr erkennen kann, ist es einmal 12:40 Uhr, und auf dem anderen Foto sogar schon 15:43 Uhr. Jedoch fanden nach Tagesanbruch längst keine Kampfhandlungen an der Kirche und in ihrer Umgebung mehr statt – weil sich dort überhaupt keine deutschen Soldat mehr aufhielten... **Fotos: US National Archives**

ist auszuschließen, daß es sich tatsächlich um echte Kampfhandlungen handelt, denn es gab nach der Nacht zum 6. Juni 1944 bei Tageslicht dazu keinen Grund mehr. Die Fotos wirken aber äußerst spektakulär, und jeder Betrachter ist sich sicher, daß da noch mächtig gekämpft wurde... Doch erst im weiteren Verlauf der Ereignisse wurde Sainte-Mère-Église von außerhalb von deutscher Artillerie stark beschossen. Die Spuren der Einschläge lassen sich noch heute an der Kirche erkennen – obwohl sie längst wieder ausgebessert wurden. So sind auch die vielen tiefen Spuren von Granatsplittern am Zaun gegenüber des Kirchplatzes zu erklären, die derart starke Deformierungen der Eisenstäbe verursacht haben.

Es wurde auch immer wieder so dargestellt, daß eine große Masse US-Fallschirmjäger im Zentrum von Sainte-Mère-Église abgesprungen sein sollte. Tatsächlich kamen aber insgesamt "nur" 32 von ihnen in der Ortschaft herunter – die meisten davon am nordöstlichen Stadtrand, und nicht auf dem Kirchplatz.

Eine andere Version der Ereignisse an der Kirche besagt, daß in der Nacht zum 6. Juni zufällig eine deutsche Kompanie Infanteristen durch Sainte-Mère-Église marschiert und zwischen die Masse abspringender Fallschirmjäger geraten wäre. Zu ihrem Unglück sollten die deutschen Soldaten jedoch nur Platzpatronen in ihren Munitionstaschen gehabt haben. Was dann mit ihnen geschehen ist, wurde aber nicht erklärt...

Insgesamt betrachtet, stellen sich nun einige Geschehnisse in der Nacht zum 6. Juni 1944 in Sainte-Mère-Église doch anders dar, als es bisher *(immer etwas "schwammig")* beschrieben wurde, hingegen jene an der kleinen La-Fière-Brücke als sehr viel dramatischer, als man ahnen könnte, wenn man diese romantisch-ländliche Stätte heute besucht. Dennoch blieben viele Dinge unaufgeklärt und liegen im sagenumwobenen Bereich der Hypothese. Die Ereignisse bei Sainte-Mère-Église und am Merderet waren aber tatsächlich äußerst tragisch.

Es ist nicht nur die Rekapitulation der damaligen Ereignisse, die den wahren Schrecken des Krieges erkennen läßt, sondern seine tragischen Auswirkungen auf die von ihm betroffenen Menschen, die, ob Soldaten oder Zivilisten, gegen ihren Willen mit ihm konfrontiert wurden.

Helmut Konrad von Keusgen

Teil 2:
Aus der Provinz
in den Brennpunkt
der Weltgeschichte

Foto: von Keusgen

Die Besetzung von Sainte-Mère-Église

An der Hauptstraße von Sainte-Mère-Église, der Nationalstraße 13, die direkt am Kirchplatz vorüberführte, gab es an der nordwestlichen Ecke des Platzes einen kleinen Friseur-Salon. Er gehörte dem Ehepaar Le Cambaye, das sich schon 1923 in der kleinen Stadt niedergelassen hatte. Über diesem Friseur-Salon befand sich noch eine dazugehörige kleine Wohnung mit 39 Quadratmeter Fläche, in der die vier Kinder *(eine Tochter und drei Söhne)* der Eheleute geboren wurden. Die Wohnung verfügte über keinerlei Komfort. Es gab keinen Innenhof, keinen Garten, und der einzige Zugang führte direkt auf die Engstelle der Durchfahrtsstraße, die vor dieser Häuserzeile keinen Gehweg hat. Der tägliche Wasserbedarf mußte von einer der beiden großen Schwengelpumpen an der Ecke der gegenüberliegenden Seitenstraße mittels Eimern geholt werden. Es gab im Haus des Friseurs auch keine Toilette, und die als solche benutzten Eimer wurden jeden Tag an einer speziellen Entsorgungsstelle ausgeleert. Um die Wäsche zu waschen, mußte unter einem großen Waschkessel im Herd ein Feuer angezündet werden. Wenn danach die

Bild oben: Der kleine Frisier-Salon der Familie Le Cambaye 1928, in dem auch Mützen und Kokarden verkauft wurden.
Foto: Kollektion Juliette Brault

Bild rechts: Die am Kirchplatz vorbeiführende Hauptstraße, die Rue de Carentan.
Foto: Archiv von Keusgen

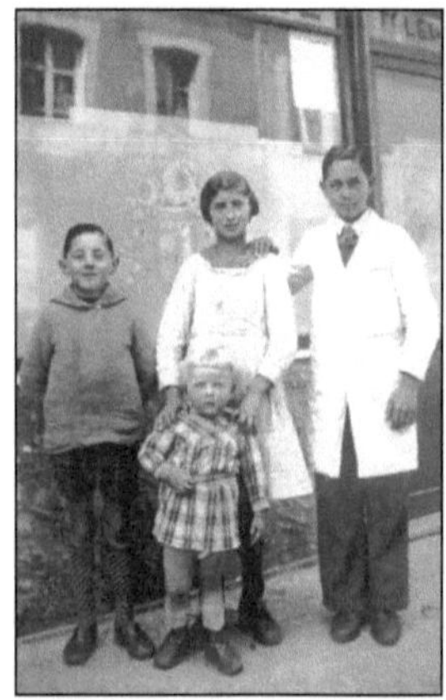

Die vier Geschwister der Familie Le Cambaye 1941; von links: Bernard, Michel, Juliette und Maurice.
Foto: Kollektion Juliette Brault

ausgekochte Wäsche ausgespült werden mußte, wurde sie auf einer hölzernen Schubkarre zu einem großen Wasserbecken gefahren, das sich an der Straße nach Ravenoville befand. Dieses Becken wurde von den Einwohnern scherzhaft „Ententeich" genannt. Dennoch, mit dem kleinen Damen- und Herren-Friseur-Salon erwirtschaftete die Familie genügend Geld, um damit die Lebenshaltungskosten zu decken.

Juliette war das zweitgeborene Kind der Familie Le Cambaye und am 30. Januar 1927 zur Welt gekommen. Am 19. Juni 1940 stand die inzwischen 13-jährige Juliette an der Nationalstraße, in der Nähe des elterlichen Friseur-Salons und sah einem großen Trupp französischer Soldaten zu, die von ihren verlorenen Kämpfen in Nordfrankreich müde, erschöpft und hungrig in Richtung Cherbourg marschierten.

Juliette beschrieb die Situation: "Viele Zivilisten reichten den vorbeiziehenden Männern etwas zu essen und zu trinken, und das ermutigte sie. Die Soldaten hatten offensichtlich alle schmerzende Füße. Sie litten in ihren schlechten Schuhen. Die Straße, auf der sie dahinzogen, war lang, sehr lang…"

Dann marschierten Soldaten der Wehrmacht in Sainte-Mère-Église ein und sangen dabei *Wir fahren gegen Engelland. (An diesem Tag war ab 2:00 Uhr bereits auch die äußerste Spitze der Cotentin-Halbinsel mit Cherbourg eingenommen worden.)* Laut wurde öffentlich verkündet, daß man auch England bald einnehmen werde *(doch die Invasion Englands wurde dann erst auf September verschoben und am 10. Januar 1941 endgültig aufgegeben).* Der größte Teil Frankreichs war besetzt – so auch die Normandie und Sainte-Mère-Église. Auf dem Platz vor dem großen Rathaus wurde eine lange Hakenkreuz-Flagge gehißt, die Ortskommandantur etablierte sich, und Plakate mit deutschen und französischen Texten verkündeten die neue Order.

Die Rue de Carentan (damals Teil der Nationalstraße 13, heute Rue Général de Gaulle) in Blickrichtung Süden. An die linke Straßenseite, hinter den Bäumen, grenzt die westliche Seite des Kirchplatzes (Vergleich s. links, Seite 26).

Die Besetzung breitete sich aus, und die deutschen Truppen requirierten Wohnung auf Wohnung. Die kleine Wohnung der sechsköpfigen Familie Le Cambaye über dem Friseur-Salon bot nicht genug Raum, um darin auch noch Soldaten unterzubringen. Juliette sagte: "Bei uns war es viel zu klein, aber sie nahmen einen großen Teil unserer Garage, um darin eine Kantine einzurichten…

Jeden Tag marschierten Trupps deutscher Soldaten durch die Stadt, die Augen geradeaus, die Gewehre über den Schultern, und sie sangen und sangen. Je mehr Zeit verging, um so schlimmer wurde es. Die Geschäftsleute waren nun gezwungen, mit den Besatzern zu arbeiten. Das alles hat aber meinen Vater überhaupt nicht davon abgehalten, sich in unsere winzige Küche zu setzen und Radio zu hören: *Hier ist London, hier ist London… Franzosen sprechen zu Franzosen…*

Mama hatte große Angst, denn es waren gleichzeitig deutsche Soldaten im Frisier-Salon…

Die Rue de Carentan, direkt am Kirchplatz (links) verlaufend (siehe Bild oben).
Fotos: Archiv von Keusgen

Dann begannen die Einschränkungen. Die Lebensmittel wurden langsam knapp, auch die Kleidung; überall fehlte es. In den großen Städten war es noch schlimmer als hier auf dem Land. Man mußte zum Rathaus gehen und Lebensmittelkarten holen – Karten für Brot, Fleisch, Kleidung und Schuhe. Es gab bald keine Seife mehr, um Wäsche zu waschen. Mama hatte eine eigene Technik entwickelt: Mit Rinderfett und scharfem Soda imitierte sie Seife, die zwar sehr weiß war, aber nicht schäumte. Sie reinigte ein wenig, nur ein kleines bißchen, und es mußte sehr stark geschrubbt werden…

Jetzt gab es auch keine Menschenansammlungen in den Straßen mehr; um 19:00 Uhr war Schluß. Die Glühbirnen, alle Lampen und die Schaufenster wurden blau angestrichen, damit niemand mehr helles Licht sehen konnte. Bald hörten wir die Flugzeugpulks über uns

Der Bürgermeister von Sainte-Mère-Église, Alexandre Renaud, war erst seit April 1944 Bürgermeister, und ihm gehörte die Apotheke an der nördlichen Seite des Kirchplatzes. Mit viel diplomatischem Geschick und großem Mut vertrat er sowohl die Interessen seiner Bürger wie auch jene aufgenötigten der deutschen Besatzer. Der ebenso mild wirkende, gleichermaßen intelligente wie energische Mann kannte persönlich die deutschen Garnisonskommandanten seiner Stadt – die aber immer wieder wechselten…
Foto: Kollektion Henri-Jean Renaud

hinwegfliegen. Abends, wenn es dunkel wurde, und wir die Nasen hinaus stecken und in den Himmel sehen konnten, beobachteten wir die breiten Strahlen der großen Scheinwerfer der Deutschen, die in der Dunkelheit die Flugzeuge suchten. Wenn dann geschossen wurde, konnten wir in ihrem Licht die Granatsplitter der Flak umherfliegen sehen – aber weit genug weg. Dennoch, die meiste Schießerei fand überwiegend an der Küste statt, doch die war ja nicht weit entfernt. Wir bekamen große Angst. Oh, was waren das für traurige Tage; keine Sonne, kein Lachen; traurige Weihnachten…"

Juliettes jüngster Bruder, Michel, ergänzte: "Es war eine traurige Zeit; sie war sehr ernst. Es war eben eine Besatzung. Wir haben von den Deutschen gelegentlich auch mal etwas geschenkt bekommen. Aber wir standen unter diesem ständigen Druck. Uns ging es nicht gut. In dieser Zeit habe ich als kleiner Junge mit Kartons gespielt und mit eisernen Reifen, die man die Straße heruntergerollt hat, und mit Marionetten – es gab kein Spielzeug zu kaufen…"

Eines Tages gingen, wie jeden Montag nach Ladenschluß, Madame und Monsieur Le Cambaye wieder zu ihrer Garage, um neues Waschmittel zu produzieren. Als der ältere deutsche Soldat, der die Kantine in der Garage führte, das Ehepaar sah, holte er aus einem Versteck ein Stück hartes Kommißbrot und etwas Wurst und reichte es Monsieur.

Auf irgendeine Weise hatten sich die Bürger der Stadt mit der Zeit mit den deutschen Besatzungssoldaten arrangiert – was nicht alle taten. Aber auf beiden Seiten herrschte ein gewisses, unterschwelliges Mißtrauen. Wenn möglich, ging man sich aus dem Weg, und unvermeidliche Kontakte fanden meistens mit beiderseitiger höflicher Zurückhaltung statt. Dennoch kam es zu gelegentlichen Liebschaften zwischen Französinnen und deutschen Soldaten… Die Masse unerwünschter Besatzungssoldaten einerseits, und andererseits nach Jahrhunderten der Individualität, Ruhe und blühender Landwirtschaft nun ständig eingeschränkte Freiheit durch die Besatzung, Passierscheine, ein nächtliches Ausgehverbot, Verbote zu fotografieren, Radio zu hören und Brieftauben zu halten, und noch etliche Verbote mehr, knapper werdende Lebensmittel, steigende Preise und dauernde Furcht trugen nicht zu einer allgemein guten Stimmung bei. Nur der Schwarzmarkt expandierte, auf dem sowohl Franzosen wie auch Deutsche einkauften. Die Franzosen warteten dringend auf den Abzug der Besatzungssoldaten – oder auf eine Befreiung…

Dem Friseur-Salon der Familie Le Cambaye in Sainte-Mère-Église genau gegenüber gelegen, auf der anderen Straßenseite, gab es eine große Fleischerei und ein Restaurant, das der Familie Legoupillot gehörte. Diese Familie hatte drei Töchter, von denen die 17-jährige Jeannette die Zweitgeborene war und mit Juliette Le Cambaye befreundet. Auch der Fleischerladen und das Bar-Restaurant wurden von deutschen Soldaten besucht. Dazu sagte Jeannette: "Die Deutschen haben bei uns eingekauft und gegessen. Sie waren immer sehr korrekt. In Sainte-Mère-Église waren nicht viele Soldaten stationiert. Deswegen hatten wir auch nie richtig das Gefühl, besetzt zu sein. Das Gefühl kam gar nicht auf..."

Im Verlauf der Zeit verschwanden mehr und mehr der guten Wehrmacht-Einheiten aus diesem Landstrich, um in Nord-Afrika, Italien und besonders in Rußland eingesetzt zu werden. Immer mehr ältere Männer, Jugendliche, Rekonvaleszenten, sogar Halbinvaliden und ausländische Hilfstruppen *(hauptsächlich aus den Ost-Gebieten)* wurden als Ersatz in die Besatzungsgebiete geschickt. Im Herbst 1943 zog man zunehmend deutsche Soldaten, sogar ganze Truppenkontingente aus diesen Gebieten ab. Dennoch mußte das besetzte Land gegen feindliche Luftlandeunternehmen geschützt werden. So war es dringend notwendig geworden, passive Abwehrmaßnahmen zu ergreifen. Dafür gab es mehrere verschiedene Möglichkeiten. Eine der effektivsten bestand in der Anlage weitläufiger Überschwemmungsgebiete.

Da das Flachland der Cotentin-Halbinsel sehr niedrig liegt, erreichen die Ufer der Douve und des Merderet-Bachs häufig noch nicht einmal das Niveau des Meeresspiegels. So mußten sie seit Jahrhunderten durch Deiche und Schleusen geschützt werden. Bereits seit dem Frühjahr 1943 hatten die deutschen Besatzer in dieser Region die Schleuse von La Barquette, nahe Carentan, permanent schließen lassen. So waren in kurzer Zeit die Douve und der Merderet-Bach weit über ihre Ufer getreten. Im Juli 1943 stand das künstlich herbeigeführte Hochwasser bereits am dreieinhalb Meter höher gelegenen Straßendamm westlich der Brücke bei La Fière. Im Spätsommer des Jahres hatte die Wasserfläche stellenweise eine Breite von mehr als sechshundert Meter erreicht.

Die folgenden Wintermonate 1943/44 verliefen ruhig mit Ausnahme gelegentlicher Bombardements der Alliierten nahe Valognes und des Flughafens von Cherbourg. Manchmal wurden Stanniol-Streifen abgeworfen, um das deutsche Radar zu stören, oder massenhaft Propadanda-Flugblätter – sowohl von den Deutschen wie von den Alliierten. Allabendlich brachte der BBC Informationen über den Fortgang des Krieges, Siege der Russen und immer wieder Zusicherungen einer nahe bevorstehenden Befreiung. Aber nur wenige Bürger trauten sich überhaupt noch, Radio zu hören *(die Rundfunkgeräte mußten offiziell in den Rathäusern abgegeben werden)*, noch glaubte man diesem Befreiungsversprechen, denn zu lange schon wurden sie angekündigt... Auch wurde die Bevölkerung immer wieder aufgefordert, die strategisch bedeutsamen Gebiete an der Küste sowie die Industriegebiete zu verlassen.

Längst flogen immer wieder Aufklärungsflugzeuge der Alliierten über der nordfranzösischen Küstenregion, um den Fortgang des Ausbaus des *Atlantikwalls* zu beobachten. Dazu gehörten auch die passiven Abwehrmaßnahmen – auch auf der Cotentin-Halbinsel. Mittels spezieller Fotoapparate wurden Tausende Aufnahmen angefertigt und ausgewertet. Da aber das menschliche Auge mehr zu erfassen vermag, als ein Kamera-Objektiv, wurden auch speziell geschulte Beobachter mit zu den Erkundungsflügen an Bord genommen. Einer dieser Männer war der kanadische Mohawks-Indianer Jack Dixon von der 101. Airborne Division, dessen indianischer Name Winggezy war. *(Da er schon als Junge ständig am Fluß gesessen und sehr erfolgreich Fische gefangen hatte, war ihm der Name Winggezy = Fischadler gegeben worden.)* Mit der den Indianern eigenen guten Beobachtungsgabe und der Fähigkeit, auch noch besonders gut zeichnen zu können, saß Jack Dixon im Sommer 1943 bei mehreren Aufklärungsflügen über dem Cotentin in der offenen Ausstiegsluke eines Flugzeugs, den Zeichenblock auf den Knien, und fertigte blitzschnell Skizzen der von

Denkmal zu Ehren Alexandre Renauds in Sainte-Mère-Église.
Foto: von Keusgen

Weil ein schreiender Weißkopf-Seeadler das Abzeichen der 101. Airborne Division ziert, erhielt sie den Beinamen "Screaming Eagle" ("Schreiender Adler").
Abbildung: Archiv von Keusgen

ihm erkannten Besonderheiten an – auch von den aktuellen topographischen Verhältnissen wie jener des aufgestauten Merderets, der schmalen, aber strategisch wichtigen Brücke über diesen Bach und der kleinen Bahnstation nahe der Siedlung La Fière.

Ab Mitte Februar 1944 begannen auf der Cotentin-Halbinsel wieder deutsche Truppenbewegungen – hauptsächlich nachts, um von der französischen Widerstandsbewegung möglichst unbeobachtet und von den Jagdflugzeugen der Alliierten unbe-

Die drei Kilometer von Sainte-Mère-Église entfernte kleine Bahnstation La Fière wurde gleichzeitig auch von den Bürgern von Sainte-Mère-Église genutzt, da es dort keinen Bahnhof gibt.
Diese von Jack Dixon angefertigte Zeichnung zeigt die Bahnstation bei La Fière in der Nacht zum 6. Juni 1944.
Abbildung: Zeichnung des Jack Dixon / Kollektion von Keusgen

Bild oben: Noch bis zum Anfang der 70er Jahre wohnte im Haus Nummer 32 die Familie Le Cambaye und betrieb dort auch ihren Friseur-Salon.
Bild links: Blick in die Rue Géneral de Gaulle, in der die Familie Le Cambaye wohnte (im Moment befindet sich vor dem Haus auf der rechten Seite gerade ein Fußgänger). Im Haus gegenüber hatte die Familie Legoupillot ihren Fleischerladen und ein kleines Bar-Restaurant betrieben (rote Fassade).
Fotos: von Keusgen

helligt zu sein. Für diese Truppen- und Materialbeförderungen wurden massenhaft Requirierungen vorgenommen, und französische Bauern mußten persönlich ihre von der Wehrmacht so dringend benötigten Pferdefuhrwerke lenken. Außerdem benutzten die Deutschen die Gespanne und Kraftfahrzeuge der Franzosen für alle möglichen anderen Fahrten: Um Post und Essen zu transportieren, oder auch einfach nur für Vergnügungsfahrten der Offiziere. Aber es wurde den Franzosen alles bezahlt – wenn auch nicht besonders gut.

Im Mai 1940 war es einigen englischen Soldaten der *British Expeditionary Forces* gelungen, mit einem Jeep aus der deutschen Einkesselung der nordfranzösischen Hafenstadt Dünkirchen zu entkommen und sich in südwestliche Richtung in Frankreich abzusetzen. Auf ihrem Weg nach Cherbourg waren die Briten auch durch Sainte-Mère-Église gefahren und hatten sich im Friseur-Salon der Le Cambayes die Haare schneiden lassen. Man war sich sympathisch, und die Briten hatten Monsieur Le Cambaye einige Fotos zur Erinnerung dagelassen, auf denen sie in ihren Uniformen zu sehen waren. Auch hatten sie dem Friseur eine feuerfeste Uniformjacke und ein Kampfmesser geschenkt. Die Jacke war ein sehr willkommenes Geschenk, denn man hatte ohnehin nicht viel anzuziehen. Doch nachdem ab Juni dieses Jahres die deutschen Besatzer im Land waren, hatte Monsieur Le Cambaye seine britische Uniformjacke und das Messer vorsichtshalber zwischen zwei Lagen des Holzfußbodens auf dem Dachspeicher versteckt. Er war sich des Risikos bewußt, denn gegen Personen, die feindlichen Soldaten halfen, wurde von den deutschen Besatzern das Todesurteil ausgesprochen. So hätte eine britische Uniformjacke im Haus eines französischen Zivilisten für diesen äußerst fatale Folgen haben können…

Monsieur Le Cambaye war ein bescheidener, unauffälliger Mann, mit einer gradlinigen Haltung. In den Jahren der Besatzung schnitt er auch vielen deutschen Soldaten die Haare, und der allgemeine Umgang miteinander war ein freundlicher. Sein jüngster Sohn, Michel, sagte dazu: "1944 kamen viele deutsche Soldaten und Offiziere, die des Krieges müde waren, in unseren Salon. Sie hatten eine guten Beziehung zu meinem Vater, haben gescherzt und auch viel miteinander erzählt. Alles lief ganz normal und freundlich."

Im April 1944 saß die inzwischen 16-jährige Juliette Le Cambaye im elterlichen Friseur-Salon, in dem sie gelegentlich half, und las in einer Zeitung, als ein deutscher Offizier hereinkam, um sich von ihrem Vater die Haare schneiden zu lassen. Als ein Trupp Soldaten singend an dem kleinen Salon vorbeimarschierte, sagte Juliettes Vater, der seine Arbeit gerade beendet hatte und ein paar deutsche Worte kannte, scherzhaft: "Morgen Alarm…"

Zwei Tage später hielt sehr früh morgens ein Auto vor dem Friseur-Salon. Drei deutsche Soldaten gingen hinein. Juliette schilderte die brisante Situation: "Sie hatten große Schilder auf der Brust, die an kleinen Ketten hingen. Mama sagte, *steh' auf und zieh' dich ganz schnell an, das sind Deutsche von der Feldgendarmerie…*

Ohne ein Wort zu sagen, nahmen die Männer meinen Vater und mich mit in das requirierte Büro des Chefs der Gendarmerie. Man hat uns dann viele Fragen gestellt, und da wir nicht so gut verstanden, was sie sagten, auch kein Dolmetscher dabei war, haben wir nicht schnell genug antworten können. Einer von den Feldgendarmen schlug mir deswegen mit einer dünnen Peitsche an die Beine. Alles was wir aussagten, wurde von einem Soldaten mit einer Schreibmaschine aufgeschrieben.

Als wir wieder zu unserem Salon zurückgekehrt waren, fuhr ein Auto vor. Mehrere deutsche Soldaten kamen herein. Sie waren sehr wütend und aufgebracht, haben alles durchsucht, alles geöffnet, auch die Kasse, unter deren Geld-Einsatz die Fotos von den englischen Soldaten lagen. Aber diese haben sie, Gott sei Dank, nicht gefunden, und das schwarze Messer und die Uniformjacke auf dem Speicher auch nicht..."

Ab März 1944 nahmen in Sainte-Mère-Église die Aktivitäten der deutschen Besatzer wieder zu. In der Stadt und ihrer nahen Umgebung gab es größere Truppenbewegungen, und ein Flak-Instandsetzungszugs wurde nach Sainte-Mère-Église verlegt. Auch fanden viele Einquartierungen der Soldaten eines neuen Bataillons in der Stadt und den umliegenden Dörfern statt. Die Soldaten des Flak-Instandsetzungszugs waren überwiegend Österreicher aus Tirol, meistens ältere Männer, kommandiert von einem gerade von der Ost-Front versetzten 25-jährigen Oberfeldwebel namens Werner Kassel, der gleichzeitig auch als Ortskommandant von Sainte-Mère-Église eingesetzt war. Er wurde in dem kleinen Haus des Tierarztes Dr. Georges Monnier, an der Ecke gegenüber der Südseite des Kirchplatzes, einquartiert. Sein aus nur 37 Soldaten bestehender Zug war mit allem Zubehör im nahen Stadtpark eingestellt. Der Instandsetzungszug verfügte über keine schweren Waffen, lediglich über vier Lastkraftwagen, die mit Methan betrieben wurden. Auch verwaltete er die Munitionsvorräte für die an der Küste stationierten Truppen. Die Lastwagen standen tagsüber, vor feindlichen Aufklärungsflugzeugen und Jagdbombern versteckt, unter den großen Bäumen des Parks und des Kirchplatzes. Erst nachts fuhren sie mit schwachen Tarnlichtern mehrere Lieferungen mit Versorgungsgütern und Munition zu den Widerstandsnestern und Batterien an der nur wenige Kilometer entfernten Küste.

Georgette, die 1944 16-jährige Tochter des Tierarztes Dr. Monnier, berichtete über die deutschen Soldaten in Sainte-Mère-Église: "In der Zeit vor der Invasion waren viele Soldaten in unserer Stadt. Sie waren überall, aber sehr korrekt und höflich. Allerdings hatten wir nur wenig Kontakt zu ihnen, auch zu den Soldaten, die in unserem Haus einquartiert wurden. Nacheinander waren wohl vierzig Soldaten in unserem Haus untergebracht. Meine Mutter und ich sind einmal für vier Wochen zu Verwandten nach Valognes gefahren, weil unser Haus so voll belegt war. Aber das war alles lange vor der Invasion... Es gab auch keine Kanonen in der Stadt, die waren nur außerhalb. Es war eine unruhige Zeit, aber meine Familie hat die Besatzung der Deutschen nicht als Belastung empfunden – sie haben uns ja auch nicht belästigt..."

Die Soldaten des neuen Bataillons waren harte, gut trainierte Männer, diszipliniert, doch für die französische Bevölkerung furchterregend. Sie hatten vorher noch keine derartige deutsche Truppe gesehen. Aber nach zwei Wochen verließen diese Soldaten Sainte-Mère-Église wieder, um sich in den südöstlich benachbarten Ortschaften Gambosville, Fauville und La Coquerie an der Nationalstraße 13 einzuquartieren, um diese wichtige Straßenverbindung von Caen nach Cherbourg zu kontrollieren.

Kontrolliert wurden auch die Einwohner von Sainte-Mère-Église. Zu diesem Zweck waren ein Unteroffizier und sechs weitere Soldaten auf dem Kirchturm stationiert worden. Von dort oben aus hatten sie einen guten Überblick über den Kirchplatz und die angrenzenden Straßen. Nur war das Quartier auf halber Höhe des Glockenturms den Soldaten äußerst unbehaglich. Auf nur engem Raum, einem aus hartem Lehm welligen Boden, der zentimeterdick mit Staub bedeckt war, mußten sie auf nur dünnen Decken die Nächte verbringen. Urinieren konnten die Männer lediglich in einen Blecheimer, der jeden Morgen im gegenüber liegenden Pfarrhaus entleert wurde. Dort hatten sie auch die Möglichkeit, ihre Notdurft zu verrichten und sich zu waschen. Um zu ihren Beobachtungsplätzen auf den beiden jeweils auf der nördlichen und südlichen Seite befindlichen Balustraden zu gelangen, mußten die

Die überwiegend österreichischen Soldaten des Flak-Instandsetzungszugs vor der Kirche in Sainte-Mère-Église. Ihr Chef war Oberfeldwebel Werner Kassel.
Foto: Kollektion Henri-Jean Renaud

Soldaten im Kirchturm noch sehr viel höher steigen. Von dort oben hatten sie einen guten Überblick auf den unter ihnen befindlichen Kirchplatz und die Nebenstraßen und konnten viele Kilometer weit ins Land sehen. Eine Telefonleitung führte vom Turm über den Platz und in die Hauptstraße, die Rue de Carentan, in ein 110 Meter entferntes Haus, in dem eine Fernmeldestelle eingerichtet war. Von dort aus gab es eine direkte Verbindung zur Stabskompanie im nahen Fauville. Der sonntägliche Gottesdienst fand dennoch regelmäßig in der Kirche statt. Deswegen war es den deutschen Beobachtern verboten, innerhalb dieser Zeit den Turm zu verlassen, denn da sich die schmale Eingangstür zum Treppenaufgang in der Nähe des Altars befand, hätte das eine Störung der Messe zur Folge gehabt.

Seit einigen Jahren schon war auch der 24-jährige Georges Brault zum Haareschneiden in den kleinen Friseur-Salon der Familie Le Cambaye gekommen. Dort sah er auch immer wieder die hübsche Juliette. Die jungen Leute mochten sich, lächelten einander zu – und verliebten sich. Juliette erzählte: "Mit sechzehneinhalb Jahren war es nicht erlaubt, ohne Einwilligung der Eltern zu heiraten. Da aber mein Georges immer zum Haareschneiden kam und wir uns ineinander verliebt hatten, Händchen gehalten und Küßchen ausgetauscht, stellte sich im Lauf der Zeit auch der Wunsch ein, zu heiraten. Ich ging zu ihnen, um zu fragen, ob ich heiraten darf. Meine Eltern waren total entrüstet, wie man in diesen schlechten Zeiten ans Heiraten denken könne, sie besäßen doch gar nichts, und sie könnten doch nicht, und was weiß ich..."

Juliette Le Cambaye vertraute sich dann dem Bürgermeister an. Sie schilderte Alexander Renaud unter Tränen ihre Notsituation und bat ihn, mit ihren Eltern zu reden. Sie erklärte ihm: „Wir möchten so gern heiraten, weil niemand weiß, ob man das hier alles überlebt. Ich möchte vorher verheiratet sein..."

Renaud sprach mit Juliettes Eltern, und die gaben, wenn auch widerstrebend, ihre Einwilligung. Nur wenige Tage später wurde das Datum der Hochzeit festgelegt – für den 6. Juni 1944.

"Aber dann", sagte Juliette, "kam uns diese dämliche Invasion dazwischen..."

Seit Generalfeldmarschall Erwin Rommel im November 1943 den Oberbefehl über den Ausbau des *Atlantikwalls* übernommen hatte, gab er seit Anfang 1944 ständig Anweisungen, um die Truppen zur Verstärkung der Befestigungsanlagen anzuhalten, führte Inspektionen durch und ersann passive Abwehrmaßnahmen. So ließ er auf den großen Weideflächen, die vom Hochwasser verschont geblieben waren, mehrere Meter lange Baumstämme in den Erdboden eingraben, um auch auf diese Weise feindlichen Luftlandeunternehmen vorzubeugen.

Die scherzhaft als "Rommel-spargel" bezeichneten Holzpfähle gegen feindliche Luftlandungen wurden auf freien Feldern in einem Abstand von mehreren Metern zueinander und einen bis eineinhalb Meter tief in den Erdboden eingegraben, so daß sie etwa zwei Meter darüber hinausragten. Zusätzlich waren sie noch mit Stacheldraht oder starken Stricken an den Spitzen miteinander verbunden.

Fotos: US National Archives

Fast täglich mußte der Bürgermeister von Sainte-Mère-Église nun kleine Arbeitstrupps französischer zwangsverpflichteter Zivilisten zusammenstellen. Am 17. April wurden von einer deutschen Pionier-Truppe Männer angefordert, die bei der Errichtung von Baumstämmen im flachen Umfeld der Stadt und auf den großflächigen Wiesen helfen sollten. Zu diesem Zweck mußten in der gesamten weiträumigen Region des Cotentin massenhaft Bäume gefällt werden. Ein deutscher Unteroffizier sagte zu einem Franzosen, der sich nachdrücklich gegen eine derartige Maßnahme ausgesprochen hatte: "Es ist in Eurem eigenen Interesse, schnell zu arbeiten, denn wenn alles fertig ist, können hier keine englischen Flugzeuge mehr landen, und Euer Land bleibt von einer Invasion verschont. Wenn Ihr aber nicht arbeitet, werden Eure Städte und Ortschaften zerstört werden..."

Die Franzosen glaubten, es sollte ein Scherz sein, daß die Deutschen der Meinung seien, daß eine Invasion in der Normandie stattfinden könnte – so weit von Deutschland entfernt... Das Roden und Errichten Tausender schwerer Baumstämme dauerte viele Wochen. Doch dem Arbeitseinsatz und Engagement der überwiegend älteren deutschen Soldaten mangelte es an Ausdauer und Disziplin; vielmehr verbrachten sie und die französischen Arbeiter den größten Teil ihrer Arbeitszeit vergnüglich mit Essen und Trinken.

An diesem 17. April 1944 erfolgte noch eine weitere Anordnung: Die Franzosen mußten sämtliche Rundfunkgeräte in den Rathäusern ihrer jeweiligen Heimatorte abgeben. Es wurde nun streng verboten, den BBC zu hören. Wer gegen diese Anordnung verstieß, dem drohten sehr empfindliche Strafen.

Als der deutsche Ortskommandant dem Bürgermeister von Sainte-Mère-Église am 19. April persönlich den Befehl erteilte, sämtliche Radios aller Einwohner seiner Stadt auf dem Dachboden des Rathauses einzulagern, verweigerte Alexandre Renaud diese Order konsequent. Er begründete seine Entscheidung damit, daß die Rundfunkgeräte ihren Eigentümern gehörten und sonst niemand anderem. In seiner Wut drohte der Ortskommandant, daß, sollten die Engländer landen, dieses Renauds Verschulden sei... Doch die Rundfunkgeräte blieben bei ihren Besitzern, und Renaud erhielt eine schriftliche Androhung, daß er bei einer Landung der Briten gehenkt werden sollte. Der Kommandant wurde aber noch Anfang Mai 1944 in einen anderen Ort versetzt.

Eine neue deutsche Division im Zentrum des Cotentin

Nach der Niederlage bei Stalingrad war die deutsche Kriegsführung auch organisatorisch verschärft worden. So hatte das OKW (Oberkommando der Wehrmacht) Forderungen an die anderen beiden Teilstreitkräfte, der Luftwaffe und der Marine gestellt, das ausblutende Heer wieder aufzubauen. So war die Luftwaffe aufgefordert worden, ihren für den Luftkrieg nicht mehr erforderlichen Personalbestand in das Heer zu überführen. Hermann Göring, der noch immer an dem Gedanken festhalten wollte, seine Luftwaffe wieder auf ihre Mitteleuropa beherrschende Stärke zu bringen, hatte Überlegungen angestellt, wie er zwar die Forderung des OKW erfüllen, dennoch seinen Personalbestand halten konnte. So hatte er beschlossen, sogenannte Luftwaffen-Felddivisionen aufzustellen und sie dem Heer zur Landkriegführung zur Verfügung zu stellen – mit dem Hintergedanken, dieses Personal im Fall eines neuen Aufschwungs seiner Luftwaffe wieder einsetzen zu können. Vergeblich hatte General Schlemm in einem langen Gespräch versucht, Hermann Göring die Idee auszureden, mit den für einen Landkrieg unerfahrenen Luftwaffen-Soldaten Landkrieg-Divisionen aufzustellen. Göring war jedoch dabei geblieben, dieses Personal zu behalten, denn ihm war klar, daß er es nicht wieder zurückbekommen könnte, wenn er die Luftwaffe noch einmal aufbauen beziehungsweise verstärken wollte. Ähnliche Gedanken waren auch von der Marine-Führung angestellt worden.

Die 91. war ursprünglich eine Infanterie-Division gewesen, die nach den monatelangen schweren Kämpfen wegen der akuten Personalverluste aufgelöst werden sollte. So wurde das gesamte restliche Personal (ohne Waffen) in die im Februar und März 1944 bei Baumholder im Hunsrück neu aufgestellte 91. Division überführt. Da die Neuaufstellung nun über eine erhebliche Masse Luftwaffen-Soldaten verfügte, die eine personelle Mehrheit bildeten, bekam sie eine neue Deklaration als Luftlandedivision. Diese neue Division erhielt außer des Artillerie-Regiments 621 der Panzer Ersatz- und Aufklärungsabteilung 100 (664 Soldaten) auch zwei Regimenter, die infolge ihrer späten Aufstellung mit vierstelligen Nummern beziffert wurden – die Grenadier-Regimenter 1057 und 1058. Da Adolf Hitler die normannische Cotentin-Halbinsel mit ihrem großen Hafen von Cherbourg für eine bevorstehende Invasion der West-Alliierten als besonders gefährdet betrachtete, ließ er die neue 91. Luftlandedivision mit ihren insgesamt 10.555 Soldaten in ihrem Zentrum stationieren.

Das nach seinem äußerst verlustreichen Einsatz an der Ost-Front im April 1944 aufgefrischte Fallschirmjäger-Regiment 6 mit seinen insgesamt 3.457 Soldaten gehörte zwar truppendienstlich zur 2. Fallschirmjäger-Division, wurde aber ebenfalls der 91. Luftlandedivision und somit als Eingreifreserve auch dem LXXXIV. Armeekorps unterstellt. Seine drei Bataillone bezogen an der südwestlichen Engstelle der Cotentin-Halbinsel zwischen Lessay, dem Mont Castre und Carentan eine Riegel-Stellung. Das I. Bataillon (Hauptmann Emil Priekschat) lag im Raum zwischen dem Mont Castre und Saint Jores, das II. Bataillon (Hauptmann Rolf Mager) bei Lessay, und das III. Bataillon (Hauptmann Horst Trebes) zwischen Périers und Carentan. Der Kommandeur dieses Regiments war seit Januar 1944 Major Dr. Friedrich August von der Heydte, dessen Regimentsstab in der kleinen Siedlung l'Hôtellerie lag – nahe Gonville und drei Kilometer nördlich Périers. Von der Heydte war es wichtig, seine Soldaten an das ihnen unbekannte und ungewöhnliche Gelände der Normandie zu gewöhnen. Posten, die ständig den Luftraum beobachteten, wurden aufgestellt und Anhöhen mit schweren Waffen zur Rundumverteidigung besetzt. Das Fallschirmjäger-Regiment 6 war auf einer Fläche von 20 Kilometer Länge und 15 Kilometer Breite verteilt.

Dr. Friedrich August Freiherr von der Heydte wurde am 30. März 1907 in München geboren. 1925 trat er als Offiziers-Anwärter der Reichswehr bei und wurde 1926 als Fahnenjunker für sein Studium beurlaubt. Er studierte Jura, bestand drei Staatsprüfungen und promovierte 1932 zum Dr. jur., trat 1933 der NSDAP bei, war ab 1935 wieder Soldat der Reichswehr und bei Kriegsausbruch 1939 Oberleutnant und Kompaniechef der Panzerabwehr-Abteilung 6. Als Hauptmann trat er 1940 zur Luftwaffe über und wurde Kompaniechef im Fallschirmjäger-Regiment 3. Als Bataillonskommandeur auf Kreta im Einsatz, wurde von der Heydte mit dem Ritterkreuz ausgezeichnet, danach an die Ostfront verlegt, ab Juli 1942 bis Januar '43 als Major und Kommandeur des Fallschirm-Lehrbataillons nach Nordafrika. Ab 15. Januar '44 war er Kommandeur des Fallschirmjäger-Regiments 6. 1942 hatte er das Deutsche Kreuz in Gold erhalten, 1944 das Eichenlaub zum Ritterkreuz.
Foto: Kollektion F. J. Frhr. von der Heydte

Es verfügte nur über siebzig Kraftfahrzeuge, von denen es fast fünfzig verschiedene Typen gab (was infolge der schwierigen Ersatzteilbeschaffung nach dem Beginn der Kampfhandlungen rasch zu vielen Ausfällen führte). So war man auf mit Pferden bespannte Landwirtschaftliche Fahrzeuge der normannischen Bauern angewiesen. Major von der Heydte äußerte betreffs seines Regiments gegenüber des Generals der Flieger, Kurt Student: "Für einen Fallschirmeinsatz voll, für den Erdkampf infolge mangelnder Ausrüstung an schweren Panzerabwehrwaffen und mangelnder Kraftfahrausstattung nur bedingt geeignet..."

Auch Hitler hatte den schlechten Kampfwert der Abwehrtruppen in der Normandie ebenfalls erkannt. So wurde von jedem Stützpunktkommandanten sein schriftliches Ehrenwort verlangt, seine Position im Ernstfall unbedingt zu halten und sie nicht aufzugeben, vielmehr bis zum letzten Mann und bis zur letzten Patrone zu halten. Von der Heydte bezeichnete eine derartige Erklärung als unehrenhaft und verweigerte sie (ohne dafür zur Rechenschaft gezogen zu werden).

Gegen Ende April wurde die neu aufgestellte 91. Luftlandedivision im Zentrum der Cotentin-Halbinsel stationiert. Ebenso wurden auf dem Cotentin auch die Grenadier-Regimenter *1057 (Kommandeur Oberst Sylvester von Saldern)* und 1058 *(Kommandeur Oberst Kurt Beigang)* stationiert; außerdem das Artillerie-Regiment 191 *(Oberstleutnant Heinrich Kiewitt)*, die Panzerjäger-Abteilung 191 *(Oberleutnant Reimer)*, das Pionier-Bataillon 191 *(Leutnant Bonecamp)* sowie die Nachrichten-Abteilung 191 *(Hauptmann Günter Buchreihs)*.

Der Kommandeur der 91. Luftlandedivision war seit dem 25. April 1944 der 47-jährige Generalleutnant Wilhelm Falley. Im Park des Schlosses von Bernaville und seiner nahen Umgebung wurden zirka siebzig Zentimeter schmale und nur einen Meter tiefe Laufgräben und Löcher für Maschinengewehrstellungen ausgehoben, und auf einer der Koppeln des zum Schloß gehörenden Gestüts wurden aus Erde modellierte Panzer aufgestellt. Auf den großen, freien Flächen, die sich für feindliche Luftlandeunternehmen eigneten, ließen die deutschen Besatzer von zu dieser Arbeit herangezogenen Franzosen auch hier *Rommelspargel* errichten. Um die vielen dazu notwendigen Stämme zu erhalten, mußten sie die großen, alten Kastanienbäume im Schloßpark fällen. In tief ausgehobenen, eckigen Gruben mit schräg hinabführenden Rampen waren die abgestellten Kraftfahrzeuge einigermaßen vor den zunehmend erfolgenden Jabo-Angriffen geschützt. Im Schloß, den

In diesem Haus, in der heutigen Rue Général de Gaulle, befand sich die Fernmelde-Vermittlungsstelle. **Foto: von Keusgen**

An einen der Dachbalken jenes Hauses, das einst Dr. Monnier gehörte, das dem Kirchplatz gegenübersteht und in dem einst deutsche Soldaten einquartiert waren, erinnert noch heute eine Bemalung an diese Zeit und die in Sainte-Mère-Église stationierte 4. Kompanie. **Foto: Éditions Heimdal**

Von dem schmalen Plafond auf dem Turm der Kirche war die 8,5 Kilometer entfernte Ostküste der Cotentin-Halbinsel nicht zu sehen. Entgegen etlicher Fehldarstellungen handelte es sich bei den Beobachtern nicht um eine Feuerleitstelle der Artillerie, sondern sie kontrollierten, daß die Einwohner des Ortes die "Sperrstunde" einhielten (Ausgehverbot und Verdunklung sämtlicher Fenster). **Foto: von Keusgen**

Am 20. Januar 1944 war General Wilhelm Falley als Kommandeur der 246. Infanterie-Division das Deutsche Kreuz in Gold vom Oberkommando des Heeres verliehen worden. (Am 28.9.1941 stiftete Adolf Hitler diesen Orden für außergewöhnliche Tapferkeit und außergewöhnliche Verdienste in der Truppenführung. Hier Falleys von Generalfeldmarschall Keitel unterzeichnete Verleihungsurkunde.) **Abbildung: Kollektion Claus Falley**

Anläßlich seines Ausscheidens aus der 246. Division hatten Falleys Soldaten ihm eine handgemalte Urkunde mit folgendem Text überreicht: Die Offiziere, Unteroffiziere und Mannschaften der 246. Infanterie-Division wünschen ihrem scheidenden Divisions-Kommandeur, Generalmajor Falley, Erfolg und viel Soldatenglück bei der neuen, ehrenvollen Berufung! Nowosselki, den 18. April '44

General Falley mit seinem Ib, Major Bollack, im Stabsquartier im Schloß von Bernaville. **Abbildung und Foto: Kollektion Claus Falley**

Wirtschaftsgebäuden, sogar in den Ställen und der unmittelbaren Umgebung wurden etwa einhundert Offiziere und Mannschaften einquartiert. Falley selbst zog es vor, sich in einem alten, unmobilen Autobus, dreihundert Meter vom Schloß entfernt, einzuquartieren. Der Bus stand zwischen einer Gruppe hoher Bäume und war zusätzlich mit dichten Tarnnetzen überspannt. *(Der Grund für Falleys Maßnahme, sich in einem Bus einzuquartieren, ist nicht bekannt. Da zu dieser Zeit aber auch die Cotentin-Halbinsel täglich von Aufklärungsflugzeugen, Bombern und Jagdbombern der Alliierten überflogen wurde, außerdem im Fall eines Beschusses feindlicher schwerer Schiffsartillerie diese auch das nur 15 Kilometer von der Küste entfernte Schloß noch erreichen konnte, ist davon auszugehen, daß sich Falley aus Gründen der Sicherheit von dem aus der Luft auffälligen Schloß entfernt hat.)*

Die deutschen Soldaten und Unteroffiziere wurden in den bürgerlichen Häusern einquartiert – häufig in den unmittelbaren Lebensraum der Franzosen. Deutsche Offiziere hingegen bezogen die hübschen Manoirs und Schlösser. Die Familie Laisné bewohnte eines der landwirtschaftlichen Nebengebäude des Schloß-Anwesens in Bernaville, 6,3 Kilometer westlich Sainte-Mère-Église. Als im Sommer 1940 deutsche Offiziere ins Château de Bernaville einzogen, mußten alle Bewohner das Anwesen verlassen. Die Familie Laisné zog daraufhin in das Mühlen-Anwesen der Familie Lagouche. Dennoch sagte der 1930 geborene Emmanuel Laisné: "Die deutschen Soldaten waren sehr korrekt gegenüber der französischen Bevölkerung. Meine Eltern verkauften ihnen Milch, und sie haben ohne Probleme bezahlt. Den Erwachsenen war es verboten, das Schloß-Anwesen zu betreten, aber wir Kinder durften die Kastanien im Wald, der das Schloß umgab, einsammeln..."

Die Wassermühle der Familie Lagouche in der Zeit vor dem Krieg, als es noch einen hohen Silo gab (rechts), der durch eine brückenähnliche Galerie mit dem Haupthaus verbunden war. Bis 1944 war der Silo samt Galerie abgerissen worden. So war von ihm nur eine kleine Verlängerung der bereits vorhandenen Mauer (rechts neben der Straße) übriggeblieben (Vergleich siehe Seite 17).
Foto: Kollektion Marguerite Lagouche

1944 war Marguerite Lagouche 24 Jahre alt. Sie war mit dem Besitzer einer großen Wassermühle nahe Bernaville, sieben Kilometer westlich Sainte-Mère-Église, verheiratet, Mutter einer 5-jähren Tochter und wieder hochschwanger. Ihr Mann, Alphonse, war im November 1939 zum Militär eingezogen, 1940 in deutsche Gefangenschaft geraten und nach Deutschland gebracht worden. Im Oktober 1942 hatte er in seine Heimat zurückkehren können – an einer Hand verletzt und mit einer beginnenden Rippenfell-Entzündung. Dennoch hatte er seine Arbeit auf seinem Anwesen sofort wieder aufgenommen.

Marguerite Lagouche sagte: "Natürlich war es uns nicht möglich, Beschlagnahmungen zu entgehen. Wir liebten die Deutschen nicht, aber man konnte nichts dagegen tun. Ihre Drohung, nach Deutschland deportiert zu werden, die wirkte... Dennoch, auf der kleinen

Straße vor dem Haus konnte man nichts vom Krieg sehen. Es waren auf unserem Anwesen keine Häuser requiriert worden, und es gab keine Einquartierungen deutscher Soldaten. Die einzigen Leute, die bei uns vorbeigingen, waren Nachbarn. Natürlich wußte jedermann, daß sich die Deutschen im nahen Schloß von Bernaville einquartiert hatten und daß die Feldgendarmerie an der Straße nach La Fière etabliert war. Wir wußten auch, daß ein deutscher General ganz in der Nähe unseres Anwesens sein Quartier in einem Autobus hatte…"

Dennoch hatte Marguerite Lagouche den General noch niemals am Mühlenanwesen vorbeikommen sehen: "Es gab wichtigere Dinge zu verrichten, als nach einem General Ausschau zu halten…"

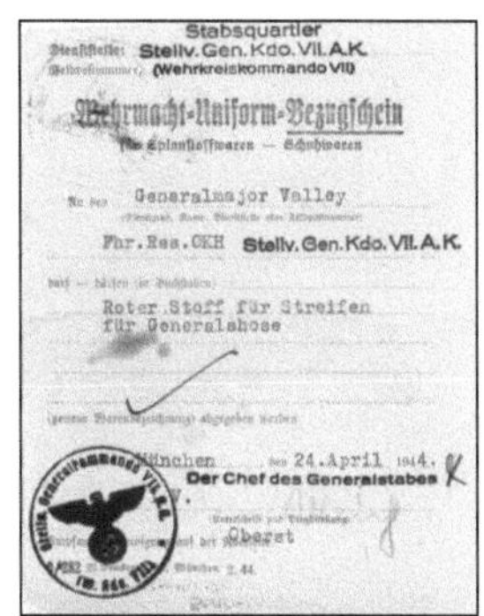

Wehrmacht-Uniform-Bezugschein des Generalmajors Wilhelm Falley vom 24. April 1944 für "Roter Stoff für Streifen für Generalshose" (vor seiner Beförderung zum Generalleutnant).
Abbildung: Kollektion Claus Falley

Nach der Neuaufstellung der 91. Luftlandedivision wurden die Soldaten in zugigen Güterwaggons vom Hunsrück in die Normandie transportiert. Einer der Soldaten war Heinrisch Spieles (sitzend, in der Bildmitte).
Foto: Kollektion Heinrich Spieles

Der 18-jährige Gefreite Heinrich Spieles war Sohn eines Weinbauern in Mehringen an der Mosel. Am 10. Januar 1944 mußte er nach Kaiserslautern zur Einsatzabberufung und wurde dort als Fernmelder eingeteilt. In Baumholder hatte man ihn dem Nachrichtenzug des Gefechtsstabs des Grenadier-Regiments 1058 der neu aufgestellten 91. Luftlandedivision zugeteilt. Ende März war eine Verlegung der Truppe per Fußmarsch nach Bitsch im Elsaß erfolgt, drei Wochen später mit dem Zug in die Bretagne, nach acht Tagen dortigen Aufenthalts nach Carentan in der Normandie. Von dort aus war die Einheit auf der Nationalstraße 13 ins 26 Kilometer entfernte Saint Cyr marschiert, einen Kilometer westlich Montebourg, wo sie am 8. Mai 1944 eintraf. Da bereits sämtliche Häuser in und um Saint Cyr von deutschen Soldaten belegt waren, mußten die Männer des Nachrichtenzugs in ihren kleinen Zelten biwakieren.

Heinrich Spieles war durchaus kein Soldat aus Leidenschaft. Sein Vater, der selbst 1939 noch im Alter von 49 Jahren und als Familienvater von drei Kindern eingezogen worden war, hatte seinem Sohn verboten, der Hitlerjugend beizutreten: "Du kannst von mir alles bekommen, nur kein braunes Hemd…" *(Spieles senior wurde bereits nach acht Tagen wieder in seinen Heimatort zurückgeschickt, mußte dort aber noch bis November 1944 einen Dienst bei einem Poilizei-Wachkommando verrichten.)*

In Saint Cyr mußte Heinrich Spieles mit einigen Kameraden eine Fernmelde-Vermittlungsstelle errichten. Als diese Arbeit nach einigen Tagen beendet war, wurde auch er zu

Heinrich Spieles hatte den obligatorischen dreimonatigen Arbeitsdienst absolviert, war Anfang 1943 ins Ausbildungs-Bataillon 352 eingezogen und insgesamt 12 Monate lang zum Entfernungsmesser, Fernmelder, MG-Schützen und als Werferbedienung ausgebildet worden.
Foto: Kollektion Heinrich Spieles

den schweren Arbeiten auf den Feldern eingeteilt, um dort mitzuhelfen, Baumstämme gegen feindliche Luftlandeunternehmen aufzustellen.

Dann wurde der Aufklärungszug des Regiments nach Sainte-Mère-Église verlegt und dort in drei spezielle Gruppen eingeteilt. Diese waren jeweils zusammengesetzt aus einem Schützenzug, einer MG-Gruppe, einer Granatwerfergruppe mit einem 8-cm-Werfer und eine Beobachtungsgruppe. Zwei dieser Kampfgruppen gingen nahe nordöstlich der Stadt in Stellung, die andere am östlichen Ortsrand, wo der Flak-Instandsetzungszug mit den 37 Soldaten lag. Dieser Instandsetzungszug wurde an die Fernmelde-Vermittlungsstelle angeschlossen, ebenso die Ortskommandantur und eine Bauabteilung der *Organisation Todt*. Die Beobachtungsgruppe bezog den Kirchturm. Ihr gehörte auch Heinrich Spieles an. Diese Gruppe bestand aus einem Unteroffizier und 14 Soldaten. Spieles war nun 12 Tage lang damit beschäftigt, auf, über und vom Kirchplatz Fernmeldekabel durch die Bäume und an den Häusern entlang zu verlegen. Auch vom Kirchturm führte eine Telefonleitung zur Vermittlungsstelle. Für die Installation dieser Vermittlungsstelle wurden zwei Räume in der ersten Etage eines Wohnhauses an der Hauptstraße requiriert.

Nach Fertigstellung der Vermittlungsstelle erhielt Heinrich Spieles den dienstlichen Befehl, täglich um 8:00 Uhr und um 21:30 Uhr bei seinem Zugführer Meldung über den Zustand der Fernmeldeverbindungen zu erstatten. Um sich davon selbst zu überzeugen, mußte der Fernmelder jeden Tag sämtliche Kabelverbindungen zu Fuß kontrollieren und sich davon überzeugen, daß nicht jemand die Leitung zerschnitten oder ein Unbefugter ein Kabel angezapft hatte und so die Telefonate mithören konnte. Auch wurde Spieles sporadisch angerufen und auf Anwesenheit kontrolliert. Wenn er sich einmal von seinem Platz entfernte, mußte ein Stellvertreter, der genau wußte, wo und wie Spieles zu erreichen war, dessen Platz besetzen. Über eine Kompanie-Belehrung berichtete Heinrich Spieles: "Da wurde uns ganz eindringlich gesagt, daß wir uns nicht am Eigentum der Franzosen vergreifen dürften, das gelte als Raub und Schädigung des Ansehens der deutschen Wehrmacht. Wer so etwas tut, wird vor Gericht gestellt..."

Der Mai des Jahres 1944 war ein ungewöhnlich warmer Monat, und bis zu seinem Ende trockneten die künstlich angelegten, weitläufigen Überschwemmungsgebiete an vielen Stellen fast völlig aus. In der stehenden Luft hing ein unangenehmer Geruch. Die Mückenschwärme nahmen dramatisch zu – genau wie die Bombenangriffe der Alliierten, die nun Verkehrsknotenpunkte und Brücken im Inland verstärkt bombardierten.

In der Mitte des Monats wurde innerhalb der 91. Luftlandedivision eine etwa einhundertfünfzig Soldaten starke Kampfgruppe gebildet, die aus verschiedenen Teilen des Grenadier-Regiments 1058 bestand *(ein Maschinengewehrzug, ein beweglicher Zug mit Ketten-Motorrädern und weiterer Gruppen sowie des Pionier-, Nachrichten- und Radfahrzugs der Stabskompanie)*. Sie mußte um das Château de Fauville in Stellung gehen – nur 3,5 Kilometer südlich von Sainte-Mère-Église entfernt.

Der 23-jährige Unteroffizier Rudi Escher berichtete: "Was
wir verteidigen sollten, war mir unklar. Die Offiziere zogen ins
Château ein, in dessen Nähe sich die Feldküche und die Ver-
pflegungsstelle befanden. Der Rest der Stabskompanie mit
Chef und Schreibstube lagen an einem uns unbekannten Ort.
Wir mußten unsere bisherige Stellung verlassen, und unser
Zug wurde in den Verteidigungsring mit einbezogen. Unterhalb des Schlosses mußten wir in einem Hohlweg Stellung
beziehen. Hinter den hohen Hecken des Weges richteten wir
uns ein und gruben mit den Spaten Löcher, in denen wir uns
im Ernstfall schützen und auch den Weg kontrollieren konnten. Durch die dichten Hecken an den Weiden war jedoch
die Sicht schlecht. Wir haben auf einer der Weiden unsere

*Rudi Escher. Der aus Coburg
stammende Unteroffizier war
Führer der 1. Gruppe des Radfahrzugs.*
Foto: Kollektion Rudi Escher

*Das an der Nationalstraße 13
gelegene Château de Fau-
ville, in dem die Offiziere der
Kampfgruppe Quartier bezogen
hatten.*
Foto: Archiv von Keusgen

Zelte aufgebaut – je eins für vier Mann. Mit vier Planen wurde jedes Zelt von zwei mal zwei
Meter Grundfläche erstellt. Es gab darin sehr wenig Platz, und man konnte sich nur gebückt
bewegen. Deshalb haben wir siebzig Zentimeter tief Erde ausgehoben, um auf diese Weise
mehr Höhe zu gewinnen. Ich schlief mit drei meiner Leute zusammen. Wir hatten nur etwas
Gras als Unterlage und pro Mann nur eine Decke. Zum Schlafen ausziehen, war nicht
erlaubt; so haben wir nachts sehr gefroren. Unser Abort war die Natur, und jeder mußte
sein Häuflein hernach mit Erde zudecken. Die Verpflegung mußte dreimal täglich in Koch-
geschirren und Feldflaschen von der Feldküche abgeholt werden. Das Wechseln unserer
Leibwäsche stellte ebenfalls ein Problem dar. Die Zelte mußten wir selbst bewachen, und
einen ordentlichen Dienstablauf gab es nicht.

Am 19. Mai kamen dann viele Änderungen: Meine 1. Gruppe wurde mit den Zelten einige
hundert Meter weiter fort verlegt. Die 2. Gruppe des Radfahrzugs mußte als Beobachter
nach Sainte-Mère-Église auf den Kirchturm, und die 3. Gruppe bewachte den Übergang der
Bahnlinie Paris-Caen-Cherbourg nahe La Fière. Meine Leute übernahmen die Beobachtung
von einem Baum aus. Alle zwei Stunden wurde gewechselt. Nachts waren die Zelte und der
Bagagewagen von uns mit Doppelposten bewacht. Einen anderen Dienst gab es für uns
nicht zu verrichten."

Bei dem alten Château, in dem die Offiziere wohnten, geschah eines nachts ein tragischer
Zwischenfall: Die alte Schloßbesitzerin wollte ihre Toilette aufsuchen, die sich in einem klei-

nen Holzhäuschen in ihrem Garten befand. Der Wachtposten hörte im Dunkeln jemanden kommen und fragte laut nach der Parole. Die Französin verstand weder die deutschen Worte, noch hatte sie das geheime Kennwort gekannt. Der Posten, der nicht wußte, wer sich ihm dort im Dunkeln nähert und der sich vor Attentaten der Widerstandsbewegung fürchtete, handelte nach Vorschrift und schoß in die Finsternis. Die alte Dame starb augenblicklich.

Nach sechs Tagen wechselten turnusmäßig die Gruppen der um Fauville stationierten Kampftruppe. Nun mußte Rudi Escher mit seiner 1. Gruppe zum Bahnübergang. Der Unteroffizier hatte sich im 3,4 Kilometer von der Bahnlinie entfern-

Die Soldaten der 91. Luftlande-division waren durchschnittlich deutlich älter als 30 Jahre.

Zeitweise Schwerarbeit beim Errichten von Hindernissen, dann wieder Müßiggang und nicht genug zu essen, allgemein schlechte Koordination und Angst vor einer Invasion. So lebten die Soldaten der 91. Luftlandedivision.
Fotos: Archiv von Keusgen

ten Amfreville bei einer anderen Einheit zu melden. Dort bekam er die Anweisung, sich bei einer Landung feindlicher Truppen in diesem Bereich mit seiner Gruppe nach Amfreville durchzukämpfen, um bei der dortigen Einheit weitere Befehle abzuwarten.

Über diese neue Situation sagte Rudi Escher: "An der Straße beim Bahnübergang, hinter einer Hecke, hatten wir unsere Zelte aufgestellt. Tagsüber mußten jeweils zwei Mann, jeder auf einem anderen Baum, den Luftraum und die Umgebung beobachten, und des Nachts als Doppelposten die Straße und die Bahnüberführung. Die Posten wurden alle zwei Stunden abgelöst, dann vier Stunden Ruhe. Der tägliche Ablauf bestand aus Verpflegung holen, Posten kontrollieren, mit dem Fahrrad auf der Straße die Zeit vertreiben oder im künstlichen Überschwemmungsgebiet baden, wo das Wasser am Rand nur etwa achtzig Zentimeter tief war.

Ungefähr vierhundert Meter von unserer Stellung entfernt, Richtung Amfreville überquerte die Straße das gestaute Flüßchen Merderet. Dort steht ein altes Bauernanwesen. Da haben wir auch nackt gebadet, denn Badehosen hatten wir ja keine. Einer meiner Leute wurde krank und kam für längere Zeit ins Lazarett. Wir waren dann nur zu dritt im Zelt und hatten eine Decke mehr – trotzdem froren wir.

In ihrer Freizeit fuhren manche Soldaten nach Sainte-Mère-Église, um dort etwas Eßbares zu bekommen. Einmal brachten sie Zwiebeln mit, die wir dann im Kochgeschirrdeckel auf offenem Feuer gedünstet haben. Alle beklagten sich über zu wenig Verpflegung. Es gab vor allem zu wenig Brot. Wegen des ständigen Hungers aßen wir immer alles auf einmal auf, und zum nächsten Frühstück hatten wir nichts mehr..."

Da nachts die bespannten Verpflegungswagen die von uns bewachte Straße passierten, gab Unteroffizier Rudi Escher seinen Leuten einen unerlaubten Hinweis, wie sie zu Brot kommen konnten: "Die Verpflegungsfahrer haben dann mächtig geschimpft. Hätten sie Meldung erstattet, wären wir alle schwer bestraft worden, aber so waren wir für die nächsten Tage erst einmal gut versorgt.

Am 31. Mai, nach weiteren sechs Tagen, wechselten die Gruppen das nächste Mal. Die Gruppe Schmitz löste meine Gruppe am Bahnübergang ab. So bezog ich nun mit meinen Leuten den Kirchturm in Sainte-Mère-Église. Meine Soldaten waren der 23-jährige Obergefreite Wolfgang Bachmann – mein Stellvertreter; der 22-jährige Obergefreite und MG-Schütze Rudolf May; der 25-jährige Gefreite Adolf Ackermann; die beiden 19-jährigen Grenadiere Alfons Jakl und Heinz Strangfeld; der 20-jährige Grenadier Wilhelm Schmelzer und ein weiterer, mir namentlich nicht mehr bekannter Soldat. Bachmann und May hatten bereits Fronterfahrung aus Rußland.

Untergebracht waren wir etwas unterhalb der Glocken, im südlichen Dachbereich des Seitenschiffs. Wir haben da oben wie die Mäuse gelebt. Alles war voller Dreck, und wir schliefen in unseren Uniformen auf dem staubigen Boden und froren sehr. Als einzige Lichtquelle gab es eine Maueröffnung im Giebel – ohne Glasscheibe. Die Verpflegung wurde jeden Tag von zwei meiner Soldaten von der Feldküche am Stadtrand geholt. Zwei Soldaten mußten dort oben, auf den beiden Balustraden, Tag und Nacht die Vorgänge im Ort beobachten und Ausschau nach Spionen und Saboteuren halten, die nachts von feindlichen Flugzeugen abgesetzt wurden. Oben, auf dem Turm, hatten wir ein Telefon, das mit der Vermittlungsstelle auf der Hauptstraße in Verbindung stand.

In der Freizeit sind wir mit unseren Fahrrädern auf dem Kirchplatz 'rumgefahren. Als junge Leute haben wir da allerhand Blödsinn gemacht, und es blieb ja fast bis elf Uhr abends hell. Mit der französischen Bevölkerung hatten wir überhaupt keinen Kontakt."

Bereits drei Tage später fand der sonntägliche Gottesdienst statt. Noch unerfahren, öffnete einer meiner Soldaten die kleine Holztür neben dem Altar, an dem der Pfarrer stand. Rudi Escher sagte dazu: "Während des Gottesdienstes haben einige gedankenlos das Türle aufgemacht und sind da 'reinspaziert. Die haben dann natürlich sofort wieder kehrtgemacht..."

Unentwegt hielten nun deutsche Truppen Übungen ab – fast jeden Tag und jede Nacht, und gelegentlich durchquerten schwerbewaffnete Trupps Sainte-Mère-Église. Ihre Helme, Waffen und Wagen waren zur Tarnung mit Zweigen bedeckt – sogar die Pferde.

Der 22-jährige Obergefreite Rudolf May hatte an der Ost-Front bereits den Krieg erlebt und als MG-Schütze entsprechende Erfahrungen gesammelt...
Foto: Kollektion Jörg Kohnen-May

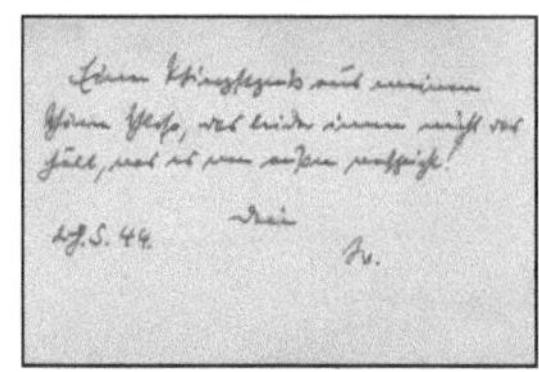

Handgezeichnete Postkarte als Pfingstgruß des Generalleutnants Wilhelm Falley an seine Ehefrau.
Abbildungen: Kollektion Claus Falley

Am 17. und 18. Mai 1944 inspizierte der Oberbefehlshaber Heeresgruppe B, Generalfeldmarschall Erwin Rommel, *(zum letzten Mal)* einen Teil der auf der Cotentin-Halbinsel stehenden Truppen, besichtigte mehrere Übungen und traf sich zu persönlichen Gesprächen mit etlichen hohen Offizieren, so auch mit den Bataillonskommandeuren des Fallschirmjäger-Regiments 6 sowie mit Generalleutnant Wilhelm Falley.

Ein paar Tage später ließ Falley einen diesbezüglich begabten Soldaten eine kleine Postkarte zeichnen und kolorieren. Als Motiv wählte der General sein Stabsquartier, das Schloß von Bernaville. Auf die Rückseite schrieb er: *Einen Pfingstgruß aus meinem schönen Schloß, das leider innen nicht vorhält, was es von außen verspricht! Dein W.*

Abzeichen der 82. Airborne Division (AA = All American).
Abbildung: Archiv von Keusgen

Noch heute steigt der Merderet nach besonders lange anhaltenden schweren Regenfällen auf ein Niveau, das mit einer Breite bis 600 Meter fast an den Wasserstand der Überschwemmungsgebiete von 1943 und 1944 heranreicht (hier an den Brücken von Chef-du-Pont, oben, und La Fière, großes Bild) ... **Fotos: von Keusgen**

Diese Karte, von Falley bereits auf den 28. Mai *(Pfingsten)* 1944 vordatiert, sandte er seiner Ehefrau. Es war der letzte Gruß ihres Mannes, denn er sollte schon neun Tage später fallen...

Eines nachts, Ende Mai, wurden von tief fliegenden Flugzeugen Flugblätter abgeworfen. Sie sollten den Franzosen zur Information über besondere Verhaltensmaßnahmen anläßlich einer beginnenden Invasion dienen. Auch die Uniformierungen britischer und amerikanischer Fallschirmjäger waren darauf abgebildet, sowie Militärflugzeuge, um später Freund und Feind unterscheiden zu können… Doch die französische Bevölkerung glaubte, daß diese Flugblätter über ganz Nord-Frankreich abgeworfen würden. Sie rechnete nicht mit einer Invasion in der Normandie. Viel weiter östlich, bei Dieppe, Calais oder Dünkirchen

Der Oberbefehlshaber der Heeresgruppe B, Generalfeldmarschall Erwin Rommel anläßlich seines letzten Besuchs der auf der Cotentin-Halbinsel stationierten Truppen (17. und 18. Mai 1944) im Gespräch mit Hauptmann Horst Trebes, Kommandeur des III. Bataillons des Fallschirmjäger-Regiments 6 (vorn links; zwischen ihnen General Wilhelm Falley; in der hinteren Reihe links, Hauptmann Rolf Mager, Kommandeur des II./FJR 6; zweiter von links, mit Ritterkreuz, Hauptmann Emil Preikschat, Kommandeur I./FJR 6).
Foto: Kollektion Claus Falley

Rolf Deboeser war im Alter von 17 Jahren zum Militär eingezogen worden; mit 19 war er Soldat des Grenadier-Regiments 1058 und in der Normandie stationiert.

Bild unten: Rolf Deboesers Erkennungsmarke
Fotos: Kollektion Rolf Deboeser

würden sie kommen – wenn sie denn nun auch endlich kämen...

Ende Mai verschlechterte sich das Wetter, und es regnete einige Tage lang sehr heftig. So stieg das Wasser in den Überschwemmungsgebieten der Douve und des Merderets schnell an und überflutete wieder die weitläufigen Wiesen und Äcker...

Zu dieser Zeit sollte eine deutsche Artillerie-Einheit in die Nähe von Cherbourg verlegt werden. Doch die Männer in den Uniformen der Wehrmacht waren Georgier und Mongolen – von deutschen Offizieren befehligte ehemalige Kriegsgefangene von der Ost-Front, die freiwillig der Wehrmacht beigetreten waren. Auf ihrem Weg nach Norden wurden die Offiziere in den Häusern des nur 600 Meter von Sainte-Mère-Église gelegenen Gambosville einquartiert. Die Mannschaften mußten auf den umliegenden Feldern biwakieren. Ihre Kanonen wurden auf dem Marktplatz in Sainte-Mère-Église aufgestellt und alle Ortsausgangsstraßen mit quergestellten Lastwagen blockiert. Nachts streiften Mongolen mit dunklen Gesichtern durch die Stadt und verbreiteten durch ihr ungewöhnliches Aussehen Furcht unter der Bevölkerung. Drei Tage später wurde die Einheit mit Unterstützung der Franzosen und ihrer Fahrzeuge dann zum 8,5 Kilometer südöstlich und an der Nationalstraße gelegenen Saint-Côme-du-Mont verlegt. Viele der auf der Halbinsel stationierten deutschen Soldaten waren davon überzeugt, daß dort eine Invasion erfolgen würde...

Zwangsverpflichtete französische Arbeiter hatten inzwischen bis Anfang Juni rund um Sainte-Mère-Église tiefe Gräben ausgehoben. Auch ließ man weiter Baumstämme gegen Luftlandeunternehmen auf den großflächigen Äckern und Weiden errichten – langsam...

Der gebürtige Kölner Rolf Deboeser gehörte zum Grenadierregiment 1058 der 91. Luftlandedivision. Seine Kompanie war in der kleinen Ortschaft St. Joseph stationiert, 4,7 Kilometer nordwestlich Valognes, an der Verbindungsstraße nach Cherbourg, 21 Kilometer von Sainte-Mère-Église entfernt. Der 19-jährige Soldat wußte, daß die deutschen Soldaten keinen so engen Kontakt mit der französischen Bevölkerung haben durften, da man nie wissen konnte, ob es sich bei den jeweiligen Personen nicht um Spione oder Widerstandskämpfer handeln würde. Dennoch hatte sich Deboeser während einer Übung im Raum Sainte-Mère-Église einige Zeit zuvor mit einem fast gleichaltrigen Franzosen angefreundet. Da sich der Gefreite nicht so weit von seiner Kompanie-Niederlassung entfernen durfte, um seinen französischen Freund besuchen zu können, bat er Ende Mai den Bauern des Gehöftes, auf dem sie einquartiert waren, den jungen Marcel in Sainte-Mère-Église zu bitten, ihn in St. Joseph zu besuchen. Der Bauer fuhr daraufhin nach Sainte-Mère-Église.

Am Tag des beiderseits vereinbarten Treffens verließ Rolf Deboeser nach Dienstschluß die Kompanie-Schreibstube, in der er auf dem Anwesen tätig war. Er freute sich auf das Wiedersehen mit dem ihm so sympathischen jungen Mann. Deboeser berichtete: "Wir *(deutsche Soldaten)* durften nicht auf der Straße gehen, weil die Engländer mit ihren Jabos ständig über uns waren. So habe ich mich immer unter den Bäumen aufgehalten. Und dann kam mir Marcel entgegen, mit einem Fahrrad. Als er mich sah..., das war unglaublich..., welche große Freude..."

Als sich die beiden jungen Männer dann nach über zwei Stunden wieder verabschiedeten, rief Marcel seinem deutschen Freund zu: "Ich komme wieder...!" *(Aber dann kam die Invasion...)*

Außer der Masse älterer Soldaten gab es in der 91. Luftlandedivision auch sehr viele jüngere.
Foto: Archiv von Keusgen

In der Nacht vom 29. zum 30. Mai flogen mehrere große Pulks schwerer Flugzeuge der Alliierten über den Cotentin und Sainte-Mère-Église. Sie hatten ihre auffälligen Positionslichter eingeschaltet und flogen so tief, daß sie vom Boden aus gut zu erkennen waren. Viele Franzosen spürten eine drohende Gefahr und packten eilig ihre wichtigsten Gegenstände in Taschen und Koffer und harrten der Ereignisse, die nun kommen würden...

Eine Stunde lang flogen verschiedene Gruppen von Flugzeugen über die Halbinsel ein, dann drehten sie in Richtung der Ost-Küste ab und warfen plötzlich im Raum Foucarville, Saint-Germain-de-Varreville und Saint-Martin-de-Varreville Hunderte Leuchtmittel ab. Gleißendes Licht erhellte das weite Terrain hinter dem küstennahen Überschwemmungsgebiet. Dann setzte ein schweres Bombardement ein. Das Pfeifen der niedergehenden Bomben und ihre Explosionen war bis ins neun Kilometer entfernte Sainte-Mère-Église zu hören, und die hölzernen Läden klapperten vor den Fenstern.

Marguerite Lagouche hatte inzwischen ihr zweites Kind geboren – Geneviève, die nun gerade erst drei Wochen alt war. Madame Lagouche war aufgefallen, daß seit dem 2. Juni immer häufiger vereinzelte Gruppen deutscher Soldaten in der Nähe und auch direkt bei ihrem großen Mühlenanwesen erschienen: "Was wollten die hier auf einmal? Bisher war hier alles ganz ruhig gewesen. Die Soldaten waren fast alle sehr, sehr jung. Dazu kam, daß sie ständig großen Hunger hatten. Sie kamen und fragten nach Lebensmitteln, aber wir hatten

Der Gefreite Heinrich Spieles war als Fernmelder im Grenadier-Regiment 1058 tätig.
Foto: Kollektion Heinrich Spieles

selbst nichts, konnten ihnen nichts verkaufen. Nur von den Kühen haben wir wenigstens etwas Milch gehabt..."

Sogar der erst 11-jährige Paul Villette hatte bemerkt, daß die deutschen Soldaten auffällig jung waren: "Es gab in unserer Gegend vor allem sehr junge Soldaten, die überhaupt niemandem etwas hätten antun können..."

Auch der 10-jährige Louis Lebarbenchon hatte die deutschen Soldaten immer wieder beobachtet: "Die Deutschen waren offensichtlich sehr schlecht verpflegt und ernährt und wurden von ihren Vorgesetzten sehr hart herangenommen..."

Bomberpulks überqueren den Ärmelkanal in Richtung der Cotentin-Halbinsel.
Fotos: US National Archives

Am Sonntag, den 4. Juni, wurde Heinrich Spieles in seiner Fernmelde-Vermittlungsstelle in Sainte-Mère-Église von seinem Vorgesetzten, dem Zugführer Leutnant Richter, angerufen. Der teilte ihm in knappen Worten mit, daß Spieles sofort von einem anderen Soldaten namens Willi Scheffer abgelöst würde – der sei außendienstkrank, konnte nicht marschieren und sollte deshalb diesen ruhigen Posten beziehen. Aber als so ruhig hatte Heinrich Spieles dieses Posten durchaus nicht empfunden, vielmehr war er in den letzten Tagen durch das Mithören der Telefonate, die betreffs einer bevorstehenden Invasion zwischen hohen Offizieren geführt wurden, höchst beunruhigt...

Nachdem Willi Scheffer in der Vermittlungsstelle eingetroffen war, meldete sich Heinrich Spieles ordnungsgemäß telefonisch bei seinem Zugführer ab und mußte dann zum Regimentsstab im 12 Kilometer entfernten Saint Cyr zurückgehen.

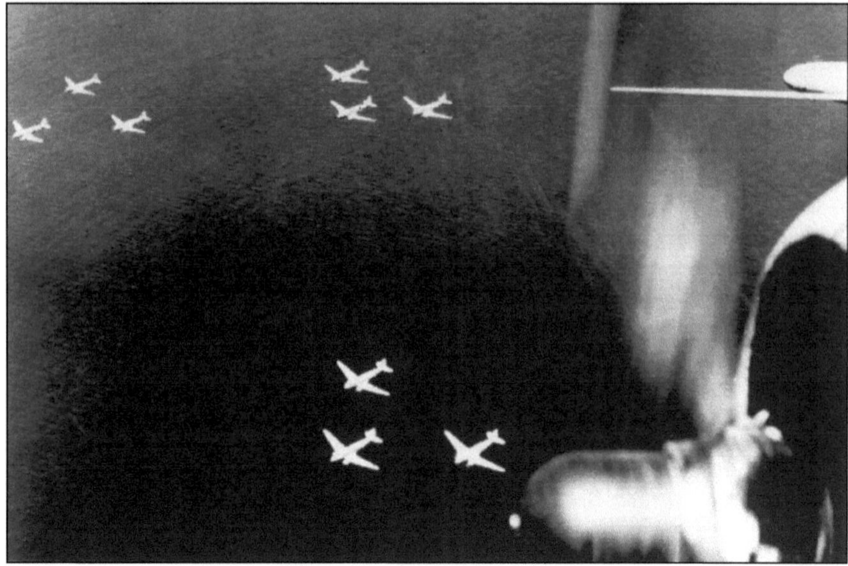

Heinrich Spieles war bereits einige Kilometer allein auf der langen, geraden National-
straße gegangen, da hielt ein Wehrmachtfahrzeug neben ihm an. Ein hoher Offizier saß im
Fond des Wagens und fragte durch das offene Fenster, wohin Spieles gehen wolle. Heinrich
Spieles salutierte, benannte seine Standort-Unterkunft und den Regiments-Decknamen.
Da erkannte er, daß der Offizier, mit dem er sprach, ein General war. Der sagte freundlich:
"Kommen Sie, steigen Sie ein..."

Als man auf der Nationalstraße in Höhe der Abzweigung nach Saint Cyr war, klopfte der
Offizier seinem Fahrer auf die Schulter: "Halten Sie...!"

Heinrich Spieles stieg aus, bedankte sich und salutierte nochmals. Er hatte längst
erkannt, wer ihn, den einfachen Soldaten, in seinem Auto mitgenommen hatte – es war
Generalleutnant Wilhelm Falley.

Spieles meldete sich bei seiner Ankunft in Saint Cyr bei seinem Vorgesetzten zurück,
der wies ihn an, sich vorerst in einem in den Erdboden eingelassenen Gruppenzelt in einer
Apfelplantage einzuquartieren.

Zu Beginn des Monats Juni nahmen die Bombardierungen wichtiger Landstraßen,
Brücken und Bahnverbindungen noch deutlich zu – hauptsächlich im Raum Valognes.
In der Nähe von Picauville wurde ein Bauernhof getroffen und alle seine Bewohner
zerrissen.

Die 19-jährige Maguerite Chaterine wohnte in der kleinen Siedlung l'Angle, nahe Picauville, und sehnte sich, wie alle Franzosen, nach einer Befreiung von der deutschen
Besatzung: "Wir hatten kein Zeitgefühl mehr. Seit 15 Tagen hatten wir dauernd Leute bei
uns untergebracht. Wir waren nun 46 Personen in unserem Haus und den Nebengebäu-
den. Die Bevölkerung hatte das Bedürfnis, endlich wieder in geordneten Verhältnissen zu
leben. Aber viele hatten keine andere Wahl, denn ihre Häuser waren von den Bombardements zerstört worden, und andere trieb die Angst in die Nähe ihnen bekannter Menschen.
Monsieur Pinel wollte sich in seinem Garten einen sicheren Unterstand graben und wurde
dabei von einem Granatsplitter getötet..."

Die Heftigkeit der Bombenangriffe steigerte sich weiterhin, und in der Nacht vom 4. auf
den 5. Juni überflog bei starkem Wind ein Bomberpulk nach dem anderen den Cotentin.
(Der 5. Juni war ursprünglich als Invasionstag geplant.)

Heinrich Spieles bezog sein Quartier in dem Gruppenzelt. Er sagte: "Aber es sollte nur
für eine einzige Nacht sein, denn noch am frühen Abend wurden wir bereits in Alarmbereitschaft versetzt. Um 22:15 Uhr wurde dann scharfe Munition ausgeteilt – auch Kisten mit
Handgranaten. Der teilweise Abbau der Quartiere wurde befohlen, und es hieß, *es geht
los...* Unter uns Soldaten herrschte eine gedämpfte Stimmung..."

Zu dieser Zeit donnerte ein weiterer Bomberpulk über die normannische Halbinsel.
Heinrich Spieles und seine Kameraden beobachteten die Flugzeuge: "Da wurde direkt
über uns der erste der zweimotorigen Bomber abgeschossen. Er kam herunter und machte
eine Bruchlandung unmittelbar neben der Ortschaft – und explodierte dabei..."

Eine lange Planung

Die Pläne für den Einsatz der amerikanischen Luftlandetruppen waren vom Planungsstab der West-Alliierten immer wieder geändert worden. Mal sollten sie in der Nähe von Paris landen, dann hinter verschiedenen normannischen Buchten, um die deutschen Küstenbefestigungen anzugreifen; ein anderes Mal, um Bayeux zu erobern und einen Streifen des Hinterlandes hinter dem amerikanischen Küsten-Landeabschnitt *Omaha* zu besetzen, um somit den deutschen Reserven ein Eingreifen zu erschweren.

Im März 1944 glaubte man, einen endgültigen Plan entwickelt zu haben, zu dessen Durchführung zwei amerikanische Luftlandedivisionen benötigt wurden: Die 82. Luftlandedivision sollte an der West-Küste der Cotentin-Halbinsel abspringen, die 101. an der Ost-Küste, hinter dem zweiten der beiden US-Küsten-Landeabschnitte, hinter *Utah*. Die beiden Divisionen konnten dann gemeinsam die Halbinsel abschneiden und Cherbourg isolieren. Dieser Plan wurde bis ins Detail ausgearbeitet, aber zehn Tage vor dem Beginn der Invasion wieder aufgehoben.

Das ständige Verwerfen der Pläne für die US-Luftlandeunternehmen hatte seinen Ursprung darin, daß niemand genau wußte, wie stark die zur Verfügung stehenden Streitkräfte

Die US-Fallschirmjäger hatten eine lange und harte Ausbildung in den Camps Blanding, Mackall und Fort Benning absolviert und waren somit gut trainiert.   **Fotos: US National Archives**

*Während man in Eisenhowers Planungsstab monatelang über die rich-
tige Strategie beriet, warteten die Soldaten in Großbritannien auf ihren
Einsatz – wie hier zwei Pfadfinder-Teams des 508. Parachute Infantry
Regiment samt ihrer Crews. Die Pfadfinder waren die Vorausabteilungen, die den nachfolgenden Fallschirmjägern den Weg zu ihren Absprungzonen weisen mußten – nur wußte noch niemand, wo ihr Einsatz stattfinden würde...*   **Fotos: US National Archives**

der Amerikaner sein würden. *(Die Pläne für die britischen
Luftlandeunternehmen an der östlichen Flanke des Invasionsraumes standen von Beginn an fest – ebenso wie die
Truppenstärke.)* General Montgomery, der zum Planungsstab der Alliierten gehörte, hatte ständig stärkere Streitkräfte
gefordert. Aber erst als General Dwight D. Eisenhower im Januar 1944 zum Oberbefehlshaber der Truppen der Alliierten
ernannt worden war, konnte man mit neu hinzukommenden
Streitkräften die geplante Invasionsfront an der normannischen Küste nach Westen und bis auf die Cotentin-Halbinsel
ausdehnen.

Nachdem nun endlich der Einsatzplan der amerikanischen Luftlandestreitkräfte festzu-
stehen schien, erreichte am 2. Mai 1944 eine wichtige Meldung des geheimen französischen
Nachrichtennetzes den Planungsstab der Alliierten: Eine neue, angeblich kampfstarke
deutsche Division war Ende April im Großraum um Saint-Sauveur-le-Vicomte stationiert
worden – die 91. Luftlandedivision. So standen nun nicht mehr nur die 243.

Infanterie-Division des Generalleutnant Hans Hellmich an der westlichen Küste des
Cotentin, ferner die 709. Infanterie-Division des Generalleutnants August Karl-Wilhelm von
Schlieben an der östlichen, sondern auch noch die 91. Luftlandedivision des Generalleut-

nants Wilhelm Falley im Zentrum der Halbinsel – genau dort, wo die 82. Airborne Division der Amerikaner abspringen sollte. So bestand nun für die Männer der 82. die Gefahr, nach ihrer Landung ausschließlich in ihrer eigenen Verteidigung gebunden zu sein. Noch einmal mußte umdisponiert werden...

Am 27. Mai (zehn Tage vor dem D-Day, den man ursprünglich für den 5. Juni festgesetzt hatte, den Eisenhower dann aber am 4. Juni wegen der schlechten Witterungsverhältnisse auf den 6. verschob) wurde abermals beim Planungsstab der Alliierten umdisponiert. Nun entschied man, beide amerikanischen Luftlandedivisionen von insgesamt 13.200 Soldaten ab 1:15 Uhr im Hinterland des Küsten-Landeabschnittes *Utah* abspringen zu lassen *(die Briten sollten am östlichen Flügel des Invasionsraumes eine Stunde früher herunterkommen)*. Der Plan sah vor, die Brücken und Dämme, die über die Flüsse und durch die Überschwemmungsgebiete führten, einzunehmen, sämtliche deutschen Nachrichtenverbindungen zu zerstören, einen sogenannten Brückenkopf zu bilden und den an der Küste gelandeten Streitkräften den Weg ins Hinterland freizuhalten, gleichzeitig die deutschen Küstenstellungen von jeglichem Nachschub und von Verstärkung abzuschneiden. Die Masse der US-Fallschirmjäger sollte in dem nur 11 Kilometer schmalen Raum zwischen den beiden großen Überschwemmungsgebieten auf der östlichen Seite der Cotentin-Halbinsel abspringen – zwischen dem Überschwemmungsgebiet direkt hinter dem Küsten-Landeabschnitt *Utah* und jenem der Douve, im Raum zwischen Montebourg und Carentan. Für dieses Unternehmen wurden 1.660 Flugzeuge benötigt. Infolge der ständigen Neudispositionen war es den amerikanischen Kommandeuren jedoch nicht möglich gewesen, ihre Einsätze und Angriffe gründlich vorzubereiten...

Die Fallschirmjäger der 101. Luftlandedivision hatten nun die Aufgabe, in drei Absprungzonen *(mit A, C und D bezeichnet)* direkt hinter dem küstennahen Überschwemmungsgebiet und dem als *Utah* benannten Küsten-Landeabschnitt herunter zu kommen und jene Dämme zu besetzen, über die vom Strand her die schmalen Landstraßen durch das überflutete Terrain führten. Da die Soldaten der Luftlandetruppen vom Hinterland aus kommen sollten, mußten sie die ins Hinterland führenden Enden dieser Dämme besetzen, denn sie waren für die im folgenden Morgengrauen an der Küste landenden US-Truppen und für deren Vorstoß von größter Wichtigkeit. *(Das VII. US-Korps sollte ab 6:30 Uhr am "Utah Beach" landen. Es sollte von General Collins geführt werden, dem auch die beiden US-Luftlandedivisionen unterstellt waren.)* Außerdem hatten die Fallschirmjäger der 101. auch die Brücken über die Douve und eine Schleuse zu besetzen – oder, falls das nicht gelang, zu zerstören. Somit würden sie die südliche Flanke des US-Landeraums zum normannischen Inland hin abriegeln.

Die Männer der 82. Luftlandedivision hatten die Aufgabe, im östlichen Zentrum der Cotentin-Halbinsel zu landen – zwischen den beiden Überschwemmungsgebieten nahe nördlich Sainte-Mère-Église, außerdem im von deutschen Truppen weniger besetzten Gebiet westlich des Merderet-Bachs, der von dort aus nicht weit entfernt in die Douve mündet *(Absprungzonen N, O und T)*. Von dort aus sollten sie nach Nordosten vorrücken, die dem Merderet nahe Bahnlinie unterbrechen, und die drei bis fünf Kilometer von ihrem Absprunggebiet entfernte Ortschaft Sainte-Mère-Église einnehmen, um dort die ebenfalls nach Cherbourg führende Hauptstraße abzuriegeln. Außerdem sollten sie die beiden Brücken, die bei La Fière und Chef-du-Pont über den Merderet führen, unversehrt besetzen. Diese beiden kleinen Naturstein-Brücken waren später von den an der Küste gelandeten Truppen der 4. US-Infanterie-Division für ihren weiteren Vorstoß ins südwestliche Hinterland und dem Abschneiden der Halbinsel von größter Bedeutung.

Um diesen Plan entsprechend durchzusetzen, war die Einnahme von Sainte-Mère-Église ebenfalls von größter Wichtigkeit. Die kleine Stadt auf dem leicht erhöhten Gelände und an der langen Ost-West-Verbindungsstraße wurde als Basis zur Überschreitung des Merderets ebenso dringend benötigt, weil sie den später vom Landeabschnitt *Utah* vorrückenden Truppen des VII. Korps den Weg ins südliche, westliche und östliche Hinterland freihalten sollte.

Da der Merderet überwiegend von sehr flachem Gelände umgeben ist, stand das Wasser meistens besonders flach, manchmal sogar deutlich weniger als einen Meter. Dieser flache Wasserstand hatte allerdings zur Folge, daß über weite Flächen dichtes Ried und Binsen über die Oberfläche hinaus wuchsen. So wirkte das große Überschwemmungsgebiet, von weitem betrachtet, wie eine sehr weitläufige, flache Grünfläche, ohne irgendwelche in den Boden gerammten Baumstämme – schien also ideal für Luftlandeunternehmen geeignet zu sein...

Sainte-Mère-Église von Norden nach Süden betrachtet.
Erklärung:
A = Apotheke und Wohnhaus des Apothekers und Bürgermeisters A. Renaud
P = Pfarrhaus Quartier der deutschen Soldaten
F = Friseursalon der Familie Le Cambaye   **Foto: US National Archives**

Teil 3:
Die längste Nacht

Sainte
Mère-Eglise

Es geht los...

Für die von den Alliierten geplanten Luftlandeunternehmen in der Normandie waren zwei große Landeräume vorgesehen – jener der Briten an der östlichen Flanke des Invasionsraums, nahe Caen, und jener der Amerikaner an der äußersten rechten Flanke, auf der Cotentin-Halbinsel und hinter einem ihrer zwei Küsten-Landeabschnitte – *Utah*. 12.837 Flugzeuge, Aufklärer, Bomber, Jäger, Transporter und Lastensegler sollten am Abend des 5. Juni 1944 von den in Süd-England befindlichen britischen Militärflugplätzen abheben, um zu ihren Bestimmungsorten für die große Invasion in der westlichen Normandie zu fliegen...

Der Chef der Luftwaffe der Alliierten, Air Marshal Sir Trafford Leigh-Mallory, war seit des Beginns der D-Day-Planung gegen den Absprung der Amerikaner auf dem Cotentin gewesen, da das weitläufige, nur dünn besiedelte Gelände teilweise waldig und von den dort stationierten deutschen Truppen vergleichsweise stark mit Waffen bestückt war. Leigh-Mallory prognostizierte für dieses Unternehmen einen immensen Verlust von 80 Prozent der Transportflugzeuge. Dennoch hatte der Oberbefehlshaber der alliierten Invasionsstreitkräfte, US-General Dwight D. Eisenhower, auf dem ausgearbeiteten Plan dieses Luftlandeunternehmens bestanden, das zusammen mit dem britischen die D-Day-Offensive eröffnen sollte. Wichtig war bei diesem Unternehmen, daß sie den Küsteninvasionsraum vor Flankenangriffen deutscher Truppen schützen sollten. Um die deutschen Nachschubwege zu unterbrechen, begann man ab der frühen Morgenstunden des 5. Juni wichtige Verkehrsknotenpunkte und Bahnverbindungen gezielt zu bombardieren.

Das I. und II. Bataillon des Fallschirmjäger-Regiments 6 war Anfang Juni 1944 aus dem ursprünglichen Aufstellungsraum um Lessay, an der Westküste des Cotentin, in den einige Kilometer nördlich von Périers gelegenen Raum verlegt worden. Der 19-jährige Gefreite Bruno Hinz gehörte zum II. Bataillon: ”Wir hatten uns da ein paar Stellungen ausgebaut, etwas eingegraben und biwakierten unter freiem Himmel. Da herrschte schon eine Es-geht-bald-los-Stimmung... Es gab einen alten kleinen Flugplatz, der war zwar völlig überwachsen, aber da standen Hunderte von Rommel-Spargeln d'rin. Da haben wir von unseren Vorgesetzten erfahren, daß die Pfähle gegen Lastensegler-Landungen in den Boden gepflanzt waren...

Am 5. Juni, im ersten Morgengrauen, da flogen einige Bomberverbände die Halbinsel von Westen her an und legten

Das vor dem Beginn der Invasion in weiten Teilen von Bombern der Alliierten zerstörte Picauville.
Foto: US National Archives

Der 19-jährige Bruno Hinz aus Hannover. 1942 beim Arbeitsdienst als Kartenzeichner in Frankreich, danach wieder in seinem Beruf als Technischer Zeichner zuhause. 1944 zum Fallschirmjäger-Regiment 6 eingezogen, war er in der Normandie Gefreiter der 6. Kompanie des II. Bataillons.
Foto: Kollektion Bruno Hinz

Bombenteppiche. Es war ein unglaubliches Spektakel. Wir dachten, die Welt geht unter...
Dann hieß es für uns, *marschbereit machen!"*

Am späten Nachmittag des 5. Juni fuhr Eisenhower zu einem der neun Militär-Flugplätze,
von denen aus amerikanische Fallschirmjäger der 82. und 101. Luftlandedivision starten
sollten. Dieser Flugplatz lag in der Nähe von Newbury. Insgesamt 13.200 US-Fallschirmjäger bereiteten sich im Süden Großbritanniens auf ihren Einsatz vor. Viele von ihnen hatten,
bevor sie nach Großbritannien kamen, bereits fast zwei Jahre in amerikanischen Ausbil-
dungs-Camps zugebracht. Eisenhower machte sich Sorgen um diese Männer. Die Masse
der Männer hatte sich als psychologische Kampfmaßnahme einen Irokesen-Haarschnitt
schneiden und ihre Gesichter wild bemalen lassen, ähnlich der Kriegsbemalung der Indianer, von denen ebenfalls ein großer Anteil an den Einsätzen in der Normandie teilnahm. Sie
alle warteten auf den Start ihrer Transportflugflugzeuge. Am Abend zuvor hatten sie sich
schon einmal auf ihren Start und ihren Einsatz vorbereitet, den Eisenhower jedoch wegen
zu schlechter Witterungsbedingungen im letzten Moment um 24 Stunden verschoben hatte.

*General Eisenhower besuchte am Nachmittag des 5. Juni die Soldaten
der Luftlandetruppen, die sich auf ihren Start und den Einsatz in der
Normandie vorbereitet hatten – unter ihnen befanden sich echte und
"unechte" Indianer mit furchteinflößender Kriegsbemalung...*
Fotos: US National Archives

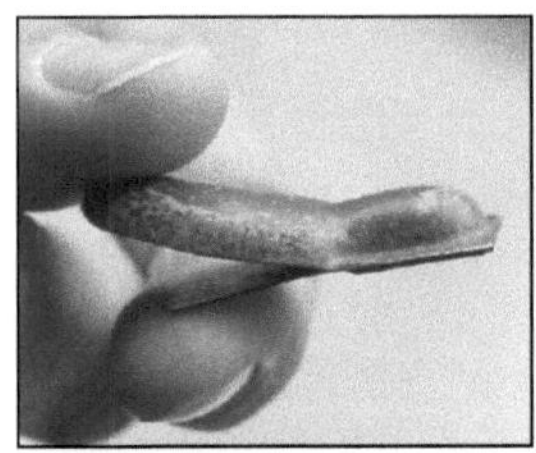

Ein als "Frosch" bezeichnetes Spielzeug wurde zu einem wichtigen "Signalgerät" – das aber auch fatale Konsequenzen zur Folge hatte…
Fotos: von Keusgen

Eine kurze Ansprache an seine Soldaten, dann plauderte der General noch mit einigen der überwiegend jungen Männer. Sie waren ernst, aber zuversichtlich.

Außer einer umfangreichen Ausrüstung und ihrer Bewaffnung trugen die US-Fallschirmjäger auch noch ein kleines, federleichtes Spielzeug bei sich – eine nur vier Zentimeter lange Blechklapper. Da die an der Unterseite einer grün lackierten Metall-Hohlprägung befestigte dünne Stahl-Lasche beim Drücken ein lautes Klick-klack-Geräusch verursachte, das, durch die Finger schallgedämpft und mit etwas Phantasie, wie das Quaken eines Frosches klingt, wurden sie auch als "Frösche" bezeichnet – zumal die Hohlkörper einiger der zuerst ausgegebenen Exemplare auch noch die Form eines Frosches hatten. Dieses kleine Spielzeug sollte den Fallschirmjägern als simples Signalgerät dienen. Die Instruktionen für ihre Anwendung waren ebenso simpel: "Wenn Ihr 'runtergekommen seid und nicht wißt, wo Euer nächster Kamerad ist, dann drückt Ihr einmal auf die Metall-Lasche: Klick-klack! Und wer dieses Rufzeichen hört, antwortet mit zweimal drücken: Klick-klack, klick-klack!"

Da aber die Lagerbestände bei einem derart plötzlichen Bedarf von 6.000 Exemplaren dieser Klapperfrösche für die 101. Airborne Division bei Weitem nicht ausreichten, hatte man noch schnell einige tausend anfertigen lassen. Sie unterschieden sich allerdings insofern von den "normalen" Fröschen, als daß ihr Hohlkörper eckig und unlackiert war.

Einer der 13.200 US-Fallschirmjäger, die sich auf ihren Einsatz jenseits des Ärmelkanals vorbereiteten, war Robert "Bob" Murphy. Als sich im August 1942 sein bester Freund eines Tages Bob in seiner neuen Uniform vorgestellt hatte, war Murphy begeistert gewesen: "Seine tolle Uniform, seine Springer-Stiefel, seine Fallschirmjäger-Mütze, sein Abzeichen

Pfadfinder der 82. Airborne Division legen ihre Ausrüstung an.

Unter den US-Fallschirmjägern befand sich ein erheblicher Anteil Indianer.
Fotos: US National Archives

mit den Fallschirmjäger-Flügeln... Da wußte ich, daß auch ich ein Fallschirmjäger werden wollte. Um in die Army zu gehen, muß man 18 Jahre alt sein, aber ich war erst 17. So brauchte ich die Erlaubnis meines Vaters. Im Oktober 1942 ging ich dann auch zur Army – erst zum Basis-Infanterie-Training *(Grundausbildung)*, dann zum Basis-Training in die Fallschirmjäger-Schule in Fort Benning, in Georgia.”

Im Mai 1943 war Robert Murphy mit dem 505. Parachute Infantry Regiment *(PIR)* in Casablanca gelandet. Im Juli desselben Jahres war er mit seinem Regiment in Gela auf Sizilien abgesprungen, im September hinter dem Strand von Salerno in Italien und war bis Ende November an den heftigen Kampfhandlungen gegen deutsche Truppen beteiligt gewesen: ”Wir trieben die Deutschen einhundert Meilen ’rauf, bis nach Neapel. Danach kamen wir am 21. November 1943 aus Italien heraus und gingen dann über Afrika nach Irland. Dort waren wir etwa sieben Wochen im Training. Während dieser Zeit des Infanterie-Trainings wurden sechs Männer ausgesucht, die zur Pfadfinder-Schule nach England gehen sollten – einer von ihnen war ich. Dort wurden wir speziell geschult, wie man mit Radar- und Lichtsignalgeräten umgeht. Das war die Vorbereitung für die Normandie...”

Robert Murphy, Fallschirmjäger-Pfadfinder der A-Kompanie des 505. PIR der 82. Airborne Division – und mit nur 19 Jahren an drei verschiedenen Kriegsschauplätzen bereits Kampferfahrung gesammelt...
Foto: Kollektion Robert Murphy

Die *Pfadfinder* des 505. Regiments bezeichneten sich nicht ohne Grund als die am besten ausgebildeten Fallschirmjäger der gesamten US-Streitkräfte, und 75 Prozent der Männer dieses 505. PIR waren bereits kampferfahren. Dennoch sagte Bob Murphy über die tags zuvor auf einen den Fallschirmjägern noch unbekannten Zeitpunkt so kurzfristig verschobene Invasion: ”Als die Invasion am 4. Juni abgeblasen wurde, atmete der größte Teil der Truppenangehörigen erleichtert auf. Die Vorstellung, beim Kampf getötet oder schrecklich verwundet zu werden, war sogleich aus ihren Gedanken verschwunden, und ein Gefühl der Erleichterung durchdrang unsere Airborne-Angriffstruppen. Die alte fröhliche Stimmung, das Scherzen, Necken und die Spiele kamen sofort wieder zurück – bis der Befehl dann am 5. Juni erneut kam. Als wir wußten, daß wir innerhalb der nächsten Stunden in die Normandie gehen, kam wieder ein großer Stimmungswechsel auf, und die

Eine Gruppe Fallschirmjäger, zu der auch ein Mann namens Marvin John Steele gehörte (3. von links). Ihm sollte in der schon bald anbrechenden Nacht ein ganz besonderes Schicksal widerfahren – das ihn und seinen Namen in der Geschichte dieses Krieges unsterblich werden ließ...
Foto: US National Archives

alte Kampfteam-Stimmung des 505. Regiments stellte sich wieder ein. Die Männer waren nun bereit zu starten, nachdem die Kann-sein-daß-ich-getötet-werde-Stimmung verflogen war."

Der 21-jährige William "Bill" Sullivan aus New York hatte ebenfalls sehnsüchtig darauf gewartet, 18 Jahre alt zu werden, um dann endlich zur Armee gehen zu können. Ende 1943 war Sullivan von der Ausbildung in den Vereinigten Staaten nach Irland gekommen – zur 82. Airborne Division. Sie war gerade aus Italien zurückgekommen und mußte nach den langen Kämpfen im November wieder personell aufgefüllt werden.

Ab dem 7. Mai 1944 waren sämtliche Soldaten der Alliierten, die mit dem ersten Schub die Invasion eröffnen sollten, in 25 große Sammellager im Süden Großbritanniens zusammengezogen und in Hütten- und Zeltstädten untergebracht worden. Die Lager waren mit dichten Stacheldrahtverhauen umgeben, und Spionageabwehrleute bewachten die Truppen Tag und Nacht. Niemand durfte ohne besonderen Grund diese Lager verlassen, denn der Erfolg der gesamten Invasion hing von ihrer Geheimhaltung ab. William Sullivan erklärte: "Ich war zwei Wochen bevor es losging, zum Unteroffizier befördert worden. Alle mußten sich bei mir mit ihren Passierscheinen melden. Ich konnte entscheiden, wer hineinkommt und wer nicht..."

Wie alle seine Kameraden, so wußte auch Bill Sullivan nicht, wann und wo die Invasion auf dem europäischen Kontinent stattfinden sollte: "Wir wußten nur, daß es eine Invasion geben würde – aber nicht, wo. Zuerst glaubten alle, es ginge nach Norwegen. Die Leute

Bild rechts: Einer von vielen Feldflugplätzen der drei großen Bereitstellungsräume im Süden Großbritanniens.

Bild rechts unten: Die Soldaten begeben sich zu ihren Transportmaschinen und Lastenseglern.

Bild unten: Eine Gruppe von Pfadfindern, zu der auch Bob Murphy gehört (hintere Reihe, Mitte). **Fotos: US National Archives**

haben nicht erwartet, daß es in die Normandie geht – das haben wir erst zwei Tage vorher erfahren. Es war wie ein Countdown; vier-drei-zwei-eins-null... Angst, in den Krieg zu gehen, hatte ich eigentlich nicht, ich war ja in der Gesellschaft vieler Männer mit Kampferfahrung. Mein Gedanke war, *okay, wir gehen jetzt...*"

Der Fallschirmjäger-Soldat Kenneth Russel vom 505. Regiment hatte noch vor zwei Wochen infolge einer Schutzimpfung hohes Fieber bekommen und in Großbritannien in einem Krankenhaus gelegen. Trotz noch immer deutlich erhöhter Temperatur hatte er am 4. Juni auf eigenes Risiko das Krankenhaus verlassen und war zu seiner Kompanie zurückgekehrt. Auch er sah dem Tag des Angriffs mit Spannung entgegen.

Der 20-jährige William "Bill" Tucker aus Boston/Massachusetts hatte sich ebenfalls freiwillig zum Militär gemeldet: "Das war 1942, da war ich gerade 18 Jahre alt. Ich war vorher Football-Spieler und hatte einen Vertrag, der noch vier Monate lief. Dann ging ich zu einer Fallschirmjäger-Truppe. Ich

William B. Tucker, 21-jähriger Soldat und als Pfadfinder in der I-Kompanie des 505. PIR.
Foto: US National Archives

hatte die Nachrichten im Radio verfolgt. Sie hatten gesagt, daß in Rußland Krieg war, und ich dachte, daß es wichtiger ist, zur Armee zu gehen, als Football zu spielen..."

Bill Tucker war als Angehöriger der 82. Airborne Division bereits in Nord-Afrika abgesprungen. Über seine anschließende Zeit in Großbritannien sagte er: "Jedermann wußte von der bevorstehenden Invasion. Deswegen waren wir ja nach England gekommen und hatten Angriffe trainiert. Uns wurde auch eine Menge erzählt, aber es gab auch viele Rätsel, die wir uns nicht erklären konnten...

Ich fühlte mich gut und stark, hatte keine Angstgefühle. Ich bin nicht gegangen, um Abenteuer zu erleben, sondern ich hatte das großartige Gefühl, ein Teil dieses Unternehmens zu sein. Nicht, daß ich besonders stolz auf mich war, aber ich ging mit den anderen Kameraden an eine große Aufgabe heran...

Zwei Tage vor dem D-Day kam eine Einheit nach der anderen zu Einsatzbesprechungen. Wir sollten in Sainte-Mère-Église landen und die Stadt einnehmen..."

Der Kommandeur der 101. Airborne Division war Generalmajor Maxwell Taylor. Kommandeur der 82. Division war Generalmajor Matthew B. Ridgway. Die Soldaten der 82. Division würden aber während der ersten Nacht der Invasion vom Kommandeur ihres 507. Regiments befehligt, dem 38-jährigen Brigadegeneral James M. Gavin, – bis der Divisionschef seinen Stab etabliert hatte. Gavin war ebenfalls am Nachmittag des 5. Juni auf dem Feldflugplatz erschienen. Bill Sullivan sagte über ihn: "Gavin war bei seinen Soldaten wegen seines kameradschaftlichen Umgangs sehr beliebt.

Generalmajor Maxwell Taylor, Kommandeur der 101. Airborne Division.
Foto: US National Archives

Außerdem war er bei allen Einsätzen immer an erster Stelle. Er aß und trank genau dasselbe wie seine Männer, nicht das Essen aus dem Offiziers-Casino..."

General Gavin stellte sich auf die Motorhaube eines Jeeps und hielt eine kurze Ansprache an seine Soldaten. Abschließend sagte er: „Ich schicke Euch nicht einfach irgendwo hin – ich nehme Euch mit!"

Zu dieser Zeit zeigte der Kommandeur des 3. Bataillons des 505. Regiments, Major Edward C. Krause, seinen Männern eine US-Flagge. Er erklärte, daß dieses jene Flagge sei, die das Regiment nach der Einnahme von Neapel dort aufgezogen hatte. Dann sagte er: „Noch vor dem nächsten Morgen werden wir diese Flagge in Sainte-Mère-Église hissen...!"

Bild rechts: Einer Douglas C-47 war es möglich, 20 Soldaten zu transportieren oder einen vollbeladenen Lastensegler zu schleppen.

Bild unten: Brigadegeneral James M. Gavin (links) und Generalmajor Matthew B. Ridgway (rechts).

Fotos: US National Archives

Dann bestiegen die Fallschirmjäger ihre Transportmaschinen. Mit anbrechender Dunkelheit rollten in Großbritannien die Flugzeuge auf ihre Startbahnen. Die größte Luftflotte der Weltgeschichte begann sich in den abendlichen Himmel zu erheben, bereit für ihren Angriff auf die *Festung Europa*...

Bei den Amerikanern wurden während der Invasion Douglas C-47 für maximal 20 Fallschirmjäger als Transportflugzeuge eingesetzt. Als ein sehr wichtiges zusätzliches Transportgerät kamen auch noch Lastensegler zum Einsatz. Sie boten gegenüber den Fallschirmabsprüngen und –abwürfen den Vorteil, einerseits in einem begrenzten Raum schlagartig viele Soldaten gleichzeitig abzusetzen, andererseits schwereres Gerät auf den Boden zu bringen, als es Fallschirme vermochten. Von diesen unmotorisierten Transportflugzeugen wurden zwei völlig verschiedenartige Typen gebaut, die WACO-Glider (Weaver Aircraft Company Glider) und Horsa-Glider (Glider = Gleiter, Segler).

Der Rumpf der WACO-Fluggeräte bestand aus einer eckigen Metallrohr-Konstruktion, die Tragflächen und Heckflügel aus Holz. Um eine besondere Festigkeit und somit Tragfähigkeit des Bodens zu erzielen, wurde er aus Sperrholz im Honigwaben-Prinzip gefertigt – in zwei verschiedenen Ausführungen: Der kleinere CG-3 (CG = Cargo/Fracht-Gleiter/Segler) konnte nur 8 Personen (zuzüglich der Crew) transportieren, und der größere CG-4, mit dem 15 Personen oder schweres Material wie einen Jeep, einen Anhänger und zwei Soldaten mit ihrer Ausrüstung, oder eine 7,5-cm-Kanone und zwei Soldaten, oder sogar einen Klein-Bulldozer. Die Spannweite der WACO-Lastensegler betrug 15,5 Meter, die Länge ihrer

Bilder links: Bei Einbruch der Dunkelheit bestiegen die Soldaten ihre Transportmaschinen und Lastensegler – wie hier die Infanteristen des 325. Glider Infantry Regiment (GIR).
Bild unten: Auch die ungewöhnlich schwerbepackten Fallschirmjäger kletterten in ihre Transportflugzeuge.
Fotos: US National Archives

eckigen Rümpfe 14,73 Meter, das Leergewicht 1,68 Tonnen, die Zuladung 1,73 Tonnen, das Gesamtgewicht 3,4 Tonnen und die maximale Schleppgeschwindigkeit 210 km/h. Insgesamt wurden während des Zweiten Weltkriegs 13.909 WACO-Glider angefertigt.

Bereits 1940 war das erste Modell eines anderen Seglers entwickelt worden. Um eine höhere Leichtigkeit zu erzeugen und folglich eine größere Zuladung, wurden ihre mit Segeltuch bespannten Rümpfe überwiegend aus Sperrholz gefertigt. Die Rümpfe dieser breitflügeligen Segler rollten auf einem dreiräderigen Unterbau. Je nach Einsatzbereich konnten die Räder nach dem Start abgeworfen werden. Auch gab es spezielle, breitflächige Kufen für die Landung. Diese Segler des Typs „Horsa I" wurden (wie auch die WACO-Segler) mittels eines dünnen Stahlseils an die sie ziehenden Flugzeuge angehängt und sollten bis in die Nähe ihres Einsatzgebietes hinterhergezogen und dort abgekoppelt werden. Dann konnten die Segler fast geräuschlos und somit überfallartig zu ihrem Ziel hinabgleiten. Durch speziell eingebaute Schnell-Trennstellen im hinteren Bereich des Rumpfes wurde ein sofortiges Verlassen der Soldaten oder das Ausladen mitgeführter Fahrzeuge (über zwei Aluminium-Schienen) unmittelbar nach der Landung ermöglicht. Mit diesen Lastenseglern war es möglich, bis zu 28 voll ausgerüstete Infanteristen und/oder Fahrzeuge, leichte Geschütze und Kriegsmaterial zu transportieren (zwei Jeeps oder eine 7,5-cm-Haubitze oder eine Panzerabwehrkanone oder ein Lastwagen. Es gab Horsa-Segler, die mit einer Ladung von bis zu drei Tonnen Sprengstoff in die Normandie geschleppt wurden). Der wesentliche

Die runden Rümpfe der HorsaSegler verfügten über eine deutlich höhere Ladekapazität als die kleineren WACO-Lastensegler. Sie waren aber auch insgesamt sehr viel größer: Ihre Spannweite betrug 29 Meter und die Länge des Rumpfes 26 Meter. **Fotos: US National Archives**

Vorteil im Transport und dem Einsatz von Truppen bestand in der Möglichkeit, schnell größere Gruppen von Soldaten auf kleinsten Raum konzentriert abzusetzen (Fallschirmjäger hingegen kommen mehr oder weniger weit voneinander verstreut herunter und brauchen erst längere Zeit, um sich wiederzufinden). Während des Schleppvorgangs konnten die Piloten der Zugmaschinen der Segler über ein separates Kabel miteinander telefonieren. Die Besatzungen der Lastensegler bestanden aus jeweils zwei Piloten. Alle Flugzeuge und Lastensegler, die an der Invasion beteiligt waren, wurden zur besseren Erkennung mit breiten, schwarz-weißen Streifen banderolenartig bemalt (jeweils drei weiße, die mit zwei schwarzen ein einheitliches Emblem bildeten – an den Rümpfen senkrecht und an den Tragflächen waagerecht).

Und noch etwas gab es, das als Neuheit bezeichnet werden konnte: Ein kleines, amerikanisches Ultrakurzwellen-Gerät, das einige der vor dem Hauptangriff abgesetzten Pfadfinder in ihrem Brustbeutel tragen würden; genannt Eureka. Dieses Gerät konnte außer Blinkzeichen auch Signale aussenden, die von speziellen Empfängern, als Rebecca bezeichnet, in den Transportmaschinen aufgefangen wurden und den Piloten somit den Weg zu den jeweiligen Absprungzonen wiesen.

Den Fallschirmjägern, die dann in ihre jeweiligen Transportmaschinen stiegen, mußte dabei geholfen werden, da sie derart viel schweres Gepäck bei sich hatten: Den verhältnismäßig schweren Fallschirm, den Reserve-Fallschirm, auf der Brust ein Garand-M1-Gewehr oder eine .45 Thompson-Maschinenpistole. Die *Pfadfinder* trugen außerdem noch die *Eureka*-Geräte oder eine Funk-Leuchtfeuer-Ausstattung und Batterien für das Licht-Signal-Team – eine zusätzliche Last von 30 bis 40 Pfund.

Auf der französischen Seite des Ärmelkanals war das Wetter deutlich besser als auf der durchschnittlich 140 Kilometer *(von Küste zu Küste)* entfernten britischen. Der Vollmond stand tief über dem Horizont und beleuchtete die inzwischen aufgerissene Wolkendecke von unten. Auch die urtümliche, gediegene Landschaft der Normandie mit ihren vielen baumüberwachsenen Hohlwegen und den mit dichtem Efeu überwucherten, jahrhundertealten Natursteinmauern wurde von diesem bläulichkalten Licht zart erhellt.

Während im Stabsquartier der 91. Luftlandedivision im Château de Bernaville, noch lautstark der Geburtstag eines Offiziers gefeiert wurde, erfüllte ab 22:00 Uhr ein ständig zunehmendes, dann gewaltig anschwellendes Dröhnen die bisher so ruhige normannische Nacht – die ersten Bomber-Pulks überflogen vom Meer her die Küste bis weit ins Hinterland und begannen systematisch, für die Deutschen strategisch wichtige Verbindungswege, Bahnlinien und Verkehrsknotenpunkte zu bombardieren.

In St. Lô, im 33 Kilometer südöstlich von Sainte-Mère-Église entfernten Stabsquartier des LXXXIV. Korps der 7. Armee, beging der General der Artillerie, Erich Marcks, mit einigen wenigen Offizieren um Mitternacht und mit Beginn des 6. Juni seinen 53. Geburtstag. Er trank nur kurz wenige Schlucke Châblis, denn er war kein Freund großer Feiern, noch blieb ihm dazu viel Zeit. Als Kommandierender General hatte er sich, wie viele andere hohe Offiziere auch, auf die vom Oberbefehlshaber der 7. Armee für den Vormittag des 6. Juni angesetzte Kommandeursbesprechung und ein anschließendes theoretisches "Kriegsspiel" im 160 Kilometer entfernten Rennes vorbereitet. Das Thema sollte die Zerschlagung eines feindlichen Luftlandeunternehmens sein. *(Die Ironie des Schicksals bestand darin, daß genau zur Zeit dieser Kommandeursbesprechung das Luftlandeunternehmen der Alliierten bereits blutiger Ernst sein sollten...)* Doch die gemeldeten Einflüge feindlicher Flugzeuge hatten ihm und Major von der Heydte, der zusammen mit dem General

WACO-Glider dienten nicht nur dem Transport von Infanteristen, sondern auch dem von schwerem Material. Hier wurden eine 7,5-cm-Haubitze (Bild oben) und ein Jeep (Bild unten) des 320. Feldartillerie-Bataillons der 82. Airborne Division verladen. Dazu mußten die Frontpartien der Segler, in dem hinterher die beiden Piloten saßen, nach oben aufgeklappt werden – ebenso nach der Landung, um das Material wieder herauszubekommen.

Fotos: US National Archives

General Falley wurde im Ersten und Zweiten Weltkrieg mit dem EK I ausgezeichnet, 1941 mit dem Ritterkreuz, '43 mit dem Infanteriesturmabzeichen, '44 mit dem Deutschen Kreuz in Gold, und er trug (manchmal) den bulgarischen Metaxas-Orden.

Major Joachim Bartuzat war General Falleys Ordonnanzoffizier, der seinen Chef in der Nacht zum 6. Juni begleitete (hier 1934, nach seinem Eintritt in die Wehrmacht).

nach Rennes fahren wollte, so sehr beunruhigt, daß sie sich vorsichtshalber noch kurz vor ihrer Abfahrt entschlossen, der Kommandeursbesprechung fern zu bleiben. Die Abfahrt hätte um 5:00 Uhr erfolgen sollen.

Von der Heydte berichtete: "In der Nacht des 5. Juni meldeten Radioüberwacher der Luftwaffe, daß große Verbände von Transportflugzeugen im Süden Englands starteten. Am Abend des 5. Juni gab ich für mein Regiment Alarm und den Befehl, die Stellungen einzunehmen und sich für den Kampf bereit zu machen. Obwohl unsere Telefonverbindungen gestört wurden, konnte ich andere Truppenteile erreichen. Es gelang mir noch, mit dem Hauptquartier von General Marcks zu sprechen. Auch er wurde von der großen Anzahl der Flugbewegungen in Südengland unterrichtet. Auch er war jetzt der Meinung, daß die Invasion begonnen hat.

Ich befahl meinem Regiment, das nördlich von Périers in Stellung lag, sich in Richtung Carentan in Marsch zu setzen."

General Marcks hatte seit 22:00 Uhr Meldungen über starke Bomberanflüge erhalten und war skeptisch. Er war der Kommandierende General des wichtigsten Korps im geplanten Invasionsraum der Alliierten und hatte nicht die geringste Ahnung davon, daß die deutsche Abwehr seit längerer Zeit von der unmittelbar bevorstehenden Invasion wußte...

Obwohl selbst von den ständigen Bombereinflügen beunruhigt, verließ zu dieser Zeit Generalleutnant Wilhelm Falley mit seinem Adjutanten, Major Joachim Bartuzat, seinen Gefechtsstand in dem alten Autobus, um nach Rennes zu fahren. Von Bernaville waren es bis dahin 190 Kilometer, und der Befehlshaber der 91. Luftlandedivision wollte am nächsten Tag pünktlich um 10:00 Uhr zu Dollmanns Kommandeursbesprechung erscheinen. Weil die Straßen durch die ständigen Bombardierungen der letzten Monate in schlechtem Zustand waren, sollte rechtzeitig genug abgefahren werden. Die Offiziere bestiegen einen mit matter Farbe dunkelgrün lackierten Mercedes, von dem man wegen der Résistence vorsichtshalber das Stander entfernt hatte. Chauffiert wurde Falley von seinem bereits langjährigen "Burschen", dem Gefreiten Vogt.

In Sainte-Mère-Église waren Unteroffizier Rudi Escher und seine Soldaten froh, daß sie am nächsten Tag an der Kirche endlich wieder von einer anderen Gruppe abgelöst werden sollten. Rudi Escher erzählte: "Wir hatten an diesem Abend wieder einmal Langeweile und veranstalteten auf dem Kirchplatz erst ein Fahrradrennen, dann führten wir uns gegenseitig kleine Kunststücke vor, zum Beispiel, wie man freihändig fahren kann..."

Als es um 22:40 Uhr dunkel zu werden begann, brachten die Soldaten ihre Fahrräder in einen Holzschuppen am Ende einer der schmalen Seitenstraßen nahe des südlichen Stadtrandes, dreihundert Meter von der Kirche entfernt. Als die vier Soldaten und ihr Unteroffizier um 23:30 Uhr wieder langsam zum Kirchplatz zurückkehrten, herrschte wegen der Ausgangssperre, die von den deutschen Besatzern gegenüber der französischen Bevölkerung angeordnet war, völlige Ruhe in der kleinen Stadt.

Die Familie des Friseurs Maurice Le Cambaye hatte sich in Sainte-Mère-Église bereits zur Nachtruhe begeben. Juliette Le Cambaye spürte eine sonderbare Atmosphäre: "Wir spürten alle, daß nun irgend etwas geschieht, aber wir wußten nicht, was. Es bahnte sich etwas an, und wir fragten uns, was es wohl sein wird, was da auf uns zukommt. Plötzlich hörten wir ein ganz komisches Geräusch, es war sehr laut, aber wir konnten es nicht einordnen. Die Mauern fingen an zu beben, und es entstand ein unglaublicher Druck. Es war so, als käme in dieser Nacht der Himmel hernieder..."

Charles Lahaye war 1944 14 Jahre alt. Er wohnte nahe des Marktplatzes in Pont-l'Abbé, fünf Kilometer südwestlich La Fière und acht Kilometer von Sainte-Mère-Église entfernt. Er erzählte vom ersten Moment der amerikanischen Luft-Offensive: "Am 5. Juni hörten wir gegen 23:00 Uhr die ersten Flugzeuge. Gegen 23:30 Uhr sahen wir Leuchtraketen am Himmel. Mein Vater wußte, *das ist die Invasion*, denn er stand mit einem englischen Spion in Verbindung... In der Schulstraße stand eine deutsche Flak-Batterie und schoß auf die amerikanischen Flugzeuge. Die Amerikaner bombardierten die Brücke zwischen Pont-l'Abbé und Moitiers-en-Bauptois *(zwei Kilometer südlich Pont-l'Abbé)*. Die ersten Bomben fielen auch auf das Krankenhaus. Man hatte die Türen zu den Kranken geöffnet, um sie nach dem Bombenangriff schnell bergen zu können..."

Um 23:00 Uhr waren die Vorausabteilungen der Pfadfinder bereits über der normannischen Cotentin-Halbinsel und unterwegs zu ihren geplanten Absprungzonen. Die Männer waren noch zuversichtlich und zum Teil sogar gut gelaunt – sie wußten noch nicht, in was für eine Landschaft sie abspringen mußten...

Foto: US National Archives

Die breite Hauptstraße mit dem langen Marktplatz von Pont-l'Abbé vor dem Krieg.
Ab 23:00 Uhr sollten in nördlicher Richtung und nur 2.000 Meter von der kleinen Ortschaft entfernt, die ersten Pfadfinder abspringen und für die nachfolgenden Transportflugzeuge und Lastensegler eine der sechs geplanten Landezonen mit optischen und akustischen Geräten kennzeichnen – die Zone N der 82. Airborne Division.

Foto: Archiv von Keusgen

Auch der deutsche Soldat Rolf Deboeser konnte vom 22 Kilometer entfernten St. Joseph den ersten Luftangriff erkennen: "Da sahen wir in der Ferne das Blitzen und hörten das Donnern..."

Zu dieser Zeit klopfte jemand heftig an die Eingangstür des Manoirs *(Herrenhaus)* des Monsieur Louis Leroux, auf dem Gutshof nahe der Brücke von La Fière. Diese Brücke ermöglichte in weitem Umkreis den einzigen direkten Übergang des Verbindungswegs von Sainte-Mère-Église ins zentrale Inland der Cotentin-Halbinsel über den Merderet und durch das breite Überschwemmungsgebiet. Als Monsieur Leroux, der Sohn des vormaligen, im Frühjahr 1944 verstorbenen Bürgermeisters von Sainte-Mère-Église von seinem Bett aufgestanden war und die Tür öffnete, stand auf der hohen, breiten Eingangstreppe ein deutscher Feldwebel. Er erklärte dem Gutsbesitzer, daß er sofort mit 27 Infanteristen das Anwesen besetzen werde – das Manoir, die Nebengebäude und Stallungen und darum herum. Der Franzose war erstaunt, da bisher noch kein einziger deutscher Soldat zuvor die kleine Brücke oder sein Anwesen bewacht hatte.

In ihrem nur 3,7 Kilometer von La Fière entfernten Mühlenanwesen bei Bernaville waren die Eheleute Lagouche wieder von ihren Betten aufgestanden. Die unentwegten Flugzeugeinflüge hatten sie aufgeweckt. Sorgenvoll blickten sie aus dem Fenster ihres Schlafzimmers in der ersten Etage des großen Gebäudes in die klare Nacht. Dann sahen sie die ersten Fallschirmjäger herabsinken – *Pfadfinder* der 82. Airborne Division.

Das bei La Fière und unmittelbar am Merderet gelegene Leroux-Anwesen mit seinem Turm-Manoir (Herrenhaus) vor Ausbruch des Zweiten Weltkriegs (Ost-Seite).
Foto: Kollektion Robert Murphy

RAD-Mann Johann Ennenga war Fernmelder bei der nahe Valognes stationierten 7. Batterie der Flak-Abteilung 152.
Foto: Kollektion Johann Ennenga

Um 23:18 Uhr löste das Seekommando Normandie in Cherbourg bei den deutschen Truppen den ersten Alarm aus *(auszugsweise)*:

Fliegeralarm Cherbourg! Anflüge sehr vieler Maschinen Ost- und Westteil Halbinsel. Schwerpunkt Angriff im Osten.

Der 18-jährige RAD*(Reichsarbeitsdienst)*-Mann Johann Ennenga aus dem Landkreis Leer/Ostfriesland war einer der Fernmelder der 7. Batterie der Flak-Abteilung 152 bei Négreville, 5,7 Kilometer westlich Valognes und 19 Kilometer nordwestlich Sainte-Mère-Église. Er berichtete: "...Und dann kam die Invasion. Die kam ja nicht überraschend. Am Klappenschrank, da hörte man als Telefonist so vieles mit, aber man durfte nicht darüber reden. Das war ja toll, was es da zu hören gab...

Am 5. Juni saß ich abends wieder am Klappenschrank, plötzlich fiel die Klappe. Es war genau 23:40 Uhr, das vergesse ich nie. Da hieß es: *Massen von Flugzeugen aller Typen im Anflug auf Cherbourg...!*

Die hatte der Stab in Cherbourg aufgefaßt, weil dort die Radaranlagen standen. Weiter hieß es in dem Befehl vom Stabsquartier: *Wenn die Maschinen hier ankommen, Feuer- und Leuchtverbot für alle Waffen – eigene Maschinen in der Luft!*

Es sollten eigene Maschinen in der Luft sein, und es war Vollmond, aber wir haben keine gesehen.... Die Feindflugzeuge kamen dann auch, aber da war der Befehl für Feuer- und Leuchtverbot für alle Waffen. Das hieß, wir durften nicht schießen, und wir durften auch keine Scheinwerfer betätigen. Das war alles sehr sonderbar... Warum durften wir sie nicht beschießen? Wir hätten sie mit Steinen bewerfen können, so tief und langsam sind sie geflogen. Wir kamen uns richtig blöde vor – echt..."

Feldklappenschrank zur Vermittlung von Telefongesprächen. **Foto: Archiv von Keusgen**

Bereits vor Mitternacht waren an den Flanken des Invasionsraums die ersten Vorausabteilungen britisch-kanadischer und amerikanischer Luftlandetruppen eingeflogen. Die Piloten, die ihre *Pfadfinder* unbedingt an den richtigen, vorbestimmten Orten absetzen sollten, wurden jedoch in ihrer Orientierung von den tiefhängenden Wolkenfetzen und dem darunter stehenden Mond mit seinem kalten Licht behindert. Auch plötzlich einsetzendes Feuer deutscher Fliegerabwehrkanonen erschwerte den Piloten die Orientierung, da sie immer wieder versuchen mußten, den Flakgeschoß-Detonationen auszuweichen. Die Leuchtspur der schnell feuernden Geschütze trug zu weiterer Irritation bei. In der Dunkelheit unter ihnen hatte das unbekannte Land keine Ähnlichkeit

Pfadfinder-Trupps im Anflug zu ihren Zielgebieten. Jedes der 18 Teams (drei pro Absprungzone) wurde von einem Leutnant befehligt. Ein Team setzte sich zusammen aus vier Soldaten für zwei Eureka-Signalgeräte und vier Holophan-Lampen, vier weitere Männer waren für die Sicherheit der anderen zuständig. Ihre Ausrüstung bestand aus einem Eureka-Gerät, das in einer wasserdichten Tasche transportiert wurde. Zur Leitung der Flugzeuge mußte ununterbrochen dasselbe Funksignal gesendet werden – der Buchstabe der jeweiligen Landezone. Außerdem mußten diese Teams die nur nach oben geöffneten Holophan-Lampen weiträumig aufstellen, um so die Absprungzone auffällig zu markieren – grüne Lampen für die Zonen "A" und "N", rote für "C" und "O", gelbe für "D" und "T". **Foto: US National Archives**

Die ersten Pfadfinder sprangen aus den Transportmaschinen ab – in der Hoffnung, die geplanten Zielgebiete zu finden und kennzeichnen zu können...
Foto: US National Archives

mit den Karten, die sie so lange gründlich studiert hatten... Aber die Offiziere des 505. Regiments hatten schon in Sizilien oder Italien als *Jumpmaster (Absetzer)* agiert. Sie waren sehr umsichtig und achteten genau auf die geographischen Verhältnisse des Landes unter ihnen. Bob Murphy sagte dazu: "Du kannst verdammt sicher sein, daß Du ganz genau weißt, wo Du bist, bevor Du *let's go!* schreist..."

Die *Jumpmaster*, die jeweils die Oberaufsicht während der Absprünge aus ihren Maschinen hatten, und die Offiziere kannten die Unerfahrenheit der oftmals jungen Piloten, und wußten, daß diese häufig dem Flak-Beschuß ausweichen und einen Umweg fliegen würden. Aus ihrer Erfahrung betreffs eines Fehlabsprungs anläßlich ihres Einsatzes ein Jahr zuvor in Sizilien, kannten sie die schreckliche Konsequenz...

Die *Pfadfinder* der Regimenter 507 und 508 sollten nun erhebliche Probleme durch falsch angeflogene Absprungzonen bekommen, da sie dadurch in Gebiete absprangen, die zu dicht von deutschen Soldaten besetzt waren. So war es ihnen nicht möglich, ihre Signalgeräte einzuschalten. *(Insgesamt hatten die Fallschirmjäger des 505. Regiments die beste und zielgenaueste Landung aller amerikanischen Luftlandetruppen am "D-Day" zu verzeichnen.)*

Zu einer der ersten Vorausabteilungen gehörte auch der 21-jährige Mohawks-Indianer Jack Dixon. Er war Berufssoldat im Rang eines Leutnants der 101. Airborne Division und hatte das Kommando über einen Pionier-Zug Navaro-Indianer. Dixon erklärte: "Es gab in meinem Bataillon drei Indianer-Kompanien; zu einer gehörte ich. In meinem Flugzeug waren noch weitere 17 Kameraden. Wir hatten die Aufgabe, alle Drähte durchzuschneiden und somit sämtliche Telefonverbindungen der Deutschen zu unterbrechen."

Dann erhob sich Dixon von der langen Sitzreihe in der DC-47 und machte sich für seinen Absprung fertig.

Um kurz nach Mitternacht überflog plötzlich ein einzelnes Flugzeug mit dumpfem, sonoren Brummen im Tiefflug von Westen nach Osten Sainte-Mère-Église. Die kleine Gruppe deutscher Soldaten des Unteroffiziers Rudi Escher, die sich noch immer auf dem Kirchplatz aufhielt, konnte erkennen, daß am nahen östlichen Stadtrand acht Fallschirmjäger absprangen und etwa fünfhundert Meter vom Marktplatz entfernt herunterkamen. Escher und seine Männer glaubten, es handele sich um die Besatzung des Flugzeugs, aus dem sie abgesprungen waren, und das wohl angeschossen und im Absturz begriffen war – doch es handelte sich um die ersten *Pfadfinder* des 3. Bataillons des 505. PIR, die abgesprungen waren, um gemäß ihres Auftrags die Absprungzonen bei Sainte-Mère-Église den nachfolgenden Fallschirmjägern durch himmelwärts gerichtete Lampen zu kennzeichnen. Daß es sich bei dem nächtlichen Absprung um den Beginn der schon so lange erwarteten Invasion handeln könnte, kam den jungen deutschen Soldaten gar nicht in den Sinn...

Da die Aufgabe der deutschen Stadtbeobachter auch darin bestand, abgesprungene Spione und Saboteure aufzubringen, liefen Rudi Escher und seine Männer die enge Wendeltreppe zum Kirchturm hinauf, holten ihre Karabiner und Eschers Maschinenpistole und machten sich auf den Weg in jene Richtung, in der die Fallschirmjäger heruntergekommen waren. Die beiden eingeteilten Beobachter auf der Turm-Balustrade, Rudolf May und Heinz Sprangfeld, blieben dort oben zurück.

Kurze Zeit später überflogen gleich mehrere Flugzeuge Sainte-Mère-Église, und Rudolf May konnte beobachten, "daß sie so seltsame Bomben abwarfen..." Es handelte sich dabei um Container mit Waffen, Munition und Sanitätsmaterial. May meldete seine Beobachtungen mehrmals telefonisch seinen Vorgesetzten der Kampfgruppe bei Fauville, "aber", so berichtete er, "die Antwort lautete immer wieder, *oben bleiben und weiter beobachten!* Irgendwann gab es dann keine Telefonverbindung mehr..."

Auch der Indianer-Trupp des Leutnants Jack Dixon hatte sich seiner Absprungstelle genähert. Dixon erzählte: "Wir waren 18 Männer. Ich unterstand dem Befehl meines Freundes Frank Lillyman, dem Kommandanten der Pfadfinder der 101. Airborne..."

Dixon blickte aus der geöffneten Ausstiegluke seiner Transportmaschine auf das Überschwemmungsgebiet unter ihm hinab: "Ich erkannte sofort, daß es der Sumpf am Merderet war. Ich war ja schon 1943 hier gewesen, um von einem Beobachtungsflugzeug aus Zeichnungen anzufertigen. Der Pilot unseres Flugzeugs hatte sich getäuscht, denn ich sollte mit meinem Zug zwischen Saint-Martin-de-Varreville und Sainte-Marie-du-Mont abspringen, neun Kilometer weiter östlich, und dort der Straße nach Carentan folgen..."

Jack Dixon sah noch einmal auf seine Armbanduhr: "Es war genau 0:15 Uhr europäischer Kontinentalzeit..."

Dann leuchtete das grüne Licht auf und der *Jumpmaster* gab den Befehl zum Sprung. Der Indianer sprang mit seinen

Jack Dixon in seiner blutbesudelten Uniform (aufgenommen am 7. Juni in Sainte-Marie-du-Mont). **Foto: Kollektion Jack Dixon**

Das Leroux-Anwesen bei La Fière, nahe der Brücke über den Merderet und die Darstellung des Weges, den Leutnant Jack Dixon in diesem Areal zurückgelegt hat:
X = Dixons Absprungstelle
MG = deutsche MG-Stellung
P1 = 1. dtsch. Pendelposten
P2 = 2. dtsch. Pendelposten
Foto: US National Archives

17 Männern in die Nacht hinaus: "Als ich sprang, wurde ich vom kalten Wind nach Osten abgetrieben; so landete ich nicht im Wasser. Das war mein Glück..."

Jack Dixon kam nahe hinter der Ost-Seite des Manoirs des Leroux-Anwesens von La Fière herunter, direkt neben einem hohen Kastanienbaum, und nur 95 Meter von jener strategisch so wichtigen kleinen Brücke über den Merderet entfernt. Beim Herabschweben hatte der Leutnant beobachtet, daß noch sechs Kameraden in seiner Nähe landeten. Als sie jedoch den Erdboden erreicht hatten, waren sie erst einmal in der Dunkelheit unter den großen Bäumen voneinander getrennt. Alles war still, nichts bewegte sich. Jack Dixon nahm seinen kleinen Blech-Frosch aus der Tasche und drückte einmal kurz auf die Metall-Lasche: *Klick-klack!*

Von irgendwo aus dem Dunkeln kam Antwort: *Klick-klack, klick-klack!*

Es dauerte nicht lange, da hatten sich sechs der Indianer hinter dem Manoir zusammengefunden. Ganz in ihrer Nähe, entdeckten sie in einer flachen Bodensenke eine kleine deutsche MG-Stellung, besetzt mit einigen jener Soldaten, die erst vor eineinhalb Stunden ihre Positionen auf dem Anwesen bezogen hatten.

"Da hockten vier Deutsche hinter einem Maschinengewehr", erzählte Jack Dixon, "und als sie uns sahen, war es für zwei von ihnen zu spät. Wir erstachen sie, um keine lauten Geräusche zu machen. Die beiden anderen waren in Richtung der Bahnlinie davongelaufen, weg von dem Anwesen – ohne ihre Karabiner und das Maschinengewehr mitzunehmen..."

Die Fallschirmjäger warteten in ihren Flugzeugen auf das Aufleuchten des roten Lichts im Inneren der Transportmaschine, das ihnen signalisierte, daß sie aufstehen und sich bereit machen sollten, hintereinander aufstellen, ihre Reißleinen einhaken und sich dem "Jumpmaster" zuwenden, um, wenn dann das grüne Licht erscheint, auf sein Kommando abzuspringen... **Foto: US National Archives**

Dann schlichen die sechs Fallschirmjäger im tiefen Schatten der Gebäude über den Hof des Anwesens zur nahen Brücke, ihre Thomson-Maschinenpistolen im Anschlag. Die Männer unterhielten sich im Flüsterton und in ihrer indianischen Muttersprache. Jack Dixon erzählte: "Die Fenster des Haupthauses waren dunkel, und es schien niemand darin zu sein..."

Im Schatten einiger hoher Büsche, in der nur noch wenige Schritte von der Brücke entfernten Ausfahrt vom Grundstück des Anwesens, verharrten die Indianer, denn die Brücke wurde von zwei deutschen Pendelposten bewacht *(Pendelposten = auf einer bestimmten Strecke hin und her gehende Wachtposten)*. Beide waren mit Karabinern bewaffnet...

Einer der Wachtposten ging von der östlichen und einer von der westlichen Seite der Brücke auf und ab. Sie gingen entweder gleichzeitig aufeinander zu oder voneinander fort. Als sie sich gerade wieder den Rücken kehrten, und der Posten auf der östlichen Seite an dem Durchgang der Hecke vorbeikam, sprang Jack Dixon ihn von hinten an, griff mit der linken Hand über die Schulter des Deutschen und an den Schirm seines Stahlhelms, bog ihm blitzschnell den Kopf weit in den Nacken und durchschnitt ihm mit dem Kampfmesser die Kehle. Fast geräuschlos glitt der deutsche Soldat zu Boden. Sofort wandte sich Dixon um, lief zu dem anderen Posten, der bereits auf der gegenüberliegenden Seite der kleinen Brücke angekommen war. Bevor der Deutsche sich umwandte, um zurück zu gehen, tötete der Indianer ihn auf dieselbe Weise wie seinen Kameraden.

Ohne daß die deutschen Soldaten im Leroux-Anwesen irgend etwas von den Vorgängen an der Brücke bemerkt hatten, verschwanden die Indianer auf der anderen Seite der schmalen Straße im Dunkeln. Sie gingen zum 940 Meter entfernten Schloß von La Fière. Während seine Männer dort ihre Maschinenpistolen auf die Eingangstür richteten, um Jack Dixon

Feuerschutz zu geben, stieß der Leutnant die Tür auf:

"Im Flur standen ein deutscher Major und ein weiterer Offizier. Sie waren offenbar völlig überrascht worden und sie haben nichts getan. Ich habe ihnen gesagt, *der Krieg ist für Euch zu Ende – nehmt die Hände hoch!* Sie hoben die Hände...

Es gab da auch noch einen Turm bei dem Schloß, darin waren noch vier weitere deutsche Soldaten. Es waren Beobachtungsposten mit Ferngläsern, die sich auch sofort ergaben. Wir haben keinen von ihnen getötet – warum auch, sie hatten sich ja alle ergeben. So nahmen wir sie mit...

Wir gingen dann im Dunkeln zur Bahnlinie, bis zu der kleinen La-Fière-Station. Dem Bahnhofsvorsteher habe ich erklärt, daß er alle Züge, die kommen, anzuhalten hat..."

Je näher man dem Einsatzgebiet kam, umso größer wurden Anspannung, heimliche Ängste und das Warten auf den Absprung...

Foto: US National Archives

Leutnant Jack Dixon und seine Männer übergaben einige Zeit später, an der kleinen Bahnstation und auf ihrem Weg zu ihrem eigentlichen Einsatzgebiet, die sechs gefangengenommenen deutschen Soldaten einer größeren Fallschirmjäger-Gruppe.

Die überwiegend jungen amerikanischen Fallschirmjäger, die sich noch auf den Flugplätzen oder bereits in den Transportmaschinen für ihren Absprung über dem für sie völlig unbekannten Land bereit machten, und von denen die große Masse noch niemals zuvor an einem Kampfeinsatz teilgenommen hatte, wußten ebenso wenig, was sie dort unten erwartete, wie die vielen Infanteristen in den plumpen Lastenseglern, die man von den diversen Flugplätzen der drei großen Aufstellungsräume zum Teil mehr als eine Stunde lang bis in die Normandie schleppen mußte. Einige dieser Lastensegler waren jedoch bereits beim Start von den Trossen abgerissen und wieder auf die Feldflugplätze zurückgefallen. Andere rissen sich in den heftigen Windböen los, die auf der britischen Seite noch immer herrschten, und stürzten in den Kanal – versanken mit Männern und Material. Die meisten der Segler und Flugzeuge, die über der Cotentin-Halbinsel ankamen, hatten Probleme mit der Orientierung. So stand der Kommandeur des 2. Bataillons des 505. PIR, Oberstleutnant Benjamin Vandervoort, in der geöffneten Seitentür seiner Transportmaschine, blickte hinab und ließ dem Piloten befehlen, das grüne Licht wieder auszuschalten, da er ganz sicher war, daß man sich nicht über der geplanten Absprungzone befand... Auch andere Fallschirmjäger-Offiziere und Feldwebel reckten ihre Köpfe aus den Ausstiegluken, um den richtigen Weg zu den Absprungzonen für ihr 505. Regiment zu entdecken.

Bevor die Fallschirmjäger die Transportflugzeuge bestiegen hatten, waren Tabletten gegen Luftkrankheit ausgegeben worden – die derart beruhigend wirkten, daß viele der Männer während des Fluges tief schliefen. Um der Spannung entgegenzuwirken, die sich der nicht schlafenden Fallschirmjäger kurz vor ihrem Absprung bemächtigte, hatten

Dwayne T. Burns, 19-jähriger Soldat des 508. PIR der 82. Airborne Division, wurde zu seinem ersten Kampfeinsatz geflogen – in die Normandie…
Foto: Kollektion Dwayne Burns

viele von ihnen zu singen angefangen, andere sogen mit angespannten Minen an ihren Zigaretten. Manche Soldaten versuchten, sich und ihre Kameraden durch das Erzählen von Witzen vom Ernst der Situation abzulenken – nur wurde wenig darüber gelacht...

Der 18-jährige Soldat Dwayne, Fallschirmjäger der 82. Airborne Division, war, wie viele seiner Kameraden auch, sehr nachdenklich geworden: "Hier saßen wir nun, jeder für sich allein im Dunkeln. Diese Männer um mich herum waren die besten Freunde, die ich kannte. Ich dachte darüber nach, wie viele von ihnen wohl sterben würden, bevor die Sonne wieder aufgeht – möglicherweise ich selbst...

Ich betete leise, *Herr, laß mich bloß alles richtig machen, laß mich niemanden töten müssen, und laß auch nicht zu, daß ich selbst getötet werde. Ich finde wirklich, daß ich dafür noch viel zu jung bin…"*

Soldat Harry Reisenleiter vom 508. PIR sagte: "Es war die Zeit der Gebete. Ich glaube, wir alle gaben Gott einige eilige Versprechen... Man kann sagen, daß jeder Angst hatte – Angst, auf sich allein gestellt zu sein, Angst, einem anderen Menschen etwas zufügen zu müssen, Angst, nicht zu überleben; und das mächtigste Gefühl von allem war, Angst vor der Angst zu haben..."

Doch den Piloten der durch die Nacht dröhnenden Fallschirmjäger-Transportmaschinen ging es auch nicht anders. Die meisten von ihnen waren zum ersten Mal zu einem Kampfeinsatz gestartet und weder auf Nachtflüge noch auf schlechtes Wetter oder Flak-Beschuß vorbereitet worden. Ihre Flugzeuge des Typs Douglas C-47 waren nicht gepanzert oder bewaffnet, und die Tanks in keiner Weise geschützt; sie waren lediglich gebaut, um Passagiere oder Fracht zu transportieren... Da für den Transport der 82. und 101. Luftlandedivision in die Normandie insgesamt 864 Douglas-C-47-Flugzeuge eingesetzt wurden, gab es noch etwas, vor dem sich die Piloten fürchteten – Kollisionen in der Luft. Die Maschinen mußten in *V-of-V-Formation* fliegen, jeweils in Gruppen von neun Flugzeugen nebeneinander und schräg versetzt. Jede Maschine war 19,81 Meter lang und 25,95 Meter breit, und ihre Abstände zueinander betrugen von Tragflächenspitze zu Tragflächenspitze nur 30 Meter, und die Distanz von Gruppe zu Gruppe 300 Meter. Eine Funkverbindung der Piloten zueinander gab es auch nicht. Lediglich das Leitflugzeug jeder Gruppe von 45 Maschinen hatte einige kleine, von Plexiglas überdachte Lampen, um die nachfolgen Maschinen zu leiten. Die anderen Flugzeuge hatten an jeder Leitwerkspitze ein winziges, blaues, schwach leuchtendes Tarnlicht. Die Piloten überflogen den Ärmelkanal in einer Höhe von maximal nur 150 Meter, um somit der Ortung des deutschen Radars zu entgehen. Vor der französischen Küste stiegen die Maschinen dann auf eine Höhe von 455 Meter, um den deutschen Flak-Batterien, die auf den Kanalinseln stationiert waren, kein so nahes Ziel zu bieten...

Außer den Piloten befanden sich in jedem Flugzeug 18 Fallschirmjäger-Soldaten, von denen einer als *Jumpmaster* agierte, außerdem noch ihr Zugführer und ein Offizier. Leuchtete dann das grüne Licht auf, war das Absprunggebiet erreicht, und der *Jumpmaster* würde einem nach dem anderen befehlen, zu springen: "Go! – Go! – Go!..."

Aber dann kam alles anders...

Bereits als sich die ersten Flugzeuge für den Hauptangriff über dem Ärmelkanal der Cotentin-Halbinsel näherten, begann sich für die amerikanischen Luftlandetruppen ein Debakel anzubahnen:

Nur wenige Minuten vor dem Absprung mit seinen ersten Fallschirmjägern konnte Brigadegeneral James Gavin in der klaren, vom fahlen Licht des Vollmondes durchfluteten Nacht hinter seinem Flugzeug die zwanzig anderen seiner Vorausabteilung erkennen – gefolgt von einem schier unendlichen Strom weiterer Flugzeuge, der sich weit über den Kanal hin und bis in den tiefdunklen Hintergrund erstreckte. Das monotone Brummen Tausender Motore erfüllte die Luft. In Gavins Formation folgten ihm 7.000 Männer seiner 82. Luftlandedivision.

Brigadegeneral James Gavin war Kommandeur des 507. PIR und für die Nacht des Angriffs stellvertretend für Generalmajor Matthew B. Ridgway, auch Kommandeur über die gesamte 82. Airborne Division.
Letzte Minuten vor dem Absprung: Soldaten in nervöser Anspannung.
Fotos: US National Archives

Als der von Norden kommende Pulk in südöstliche Richtung die Kanalinseln überflog, setzte vereinzeltes deutsches Flak-Feuer ein. Planmäßig drehten die Maschinen nach Osten ab, um die Fallschirmjäger in ihr Zielgebiet über der Cotentin-Halbinsel zu fliegen. Wenn die Flugzeuge die Küste erreichten, sollten die Piloten auf die vorgeschriebene Absprunghöhe von 180 Meter heruntergehen. Doch dann nahm das Flak-Feuer an der normannischen Küste wieder zu. Suchscheinwerfer, Leuchtspurgeschosse und Explosionen erfüllten den Himmel, und den Piloten wurde schlagartig bewußt, daß ihr Einsatz plötzlich zu einem Himmelfahrtskommando eskalierte. Pilot Sidney Ulan kaute nervös auf seinem Kaugummi: "...Und der Speichel in meinem Mund trocknete vor lauter Angst vollständig aus. Es schien fast unmöglich, durch die Wand aus Feuer zu fliegen, ohne abgeschossen zu werden..."

In l'Angle lag die 19-jährige Marguerite Chaterine auf ihrem Bett: "Man hatte das Gefühl, daß es jetzt losgeht. Ich erwartete die Landung mit Ungeduld. Da kam ein amerikanisches Flugzeug über unser Haus geflogen und wurde von den Deutschen beschossen. In dem Moment, als es abzustürzen begann, konnte man die Fallschirmjäger in der Maschine schreien hören. Nach dem Absturz und nachdem das Flugzeugwrack ausgebrannt war, lagen die Amerikaner verkohlt herum..."

Hoch konzentriert versuchten die Piloten, den zu ihnen hinauffliegenden Granaten durch abrupte Richtungswechsel auszuweichen. Die Maschinen schaukelten hin und her und warfen die Fallschirmjäger und ihre Fracht durcheinander. Viele Flugzeuge wurden von Maschinengewehren und Granaten

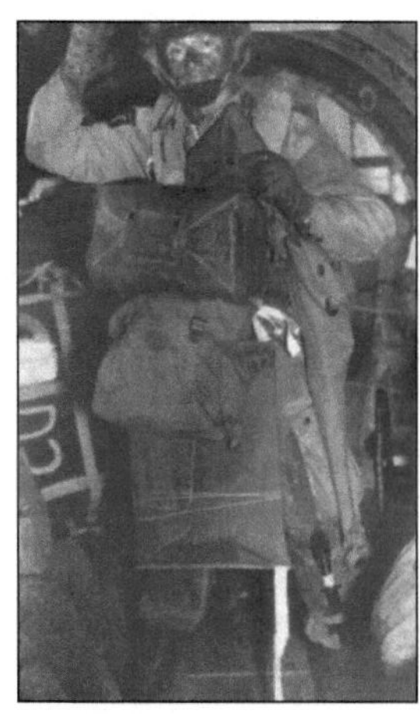

Letzte Minuten vor dem Absprung: Soldaten in nervöser Anspannung.
Fotos: US National Archives

Die Pulks der Transportflugzeuge (Bild oben) flogen von der Westküste aus ins Inland der Cotentin-Halbinsel ein, die der (noch geschleppten) Lastensegler (Bild unten) im direkten Anflug von Großbritannien über die Ostküste.

Fotos: US National Archives

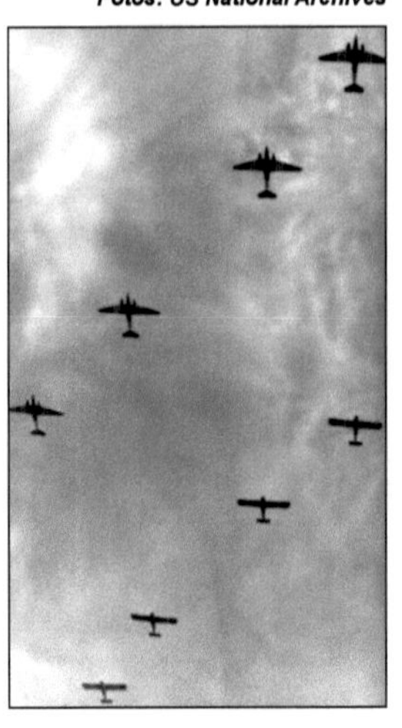

getroffen, etliche explodierten und stürzten mit grell lodernden Flammen und heulenden Motoren zu Boden. Obwohl die vorgeschriebene Fluggeschwindigkeit für den Absprung der Fallschirmjäger 145 km/h betrug, beschleunigten die meisten Piloten ihre Maschinen auf 240 km/h, um kein so leicht zu treffendes Ziel zu bieten. Auch hielten sie nicht die Absprunghöhe von 180 Meter ein, sondern stiegen bis auf 600 Meter. In dem entstandenen Durcheinander wußten viele Piloten gar nicht mehr, wo sie sich im Moment befanden, nur daß sie über der Cotentin-Halbinsel waren – irgendwo... Etliche dieser Piloten hatten eine viel zu kurze Ausbildung und Einweisung betreffs ihrer Zielgebiete erhalten, was zu weiteren Verwirrungen führte, so daß die meisten *Pfadfinder* der Regimenter 507 und 508 am falschen Ort abspringen mußten...

Drei *Pfadfinder*-Teams, bestehend aus insgesamt 51 Soldaten unter der Leitung des Oberleutnant John T. Joseph, bemühten sich indessen, die ankommenden Flugzeuge in ihre Absprungzone *T* zwischen Amfreville und Gourbesville zu lotsen. Doch deutsche Soldaten der 91. Luftlandedivision, die sich in diesem Areal gerade bei einer Nachtübung befanden, nahmen die *Pfadfinder* unter Feuer – so heftig, daß ein Team nicht mehr in der Lage war, seine *Eureka*-Radaranlage und die Positionslichter aufzustellen, an denen sich die Flugzeuge orientieren sollten. Bei diesen Kämpfen wurden 35 *Pfadfinder* verwundet, getötet und gefangengenommen. Zwar gelang es den Amerikanern, zwei der *Eureka*-Anlagen aufzustellen, aber keine einzige der ebenso wichtigen Positionslampen...

Brigadegeneral Gavin stand in der geöffneten großen Ausstiegluke seines Flugzeugs und beobachtete gelassen die rings umher, aber noch weit genug entfernt von seiner Maschine krepierenden Granaten. Er sah auf seine Armbanduhr. Noch genau 7 Minuten und 30 Sekunden bis zum Absprung...

Dann leuchteten in den Transportflugzeugen die roten Lampen auf, der erste Befehl wurde gerufen: "Fertig machen!"

Schweigend erhoben sich die mit ihren bis zu 70 Pfund schweren Ausrüstungen bepackten Männer. Furchterregend bemalte Gesichter mit ernsten Minen unter großen, mit grobmaschigen Tarnnetzen überzogenen Stahlhelmen, an denen die Verbandpäckchen angebracht waren.

Als man sich in den langen, dunklen Rümpfen der leicht schaukelnden Flugzeuge hintereinander aufstellte, um die Reißleinen in das stramm gespannte Drahtseil an der oberen rechten Seite des Innenraums einzuklinken, fingerten einige der Fallschirmjäger noch ein letztes Mal nervös an ihrer Ausrüstung herum. Die Männer waren jeweils mit einem Gewehr oder einer Maschinenpistole, einem Revolver oder einer Pistole, zwei Handgranaten und einem Kampfmesser bewaffnet. Dann wurde die breite Ausstiegluke aufgeschoben. Plötzlich erschien unter ihnen die schauerlich-bläulich beschienene Normandie, eine Landschaft mit einem Gewirr von dunklen Hecken und hohen Bäumen, dicken Mauern und finsteren Hohlwegen, durchzogen von endlosen, hellsilbern glänzenden Bächen und schmalen Flüssen – und den im ersten Moment fast unsichtbaren Überschwemmungsgebieten und großen Weideflächen mit in den Erdboden gerammten Baumstämmen gegen Luftlandeunternehmen. Ein äußerst ungeeignetes Terrain, um darin zu landen und Krieg zu führen...

In diesem Augenblick tauchte der riesige Pulk nah beieinander fliegender Maschinen in eine langgezogene, dichte Wolkenbank ein. Gavin erschrak, er konnte in dem Dunst noch nicht einmal die Spitze jener Tragfläche erkennen, in deren Nähe er stand. Auch wußte der Brigadegeneral, daß man in nur 11 Minuten auf der anderen Seite der Halbinsel bereits wieder das Meer erreichen würde. Noch während er darüber nachdachte, daß er und seine Fallschirmjäger nun "blind" abspringen müßten, war die dichte Wolkenbank durchflogen. Was James Gavin in diesem Moment nicht wußte, war, daß die Piloten im dichten Nebel der Wolkenbank aus Sorge vor einer Kollision sofort nach rechts oder links ausgeschert, tiefer hinuntergegangen oder weiter aufgestiegen waren.

Gavins 507. und ein großer Teil seines 508. Regiments sowie seines Stabes sollten westlich des Merderet niedergehen und sofort die beiden schmalen Brücken über den Bach bei La Fiére und Chef-du-Pont besetzen, um sie für das von der Küste aus vorrückende VII. US-Korps offen zu halten, das ab 6:30 Uhr am *Utah Beach* landen würde.

Nun konnte Gavin eine breite, hell schimmernde Wasserfläche sehen, die er infolge ihrer Ausdehnung für das Überschwemmungsgebiet der Douve hielt – wenngleich es auch, entgegen seiner gründlichen Studien der Landkarten, statt von Westen nach Osten, vielmehr von Norden nach Süden verlief. Der Brigadegeneral zweifelte an der Richtigkeit seiner Einschätzung der topographischen Verhältnisse, doch gab es momentan keinerlei Identifikations- und Orientierungsmöglichkeiten...

Dann blickte James Gavin zu den anderen Flugzeugen hinter dem seinen, doch nur noch zwei weit voneinander entfernte Maschinen folgten ihm – alle anderen waren verschwunden. In diesem Moment leuchtete das grüne Licht neben ihm auf. Noch drei Kilometer bis zum *(vermeintlichen)* Zielgebiet. In seiner Situation waren Sekunden entscheidend. Jeder Moment, der verging, bedeutete, daß man gleich mehrere hundert Meter weiter entfernt herunter kam. Auch hätten doch schon kurz nach Mitternacht sechs *Pfadfinder* über dem Einsatzgebiet landen und für die Fallschirmjäger Markierungslichter setzen sollen... Aber auch davon war nichts zu sehen. Noch ein kurzer Augenblick vergeblicher Suche nach irgendeinem erkennbaren Anhaltspunkt, dann sprang Gavin in die Nacht hinaus...

Auch Oberst Roy E. Lindquist vom 508. Regiment sah von seinem Flugzeug aus nur eine schier endlose Wasserfläche. Er glaubte ebenfalls, daß es das Überschwemmungsgebiet der Douve wäre... Das grüne Licht leuchtete auf, und Lindquist sprang. Unmittelbar nachdem sich sein Fallschirm geöffnet hatte, sirrten Leuchtspurgeschosse an ihm vorbei.

Roy E. Lindquist (hier noch als Major), war als Oberst Kommandeur des 508. PIR.
Foto: US National Archives

Nach zwanzig bangen Sekunden landete der Oberst in knietiefem, kalten Wasser. Da der Beschuß auf Lindquist anhielt, suchte er hockend Deckung. Gleichzeitig versuchte er auch, sich von seinem hinderlichen Geschirr zu befreien. Lindquist war fast drei Kilometer zu weit nördlich heruntergekommen – auf der für ihn falschen Seite des Merderet. Nach zehn Minuten begann der Oberst, durch das Ried zu waten...

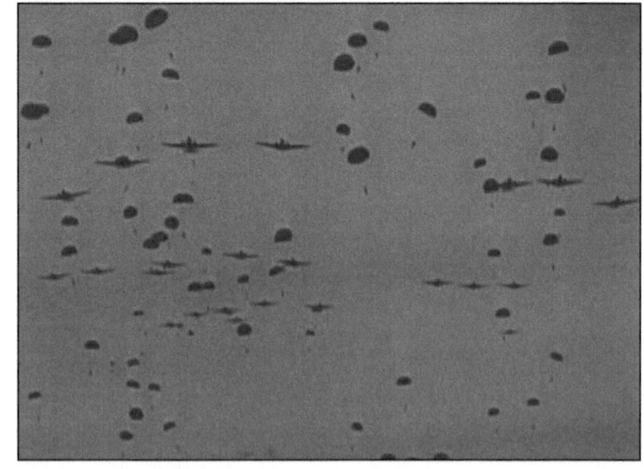

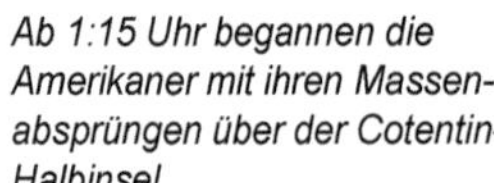

Ab 1:15 Uhr begannen die Amerikaner mit ihren Massen-absprüngen über der Cotentin-Halbinsel.
Foto: US National Archives

Um 1:15 Uhr befahl das A.O.K. 7 *(Armeeoberkommando 7)* sofortige Alarmstufe II für den Bereich des LXXXIV. Armeekorps und Alarmstufe I für alle anderen Korpsbereiche und das II. Fallschirmjäger-Korps. Der Stab des A.O.K. 7 wurde ebenfalls alarmiert.

Gleichzeitig begannen sich über der Normandie Tausende Fallschirme zu öffnen. Von ihrer schweren Ausrüstung hinabgezogen, pendelten die Fallschirmjäger viel schneller als normal zum Boden herunter – in ein von Feinden dicht besetztes Gelände...

Clarence C. Lyall, 18-jähriger Pfadfinder der D-Kompanie des 505. PIR der 82. Division.
Foto: Kollektion Clarence C. Lyall

Der 18-jährige Fallschirmjäger Clarence C. Lyall von der 82. Airborne Division beschrieb den letzten Moment vor dem Ausstieg aus der Transportmaschine emotional: "Es war genau 1:15 Uhr. Ich war voller Angst, zu Tode erschreckt, hatte Angst bis zum Geht-nicht-mehr... Ich konnte überhaupt keinen klaren Gedanken fassen. Wir hatten alle Angst, die Deutschen würden sofort auf uns schießen. Während ich dann hinabglitt, dachte ich, *ich tue es für mein Vaterland, und die Deutschen tun es ebenfalls für ihr Vaterland...*"

Als Clarence Lyall den Boden erreicht hatte, war er nahe der ersten Häuser von Sainte-Mère-Église gelandet: "Ich war weit vom Rest meiner Kompanie entfernt, und erst nach zwanzig Minuten sah ich ein paar Deutsche. Sie schossen auf mich, haben mich aber nicht getroffen. Ich schoß zurück – über ihre Köpfe..."

Unteroffizier William Sullivan von der 82. Division gehörte zur Stabskompanie und konnte aus der Ausstiegluke seiner Transportmaschine hinuntersehen: "Es war Vollmond und ganz hell. Man konnte in der Ferne eine Eisenbahnlinie sehen, und auf ihr einzelne Waggons; dahinter Sainte-Mère-Église. Dann sah ich einen Fluß und eine Region, die weit überflutet war. Es sah aus wie ein großer See, wie ein riesiger Spiegel, und am Himmel konnte man das Feuern von den Hack-hacks sehen *(sarkastische Bezeichnung für die deutsche 8,8-cm-Flak)*. Als dann unsere Maschine aus großer Höhe auf unsere Absprunghöhe herunterfiel, gerieten wir plötzlich in tiefhängende Wolken, und es bestand sofort die Gefahr, in dem Dunst mit anderen Flugzeugen zu kollidieren. Einige Männer bekamen Angst.

Als ich dann an die Tür trat und springen mußte, sah ich unter mir ein riesiges Schloß-Anwesen mit einer hohen Mauer und Türmen, wie in einem englischen Film. Ich wußte natürlich nicht, ob Deutsche in dem Anwesen lagen – und hatte auch nicht die Absicht, es herauszufinden. Ich sprang und landete zum Glück in einiger Entfernung außerhalb der Mauern; ganz sanft. Aber die Gurte waren so fest gezogen, daß es schwer war, sie zu lösen. Wir hatten sehr viel Gepäck dabei, auch eine Thompson-Maschinenpistole. Zur gegenseitigen Erkennung im Dunkeln war eine Parole ausgegeben worden – und diese Klicker..."

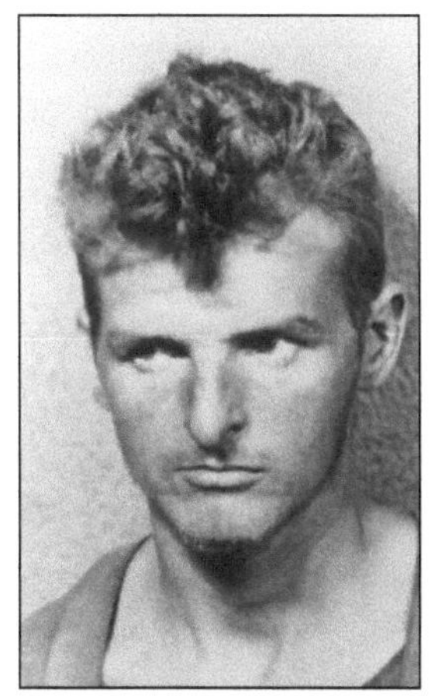

William Sullivan, 21-jähriger Unteroffizier und Pfadfinder der Stabskompanie des 505. PIR.
Foto: Kollektion William Sullivan

Der 21-jährige *Pfadfinder* Julius Eisner von der D-Kompanie des Hauptquartiers des 505. PIR war bereits schon fünfmal im Kriegseinsatz gewesen – auf Sizilien und in Italien. Nun setzte er um 1:20 Uhr nahe Sainte-Mère-Église auf französischem Boden auf. Eisner erzählte: "Wir wußten genau, wo wir landen sollten. Eigentlich sollte unser ganzes Regiment in und nahe bei Sainte-Mère-Église herunterkommen, aber nur wir etwa vierzig Mann sind am richtigen Platz gelandet. Als ich aufsetzte, war es wegen einer großen Wolke gerade völlig finster, und als ich mich von meinem Geschirr befreit hatte und losgehen wollte, prallte ich im Dunkeln zuerst gegen eine Kuh. Eigentlich war alles wie bei den anderen Absprüngen auch, nur, daß ich hier eine Kuh vor der Nase hatte... Natürlich hatte ich auch Angst, aber nur, weil ich Jude war. Ich dachte, *wenn die Deutschen mich kriegen, dann – direkter Weg...*

Wir mußten nun Lichtsignale setzen, damit die Lastensegler landen konnten. Wir wurden da am Stadtrand jedoch sofort in Kampfhandlungen verwickelt. Die Männer blieben aber immer zusammen, so war ich nie allein. Sainte-Mère-Église sollte ich aber erst am Morgen sehen..."

Bill Sullivan lag noch immer mit seinem Fallschirm auf der Weide: "Da lag ich nun – ganz allein, und ich wußte überhaupt nicht, wo ich war... Plötzlich hörte ich im Dunkeln hinter mir ein Geräusch: *Klick-klack*, und ich antwortete mit zweimal klicken. Dann rief jemand: *B-Kompanie?*

Ich antwortete: *Nein!*

Er sagte: *Oh, Scheiße!*"

Der Amerikaner der B-Kompanie kam zu Sullivan und half ihm, die Gurte seines Fallschirms durchzuschneiden und ihn von seinem schweren Geschirr zu befreien. Die Männer befanden sich nahe des sich weit dahinziehenden Merderet-Überschwemmungsgebiets, in der Commune d'Urville, neun Kilometer nordwestlich Sainte-Mère-Église. Bill Sullivan

Mit fortschreitender Zeit nahmen die Absprünge der US-Fallschirmjäger immer stärker zu – doch durchaus nicht alle erreichten sofort problemlos den Erdboden...
Fotos: US National Archives

beschrieb ihre Situation: "Wir waren irgendwo in dieser seltsamen Bocage *(normannische Heckenlandschaft)*, und außer uns noch zwei große Kühe... Es war nichts zu hören, kein einziger Laut. Es war sehr angenehm, romantisch, eigentlich wunderschön... Es sah überhaupt nicht nach Krieg aus. Ich dachte, daß ich hier absolut am richtigen Platz war... Wir gingen dann los – irgendwo hin. Die erste Person, die wir schon bald sahen, war ein Sanitäter. Er hing noch mit seinem Fallschirm hoch oben in einem Baum. Wir fragten ihn, ob wir ihm helfen könnten, aber er sagte, *nein*. Es ging ja auch nicht, weil er da oben festhing... Dann trennten der andere Fallschirmjäger und ich uns, und wir gingen verschiedene Wege – wohin, das wußte keiner..."

Oberst Roy Lindquist war bereits einige Minuten gegangen, da blinkte plötzlich in der Dunkelheit vor ihm ein schwaches blaues Licht wiederholt auf – das Signal der Fallschirmjäger des 508. Regiments zum Sammeln. Der Oberst schätzte die Entfernung auf eineinhalb Kilometer, aber schon nach der Hälfte der Strecke rief ihn jemand an: "Stop!"

Lindquist erkannte sofort seinen Melder. Gemeinsam wateten sie nun durch das Wasser und versanken zweimal in Untiefen – in den Entwässerungsgräben des umliegenden, ehemals nicht unter Wasser stehenden Sumpfgebiets am Merderet.

Als die beiden Amerikaner dann die Signallampe mit dem blauen Licht erreichten, hatten sich dort bereits 23 Fallschirmjäger zusammengefunden. Einige konnten sie im Wasser platschend näher kommen hören. Ein paar Männer von Lindquists 508. Regiment, etliche des 507. und einige Artilleristen der Kampfgruppe A fanden sich in den nächsten Minuten noch zusammen. Nur die wichtigen Waffen, Ausrüstungsgegenstände und die meisten der mit Fallschirmen abgeworfenen Materialbündel waren verlorengegangen. Dennoch, von den drei gefundenen Bündeln enthielt eines ein Funkgerät. Dann bekam die blaue Signallampe infolge der Feuchtigkeit einen Kurzschluß und erlosch.

Ein Fallschirmjäger, der dann im Dunkeln zu Lindquists kleiner Ansammlung stieß, meldete, daß er ganz in der Nähe, in westlicher Richtung, einen Bahndamm gesehen habe. Nun wußte der Oberst, wo sie sich befanden. Mit den zusammengefundenen Männern begann er, in die angegebene Richtung zu ziehen. So begann eine der ersten Truppenansammlungen nahe des Merderets – jedoch auf der falschen Seite des Bachs...

Um 1:42 Uhr meldete der Offizier vom Dienst des Admirals Kanalküste an die 2. Sicherungs-Division: *Im Bereich der 716. und 711. Infanterie-Division Fallschirmabspringer in großer Zahl links der Seine und ostseits der Halbinsel Cotentin.*

Deutsche Posten, die von den ersten Fallschirmjäger-Absprüngen erfuhren, sie sogar beobachtet hatten, telefonierten mit ihren direkten Vorgesetzten und meldeten ihre Beobachtungen: "Feindliche Fallschirmjäger gelandet!"

Auch Rolf Deboesers Einheit hatte eine solche Mitteilung erhalten: "Als wir uns überstürzt für den Abmarsch in Richtung Sainte-Mère-Église bereit machen sollten, hieß es schon: *Vorsicht, es sind Fallschirmjäger gelandet!*

Wir mußten unsere Ausrüstung, die wir später nie mehr wiedergesehen haben, auf Ketten-Krads *(Ketten-Krafträder)* laden, dann bekamen wir scharfe Munition, denn bis dahin hatten wir gar keine gehabt. Ich dachte darüber nach, daß ich eigentlich kein Soldat sein wollte, vielmehr hatte ich Soldat werden *müssen...* Wir Jungen waren alle keine Freiwilligen, sondern Gezwungene. Ich hatte nicht in den Krieg ziehen wollen, aber ich hätte das Todesurteil zu erwarten gehabt, wenn ich mich geweigert hätte. Wäre ich fortgelaufen und hätte mich irgendwo versteckt, hätte es Repressalien gegen meine Eltern gegeben. So war ich zum Militär gegangen...

Dann setzten wir uns mit einem kleinen Umweg zu der langen Verbindungsstraße in südliche Richtung in Bewegung. Wir fragten uns voller Sorge, ob das denn nun der Beginn der Invasion sei, denn wir hatten erfahren, daß Rommel gesagt haben sollte, daß, wenn sie kämen, sie in der Normandie kommen würden..."

...Und ihre Landung war bereits in vollem Gang. Um 1:45 Uhr meldete das Grenadier-Regiment 914 an seine 352. Infanterie-Division: *50-60 feindliche Fallschirmjäger am Carentan-Kanal südlich Brévands abgesprungen.*

Von nun an überschlugen sich die Meldungen, ebenso wie es an der östlichen Flanke des entstehenden Invasionsraums geschah. So orientierte der Ic der Heeresgruppe B um 1:45 Uhr das A.O.K.15: *Fallschirmabsprung seit 1:15 Uhr ostwärts Orne, an Ostküste Cotentin, bei Montebourg und Marcouf, zum Teil bereits im Gefecht.*

Um 1:50 Uhr teilte das LXXXIV. Armeekorps Admiral Kanalküste mit: *Lastensegler und Fallschirmspringer am linken Flügel. Erste Gefangene eingebracht.*

Die Kompanie, mit der Rolf Deboeser marschieren mußte, traf nach kurzer Wegstrecke beim Fort des Flamands auf die 2. Batterie der Flak-Abteilung 152. Deboeser machte eine ihn befremdende Beobachtung: "Diese Batterie hatte einen Leutnant als Chef, und obwohl man schon merken konnte, daß die Invasion da war, hat er gesagt, daß er Schießverbot habe – ein Befehl von höchster Stelle. Dann hat er aber gesagt, *das ist mir ganz egal, jetzt knalle ich d'rauf.* Er hat einfach nicht verstanden, warum er ein Schießverbot haben sollte..."

Um 0:51 Uhr landeten die ersten Fallschirmjäger von Oberstleutnant Benjamin Vandervoorts 2. Batterie des 505. PIR. Beim

Oberstleutnant Benjamin Vandervoort, Chef der 2. Batterie des 505. PIR, hatte sich bei seinem Absprung das Fußgelenk verletzt. Es wurde von einem Sanitäter provisorisch geschient, dann setzte sich der Batteriechef unter großen Schmerzen mit seinen Männern in Marsch.
Foto: US National Archives

Aufsetzen auf den normannischen Boden verletzte sich Vandervoort am linken Fußknöchel. Trotz großer Schmerzen und sich auf ein Gewehr stützend, begann der Oberleutnant im Dunkeln, seine Männer zusammenzusuchen. *(Bis zum Anbruch der Morgendämmerung fanden sich in mehr als drei Stunden annähernd vierhundert seines 630 Männer starken Bataillons zusammen, und bis zum Ende des Tages waren es 575.)* Vandervoort beschloß, mit seinen Leuten zum geplanten Einsatzort zu marschieren, nach Neuville-au-Plain – 2,4 Kilometer nördlich Sainte-Mère-Église...

Chaos auf dem Kirchplatz

Der Bürgermeister von Sainte-Mère-Église und seine Frau hatten sich gerade zu Bett begeben, als es heftig an ihrer Haustür klopfte. Monsieur Renaud erhob sich wieder und öffnete. Ein Mann stand vor dem Haus und erzählte dem Bürgermeister aufgeregt, daß die Villa der Madame Julia Pommier in Flammen stehe.

Gegenüber der Kirche befand sich 1944 noch ein kleiner Stadtpark, bezeichnet als Haule-Park (auf jenem Gelände, auf dem heute das Airborne-Museum steht). In ihm hatte sich der Flak-Instandsetzungszug etabliert. Nahe des Park-Eingangs stand die 2-etagige Pommier-Villa, aus der aus nie geklärter Ursache (vermutlich durch ein aus der Luft abgesetztes amerikanisches Leuchtmittel) plötzlich hohe Flammen loderten.

Alexandre Renaud kleidete sich schnell an und eilte über den Kirchplatz zum Haus des Tierarztes Dr. Monnier, um den dort wohnenden Ortskommandanten, Oberfeldwebel Werner Kassel, zu bitten, sofort die Ausgangssperre für die Bürger der Stadt aufzuheben, damit sie helfen konnten, den Brand zu löschen. Kassel gab dem dringenden Wunsch des Bürgermeisters augenblicklich statt.

Der Bürgermeister erschien nur eine Minute später am Eingang des kleinen Parks. Inzwischen waren bereits einige Feuerwehrleute dabei, zu versuchen, das Feuer zu löschen. Sie hatten im Laufschritt und auf einem eigens zu diesem Zweck bereitgestellten, hochrädrigen Holzkarren eine veraltete transportable Handpumpe herbeigeschafft und an der großen Schwengelpumpe im Park, nahe der brennende Villa aufgestellt. Die Feuerwehrmänner hatten einen Behälter zum Auffangen des von zwei Männern abwechselnd unentwegt und im Akkord aus dem Boden gepumpten Wassers für ihren Löschschlauch aufgestellt. Vier weitere Feuermänner betätigten mit großem Kraftaufwand die breite Handpumpe, die auf dem Auffangbehälter fest montiert war. Doch allein auf diese Weise konnten sie das Feuer nicht unter Kontrolle bringen. Der Wind fachte die Flammen immer wieder an, und brennende Fetzen wurden davongeweht – in Richtung der großen, nur 25 Meter entfernt stehenden Scheune des Schreiners und Stellmachers *(Handwerker für Wagen und Holzgeräte)*, Marcel Marie. Die Scheune war mit einem großen Holzvorrat angefüllt. Monsieur Marie war selbst einer der Feuerwehrmänner und ganz besonders darum bemüht, den Brand der Villa so schnell wie möglich zu löschen.

Plötzlich begannen die vier großen Kirchenglocken zu läuten. Auf diese Weise wurde weithin hörbar bekannt gegeben, daß die Stadt Hilfe von ihren Einwohnern brauchte. Von allen Seiten liefen sofort Menschen herbei. Alexandre Renaud ließ von ihnen schnell von einer der drei auf dem Kirchplatz befindlichen großen, gußeisernen Schwengelpumpen zwei nebeneinander stehende Löscheimer-Ketten bilden. Eine Reihe der helfenden Menschen reichten nun rasch von Hand zu Hand die eilig gefüllten Segeltuch-Eimer der Feuerwehr zur brennenden Villa; die andere Reihe, gab die leeren Eimer ebenso schnell wieder zurück.

Bild links: Die Grundwasser-pumpe nahe der Kirche, von der aus etliche Einwohner der Stadt eine Eimerkette bis zur brennenden Villa gebildet hatten.
Foto: von Keusgen

Bild Mitte: Französischer Reenactor in der originalgetreu-en Uniform der Feuerwehrleute zur Zeit des Zweiten Weltkriegs an einem D-Day-Jahrestag und auf dem Kirchplatz in Sainte-Mère-Église. **Foto: von Keusgen**

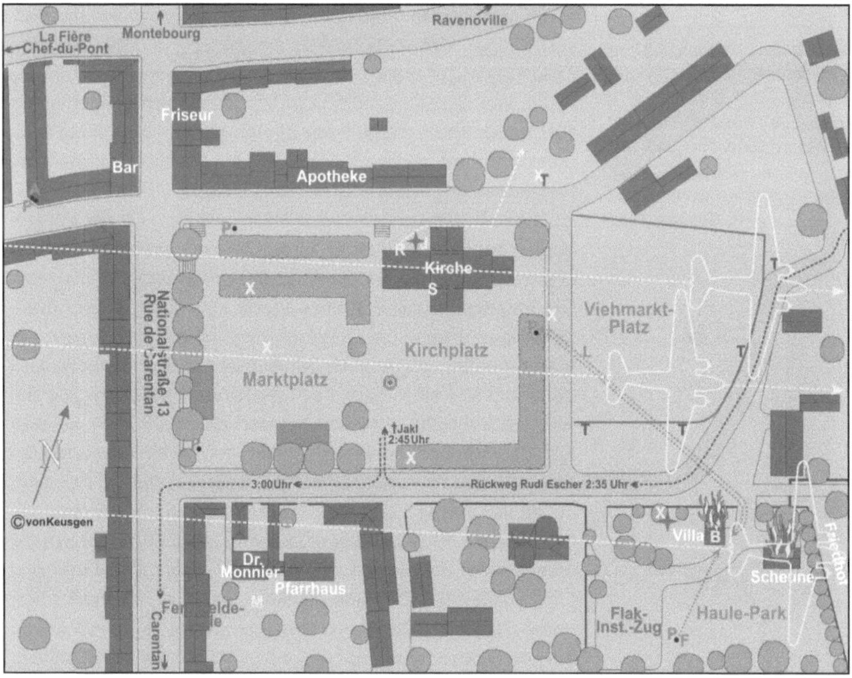

Sainte-Mère-Église : *Fallschirmjäger-Absprünge am Kirchplatz um 1:45 Uhr:*

A = Abstellplatz für die beiden Feuerwehrpumpen
B = Landepunkt Clyde Blankenship
D = dtsch. Stadtbeobachter
F = Feuerwehr-Löschpumpe
J = Landepunkt John Ray
K = Quartier Werner Kassel
L = Löscheimer-Kette
M = Landepunkt Clifford A. Maughan

P = Grundwasserpumpen
Q = Quartier der Soldaten des Instand-setzungszugs
R = Landepunkt Ken Russel
S = Landepunkt John Steele
T = Telegrafenmaste
X = restliche 6 Landepunkte
✦ = Erschießungen durch deutsche Soldaten)

Die Grundwasserpumpe im Stadtpark, auf dem Terrain des heutigen Airborne-Museums, an der von den Feuerwehrleuten ihr Wasserauffangbehälter mit einer großen Hebelpumpe (Bild unten) aufgestellt worden war.
Foto: Bernhard Prugger

Die Feuerwehrpumpe mußte von vier starken Männern auf einem zweirädrigen Karren im Laufschritt zur jeweils dem Brandherd nahesten Grundwasserpumpe gezogen werden.
Foto: von Keusgen

In diesem Moment überflog eine Welle von Transportflugzeugen mit sonorem Dröhnen und in so geringer Höhe den Kirchplatz, daß die Franzosen durch die geöffneten Ausstiegsluken die roten und grünen Lichter und die dunklen Silhouetten von Menschen im Inneren der Maschinen erkennen konnten. Die vom fahl-bläulichen Licht des Mondes erzeugten großen Schatten der Flugzeuge huschten geisterhaft über die Dächer der Häuser, über den Kirchplatz, seine Bäume und den daneben befindlichen Vieh- und Jahrmarktplatz. Die vielen Menschen an der Pumpe und jene, die bis eben mit dem Weiterreichen der Eimer beschäftigt waren, hielten inne – alle starrten zum Himmel hinauf. Die Schatten glitten nach Osten davon, und zurück blieben eine Menge heller Fallschirme, die sich deutlich vom nächtlichen Himmel abzeichneten und schnell hernieder sanken.

Es war genau 1:45 Uhr, und die amerikanischen Fallschirmjäger des 3./505. PIR begannen, in ihre von den *Pfadfindern* gut markierte Zone abzuspringen. Mehr als die Hälfte aller Soldaten landete im vorgesehenen Zielgebiet am Stadtrand. Nicht geplant war allerdings die gefährliche Landung innerhalb der Stadt. Inzwischen waren die Soldaten des Instandsetzungszugs alarmiert und einige zur Bewachung der löschenden Einwohner in den Park gelaufen. Elf der schwer bepackten Fallschirmjäger schwebten indessen auf den Kirchplatz und auf die ihn direkt umgebenden Straßen herunter. Die ungewöhnliche Szenerie wurde vom flackernden, orangefarbigen Feuerschein schauerlich beleuchtet. Einer der Männer setzte unglücklich am Boden auf und verletzte sich dabei beide Beine. Sein noch geblähter Fallschirm zog ihn eine beträchtliche Strecke über den Kirchplatz. Ein weiterer Fallschirmjäger landete mit seiner gefährlich aussehenden Kriegsbemalung direkt zwischen jener Gruppe Franzosen, die an der Pumpe nahe der Kirche standen und die Wassereimer füllten. Sofort richtete er seine Maschinenpistole auf die erschreckten Menschen. Als er jedoch erkannte, daß es sich um französische Zivilisten handelte, nahm er sie wieder herunter. Die Masse der Fallschirmjäger pendelte jedoch genau auf jene Wiese herab, auf der in diesem Moment Unteroffizier Rudi Escher mit seinen vier Soldaten erschien:

"Wir sahen eine Menge Flugzeuge über uns, und der schwarze Himmel war voller heller Fallschirme – ein unheimlicher Anblick. Als diese lange Kette bis weit in die Dunkelheit herunterkam, habe ich gedacht, daß es so viele Fallschirmjäger eigentlich gar nicht geben kann... Plötzlich rauschte es vor uns, und einer landete direkt in unserer Nähe. Wir wollten ihn gefangennehmen, aber es kam auf beiden Seiten zu einer Schießerei. Meine Leute schossen ohne meinen Befehl. Verwundet wurde von uns niemand, aber der Fallschirmjäger hat es nicht überlebt... Dann bekamen wir wegen der vielen inzwischen gelandeten Amerikaner Angst und machten uns auf den Weg zurück zum Kirchplatz."

Die Familie des Friseurs Maurice Le Cambaye hatte aufgeregt ihre Betten verlassen. Juliette beschrieb die sich nun in Sainte-Mère-Église anbahnende Konfusion:

"Die Kirchenglocke hatte zu läuten begonnen. Ein Haus brannte. Flugzeuge kamen und verursachten für uns fremdartige Geräusche. Es war ein unbeschreiblicher Krach, und wir konnten das alles gar nicht einordnen. Die Mauern zitterten. Wir sind die Treppe hinuntergelaufen, und als wir alle zusammen waren, meine Eltern und meine Brüder, haben wir uns unten auf die Treppe gesetzt, eng aneinandergedrückt und laut gebetet. Vater sagte: *Macht kein Geräusch! Verhaltet Euch ganz leise!*

Wir hatten viel Angst, daß unser ganzes Haus zusammenstürzen würde. Wir haben uns alle gegenseitig in die Arme genommen und festgehalten. Das Haus hatte keinen Keller – wo sollten wir also hin...?"

Kenneth Russel landete auf der dem Platz abgewandten Seite des Kirchendachs und fiel herunter – in jene Nische, am Seitenschiff (Pfeil), in der ihm Sekunden später John Ray das Leben rettete.

Aus dem nächtlichen Himmel schwebten noch weitere Fallschirmjäger herab. Unter jenen elf Soldaten, die über dem Kirchplatz herunterkamen, war auch der 17-jährige Soldat Kenneth Russell von der F-Kompanie des 2./505. PIR der 82. Airborne Division: Eigentlich hätte er noch auf der High School sein sollen, aber weil er so gern Soldat sein wollte, war er freiwillig zur Armee gegangen und Fallschirmjäger geworden. Als sich das Flugzeug, in dem er stand und auf den Absprung wartete, konnten er und seine Kameraden dort unten, unweit des Kirchplatzes ein großes, brennendes Gebäude sehen. Das Feuer erhellte mit seinem orangenen, flackernden Licht die Umgebung in einem weiten Bereich. Dann sprang Russel ab...

Als er herunterschwebte, fiel einer seiner Kameraden mit einer qualmenden Rauchgranate an der Hüfte neben ihm hinab – sein nicht geöffneter Fallschirm auf der anderen Seite neben Russel.

Durch die aufsteigende Hitze über der brennenden Villa am Eingang des Stadtparks war ein gefährlicher Sog entstanden, der den aufgeblähten Fallschirm seines Kameraden Clyde Blankenship direkt zu dem brennenden Haus zog. Da der Dachgiebel eingestürzt war, fiel Blankenship mitten in das offene Gebäude und in die lodernden Flammen. Russel konnte ihn schreien hören.

Bevor Russel am Boden ankam, beobachtete er noch zwei Kameraden, die in den Bäumen auf dem Kirchplatz landeten. Einer von ihnen war der Soldat Robert Blanchard. Aus Sorge, daß jeden Moment auf ihn geschossen würde, zog schnell sein großes Kappmesser und durchschnitt damit hektisch die Gurte. Erst als Blanchard am Boden stand, bemerkte er, daß er sich in der Aufregung einen Finger mit abgeschnitten hatte.

Der Soldat Penrose Shearer war ebenfalls in einem Baum gelandet – am Eingang zum Stadtpark. Noch bevor er sich von seinem Geschirr befreien konnte, kam einer der wenigen

Ein US-Fallschirmjäger war in jener Nacht am Kirchturm hängengeblieben. Durch das Buch und den gleichnamigen Film "Der längste Tag" wurde dieser Mann namens Marvin John Steele weltberühmt...
Fotos: US-National Archives

deutschen Soldaten, die nahe der Feuersbrunst die Franzosen beim Löschen beobachteten, und erschoß ihn mit seiner Maschinenpistole. Shearer blieb, mit dem Oberkörper nach unten, in dem Baum hängen.

(Kenneth Russel sagte später auch noch aus, daß "ich drei Männer sehen konnte, die kurz bevor sie den Boden erreicht hatten, gegen Telegrafenmaste schlugen. Es sah aus, als wären sie gekreuzigt worden." Er nannte auch ihre Namen: Leutnant Harold Cadish und die Soldaten H. T. Bryant und Ladislaw Tlapa.)

Dann setzte Russel hart auf der dem Kirchplatz abgewandten Seite des steilen Schieferdachs des Hauptschiffs der Kirche auf, rutschte darauf hinab, fiel über den Rand des Dachs und stürzte hinunter. Da sich aber sein Fallschirm an der Dachkante verfing, blieb er nach einem heftigen Ruck in die Gurte nah über dem Boden hängen. Als er nach oben, zu seinem verhakten Fallschirm sah, konnte er einen weiteren Kameraden auf die Kirche herabgleiten sehen – John Steele...

Rudolf Mays Kamerad, Heinz Sprangfeld, der bis dahin auf der gegenüberliegenden Balustrade stand, war zum Obergefreiten herübergekommen, und sie hatten sich in die schmale, in den Boden eingelassene Regenrinne der engen Plattform gekniet, hinter die dicke, graue Steinbrüstung und beobachteten die unheimliche Szenerie. Da flatterte etwas nah über die beiden Soldaten hinweg, rauschte an ihnen vorbei, und sie vernahmen ein Schurren und das Geräusch von zerreißendem Stoff. Rudolf May blickte neben sich: "Ich sah, wie sich über der Balustrade und der Brüstung einige lange Schnüre spannten..."

May beugte sich über die Brüstung und sah von der Plattform an den Seilen entlang hinab: "...und daran hing ein Mann. Wie tot hing er da unter uns in seinen Gurten. Doch nach einem Moment bewegte er sich etwas, und wir konnten ihn leise stöhnen hören. Mein Kamerad wollte mit seinem Karabiner auf ihn schießen, doch ich sagte zu ihm: *Du bist wohl verrückt! Wenn Du schießt, weiß doch jeder, daß wir hier oben sind; dann kommen wir nicht mehr lebend von hier weg...*"

John Steeles Fallschirm hatte sich an der dem Kirchplatz zugewandten Ecke des Glokkenturms verfangen, an einer der hohen, steinernen Spitzen, die an jeder äußeren Ecke der beiden Balustraden stehen. Hart war er mit dem Rücken gegen die Steinwand geschlagen. Nun hing er direkt neben einem der großen Schallfenster – in 19 Meter Höhe. Um sich möglichst schnell aus seiner exponierten Position zu befreien, wollte er sein Kampfmesser aus dem Stiefelschaft ziehen. Da er durch die stramm gespannten Gurte aber selbst mit angezogenem Bein sein Messer nur mit den Fingerspitzen greifen konnte, entglitt es ihm und fiel hinunter. So blieb Marvin John Steele nichts anderes übrig, als am Turm hängen zu bleiben.

Auf der anderen Seite der Kirche konnte Kenneth Russel indessen beobachten, wie ein weiterer Kamerad, Unteroffizier John Ray, kurz nach ihm herabsank. Er war aus derselben Maschine abgesprungen, wie Russel. Ray verfehlte knapp die Dachkante und setzte direkt vor ihrer Außenwand auf. In diesem Moment kam einer der deutschen Soldaten des Instandsetzungszugs um die Ecke der Kirche. Er trug keinen Stahlhelm, und Russel konnte sein rotes Haar erkennen – auch, daß er eine Pistole in der Hand hatte. Der Deutsche schoß sofort auf Ray und traf ihn in den Bauch. Dann wandte er sich Kenneth Russel zu, um auch auf ihn zu schießen. John Ray war aber ebenfalls mit einer Pistole bewaffnet, und obwohl vor Schmerz zusammengekrümmt, schoß er dem Deutschen in den Hinterkopf und tötete ihn. Einen Moment später war auch Ray tot.

Kenneth Russel schnitt sich los, sprang herab und lief über die Straße in einen Hain aus Bäumen und zum nördlichen Stadtrand.

Oberfeldwebel Werner Kassel hatte die Situation sofort begriffen. In diesem Moment stand er bereits im Morgenmantel im Foyer des großen Hauses, in das er einquartiert war und öffnete sämtliche der hohen Fenster und verglasten Türen, um die Scheiben bei eventuellen Bomben- oder Granatexplosionen vor dem Zersplittern zu bewahren. Da kamen auch der Hausbesitzer, Dr. Georges Monnier, und dessen 16-jährige Tochter Georgette hinzu, um die ungewöhnlichen Geschehnisse auf und um den Kirchplatz anzusehen.

Georgette erzählte: "Von irgendwo, weiter entfernt, hallten ein paar Schüsse, nur wenige. Da niemand wußte, wie sich die Dinge weiterhin entwickeln würden, lief Oberfeldwebel Kassel in sein Zimmer zurück, um seine Uniform anzuziehen. Ich ging mit meinem Vater in den Garten, um in einem selbstgebauten kleinen Schutzraum Zuflucht zu suchen. Doch noch bevor wir ihn erreichen konnten, waren aus einem anderen tieffliegenden Flugzeug weitere Fallschirmjäger abgesprungen. Einen kurzen Augenblick später erhielt mein Vater, der neben mir ging, einen heftigen Stoß gegen seine rechte Schulter – ein Fallschirmjäger war fast auf dem Rücken meines Vaters gelandet. Als mein Vater ihm dann half, sich von dem Fallschirm zu befreien, stand plötzlich Werner Kassel in seiner Uniform und mit einer Pistole vor ihnen und zielte auf den Amerikaner. Sofort trat mein Vater dazwischen und sagte zu Kassel: *Erschießen Sie den Mann nicht! Ich will nicht, daß hier, auf meinem Grundstück, ein Mensch getötet wird.*

Der Oberfeldwebel ließ den Fallschirmjäger seine Waffen ablegen und betrachtete ihn nun als Gefangenen. Beide Männer waren sehr sympathisch – der Amerikaner ebenso wie der Deutsche..."

Am Eingang zum damaligen Grundstück des Dr. Monnier wurde eine Gedenktafel für jene 11 Fallschirmjäger angebracht, die auf dem Kirchplatz oder in seiner Nähe gelandet waren: Clifford A. Maughan, F-Kompanie 505. PIR 82. Airborne geb. 1920, verstorben 1970. Diese Gedenktafel ist zur Erinnerung an PFC (Private first class = Gefreiter) Clifford Maughan, der mit dem Fallschirm ungefähr um 1:45 Uhr am Morgen des 6. Juni 1944 in den Garten dieses Hauses sprang. Er wurde von einem in diesem Haus einquartierten deutschen Soldaten gefangengenommen, der dann wiederum sich selbst an ihn übergab. PFC Maughan kämpfte noch in der Normandie und Holland und überlebte den Krieg. Dieses gilt auch zur ewigen Erinnerung an die anderen Männer des 2. Zugs, Granatwerferschwadron der F-Kompanie 505. PIR, deren heldenhafte Aktion in dieser Nacht halfen, den Verlauf der Historie zu verändern. **Foto: von Keusgen**

Der Fallschirmjäger hieß Clifford A. Maughan. Er griff nun in seine Taschen und verteilte lächelnd Zigaretten, Kaugummi und Schokolade an die drei Personen. Da Dr. Monniers Tochter in der Schule die englische Sprache gelernt hatte, übersetzte sie die Frage des Amerikaners: "Ist das hier Sainte-Mère-Église?"

Als man ihm das bestätigte, sagte er: "Okay, dann bin ich da, wo ich hingehen sollte...!"

Er erklärte, daß die Stadt noch in dieser Nacht vom 505. PIR seiner Division eingenommen werden müßte und daß noch weitere Transportflugzeuge nach Sainte-Mère-Église unterwegs seien. Tatsächlich sahen sie in weiterer Entfernung, hinter dem Ortsrand, eine Menge Fallschirmjäger herunterschweben. Da reichte Oberfeldwebel Kassel dem Amerikaner seine Pistole: "Hier – nun bin *ich* Ihr Gefangener... Verschonen Sie mich bitte so, wie ich auch Sie verschont habe."

Clifford Maughan nickte und nahm Kassels Waffe an sich. Daraufhin bat der Oberfeldwebel: "Bevor Sie mich nachher zu Ihrem Vorgesetzten führen, möchte ich bitte noch meine Ausgeh-Uniform anziehen..."

Der Amerikaner, der Franzose und der Deutsche gingen zum Zimmer des Oberfeldwebels hinauf, damit er sich umziehen konnte...

Die Tochter des Tierarztes berichtete weiter: "In dieser Nacht hatten keine Kämpfe auf dem Marktplatz stattgefunden. Es fielen zwar irgendwo ein paar Schüsse, auch hingen Fallschirme in den Bäumen, aber gekämpft wurde nicht... Wir haben außer Werner Kassel überhaupt keine anderen Deutschen gesehen – auch nicht auf dem Marktplatz. Es wurde ein paarmal geschossen, aber gesehen haben wir niemanden. Ich glaube, sie waren alle außerhalb der Stadt. Nur da hinten, im Park, konnte man einen hellen Feuerschein sehen, dort brannte es..."

Durch den starken Funkenflug hatte das Feuer von der Villa inzwischen auch auf die große Scheune übergegriffen. Dort loderten nun ebenfalls hohe Flammen in den Nachthimmel. Da erschienen zwei Unteroffiziere des Instandsetzungszugs an den Brandstätten und befahlen den Franzosen, sofort wieder in ihre Häuser zurück zu gehen. Da das Feuer längst den Dachstuhl und die erste Etage der Villa zum Einsturz gebracht hatte, war es sinnlos geworden, noch weiter löschen zu wollen. Den Franzosen erschien die eskalierende Situation ohnehin zunehmend gefährlicher zu werden, und sie begannen, sich schnell aus dem Gefahrenbereich zu begeben.

(Anmerkung des Autors: Wie vorstehend beschrieben, sollten dem Bericht des US-Fallschirmjägers Kenneth Russel zufolge drei seiner Kameraden nach ihrem Absprung an Telegrafenmaste, die den Kirchplatz umstanden, hängengeblieben sein. Er benannte sogar ihre Namen. Es waren Personen, die tatsächlich auf und am Marktplatz gelandet waren. Speziell zu dieser Aussage des Kenneth Russel befragt, erklärte Rudi Escher, daß er "in der ganzen langen Zeit, die wir auf und am Kirchplatz zugebracht haben, keinen einzigen Fallschirm an einem Telegrafenmast sahen – und erst recht keinen Amerikaner, der daran hing..." Auch Rudolf May hatte mir in seinem ausführlichen Bericht 1984 nichts von Fallschirmjägern an irgendwelchen Telegrafenmaste erzählt. May und Escher sahen auch keine, als sie sich auf ihren Fahrrädern in südliche Richtung auf der Hauptstraße und nach allen Seiten sichernd, aus dem Ort entfernten. Auch Madame Georgette Flais, die Tochter des Tierarztes Dr. Monnier, sagte aus, daß "ich keinen einzigen Fallschirmjäger an einem Mast hängen sah – auch nicht am nächsten Tag..."

Trotz eingehender Betrachtung diverser historischer Fotos aus dieser Zeit, konnte ich selbst lediglich fünf weit voneinander entfernt stehende Maste in der näheren Umgebung erkennen – am ehemaligen Viehmarktplatz. Vielmehr stellte ich fest, daß derartige Leitungen an etwa zwei Meter langen Eisengestellen, die im oberen Bereich der Hauswände angebracht waren, an den Straßen entlanggeführt wurden. Alle vorstehend benannten Zeugen befanden sich jedoch ausschließlich auf der südlichen Seite des Kirchplatzes, Kenneth Russel war aber nach seiner Befreiung aus dem Fallschirmgeschirr nach eigenen Angaben in den Garten auf der nordöstlichen Seite des Platzes gelaufen. So ist es wahrscheinlich, daß er an genau jenem auf dieser Ecke stehenden Mast einen seiner Kameraden hängen sah. Doch ist dieser spezielle Fall eine rein subjektive Bewertung meinerseits. Im US-Spielfilm "Der längste Tag" hängen allerdings mehrere tote Fallschirmjäger an Telegrafenmaste – direkt am Kirchplatz...)

Dr. Georges Monnier (unten) wohnte an der südöstlichen Ecke gegenüber des Kirchplatzes. In seinem großen Haus (oben) war Oberfeldwebel Werner Kassel einquartiert.
Fotos: Kollektion Georgette Flais

Ab 2:00 Uhr nahmen Fernschreiber- und Telefonmeldungen innerhalb des gesamten sich anbahnenden Invasionsraums drastisch zu. Betreffs der feindlichen Luftlandungen im Raum Sainte-Mère-Église und Merderet gab es um 2:00 Uhr drei Meldungen: Beim Oberkommando der Marine ging ein mit KR *(vorrangig/dringend)* gekennzeichnetes Fernschreiben des Admiral Kanalküste ein: *Ab 1:00 Uhr Fallschirmspringer und Lastensegler Ostseite Cotentin und (am östlichen Flügel des Invasionsraums) ostwärts Trouville.* Gleichzeitig meldete der Chef des LXXXIV. Armeeoberkommandos an den Chef des Generalstabs des A.O.K. 7: *Im Abschnitt 716. Infanterie-Division weitere Luftlandungen. Raum an der Ostküste Cotentin scheint sich auszudehnen von der Gegend bei Sainte-Mère-Église bis Montebourg. Bei Le Ham wird gekämpft. Sehr starke Verbände ostwärts Cherbourg und weiter westlich im Seegebiet Jersey im An-*marsch. An Nord- und Westküste Cotentin noch nichts von Luftlandungen bekannt. Zwei Schwerpunkte sind erkennbar: 716. Infanterie-Division und Ostküste Cotentin, quer durch 91. Luftlandedivision.

Die 2. Sicherungs-Division orientierte: *Werden Ziele nordwestlich Cherbourg geortet, sollen sie nach Meldung Seekommandant Normandie 1:57 Uhr mit 4 Gabelgruppen im Qu. (Quadrat/Planquadrat) BF 3551 unter Feuer genommen werden.*

Um 2:05 Uhr orientierte das A.O.K. 7 den Chef der Heeresgruppe B: *Größere Landungen zunächst aus der Luft, hauptsächlich bei 716. Infanterie-Division, Südteil Ostküste Cotentin und quer durch Cotentin bei der Carentan-Enge. Kleine Teile bereits vernichtet. Von See her an Ostküste Cotentin Motorengeräusche hörbar. Beiderseits Cherbourg bisher noch nichts bekannt. Admiral Kanalküste meldet Schiffsortungen im Seegebiet Cherbourg. Näheres nicht bekannt. Chef des Generalstabs beantragt Unterstellung 91. Luftlandedivision. Chef der Heeresgruppe B beurteilt Angelegenheit zur Zeit noch als lokal begrenzt. Chef des Generalstabs vertritt Meinung, daß es sich um eine größere Aktion handelt.*

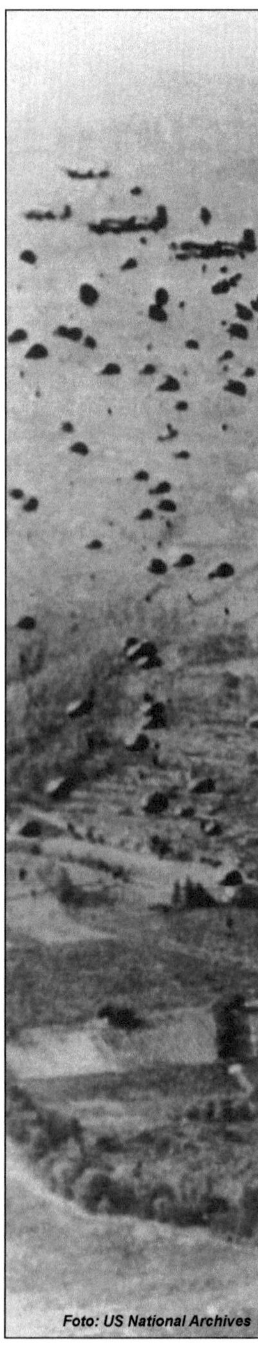

Foto: *US National Archives*

Der Ia des Oberbefehlshabers West hielt daraufhin Rücksprache mit dem Chef der Heeresgruppe B: "Meldungen wurden für übertrieben gehalten..."

Immer noch zeitgleich, rief der Ia des Oberbefehlshaber West den Ic an und "betrachtet die Lage vorläufig noch als ruhig. Generalkommando LXXXIV. Armeekorps hat Alarmstufe 2."

Um 2:13 Uhr meldete der Ia der 352. Infanterie-Division an den Ia des Generalkommandos LXXXIV. Armeekorps: *Im linken Abschnitt Grenadier-Regiment 914 geschätzt 1 Bataillon Fallschirmjäger am Carentan-Kanal südwestlich Brévands. Einzelne Fallschirmjäger bei Cardonville, die offenbar falsch abgesprungen sind. Alle anderen Abschnitte bisher ruhig.*

Um 2:15 Uhr meldete der Chef des Generalstabs des A.O.K. 7 an den Chef des Generalstabs der Heeresgruppe B: *Feindliche Luftlandungen an den beiden Engen der Halbinsel Cotentin und an der Ostküste. 91. Luftlandedivision mit Teilen bereits im Kampf. An einer Brücke 50 amerikanische Gefangene eingebracht. Beurteilung der Lage: Es scheint sich um Großlandung zu handeln, nach Meldung der Truppe und der Luftwaffe. Motorengeräusche von See her wahrnehmbar. Da feindliche Absprünge bereits sehr tief, erste Absicht Abschneiden der Halbinsel wahrscheinlich. Unterstellung 91. Luftlandedivision beantragt.*

Doch der Chef des Generalstabs der Heeresgruppe B war der Ansicht, "daß es sich zunächst nicht um eine größere Aktion handelt, und daß bei rechtem Nachbarn Luftlandungen bisher nur im Bereich der 711. Infanterie-Division südlich der Seine erfolgt sind..."

Die Unterstellung der 91. Luftlandedivision unter das Kommando des LXXXIV. Armeekorps wurde aber dennoch genehmigt.

Um 2:30 Uhr orientierte das A.O.K. 7 den Oberbefehlshaber West über die Lage: *Schwerpunkt beiderseits Ornemündung, Ostküste Cotentin. Luftlandungen stark in die Tiefe bis gegen Pont l'Abbé. Von See her bisher noch nichts erfolgt.*

Exakt zu dieser Zeit, war der Kommandeur des 3. Bataillons des 505. PIR, Major Edward C. Krause, mit seinem Fallschirm in einem von Hecken umsäumten Garten am äußersten nordwestlichen Stadtrand von Sainte-Mère-Église gelandet – zufälligerweise gerade dort, wo sich nach dem Absprung die Soldaten seines Bataillons treffen sollten. Schon als er herabgeschwebt war, hatte er das grüne, nach oben gerichtete Licht sehen können, das von den Pfadfindern zur Markierung der Absprungstelle aufgestellt worden war. Nach nur wenigen Minuten fanden sich bereits 15 Männer bei ihrem

Major zusammen. Krause war ein erfahrener Fallschirmjäger und bei seinen Soldaten beliebt. Er befahl ihnen, sofort in einem Umkreis von maximal 600 Meter und innerhalb 45 Minuten nach weiteren Männern zu suchen...

Nachdem nun wieder etwas Ruhe in die kleine Stadt eingekehrt war, öffnete der Friseur Maurice Le Cambaye die Tür seines kleinen Salons. Da machte seine Tochter Juliette eine für sie seltsame Beobachtung: "Wir sahen fremde Soldaten vorbeigehen, alle mit geschwärzten Gesichtern. Einer von ihnen blieb erst einen Moment vor unserem Laden stehen, dann kam er herein. Er wollte sein Gesicht säubern lassen. Vater nahm Seife und Wasser und hat es gereinigt. Anfangs glaubten wir, daß wären alles Engländer, doch dann sahen wir an seinem Ärmel die kleine US-Flagge und das Airborne-Emblem, da wußten wir, daß es Amerikaner waren. Der Fallschirmjäger hat meinem Vater als Gegenleistung für seine Arbeit eine Konserve und Zucker gegeben, der in Papier eingewickelt war. Er ist dann gegangen, und wir haben ihn nie wiedergesehen. Aber es war eine große Freude für uns, denn wir haben begriffen, daß jetzt unsere Befreiung begonnen hatte..."

Major Edward C. Krause war Kommandeur des 3./505. PIR und wurde von seinen Soldaten infolge seiner Kampferfahrung anerkennend als "die Kanonenkugel" genannt.

Fallschirmjäger im Sumpf

Obwohl beim Herabschweben aus deutschen Karabinern beschossen, hatte Brigadegeneral James Gavin indessen längst unversehrt normannischen Boden erreicht – in einer kleinen Apfelbaum-Plantage. Als er sich umsah, mußte er feststellen, daß er völlig allein war, und der Himmel über ihm gänzlich leer. Eigentlich hätte ihm eine Flut von Fallschirmjägern folgen sollen, aber kein einziger war zu sehen...

Gavin hatte sich seines Fallschirms entledigt und unmittelbar darauf in der mondhellen Nacht seinen persönlichen Adjutanten, Oberleutnant Hugo V. Olson getroffen, der mit ihm aus demselben Flugzeug abgesprungen war. Gemeinsam fanden sie bald noch alle weiteren 16 Männer ihrer Absprunggruppe – einige in der Plantage, andere im nassen Ried. Infolge der Fehleinschätzung seiner Position beschloß Gavin nun, mit den Männern in östliche Richtung zu gehen. Bald erreichten sie den Saum jenes Überschwemmungsgebietes, das der Brigadegeneral vom Flugzeug aus hatte sehen können. *(Es sollte noch einige Zeit dauern, bis Gavin erkannte, daß es sich nicht um das Überschwemmungsgebiet der Douve handelte, wie er geglaubt hatte, sondern um jenes des Merderet, und er sich auf der westlichen Seite dieser ihm schier endlos erscheinenden Wasserfläche befand.)*

General James Gavin versuchte, nach dem Absprung und im Dunkel der Nacht, so viele Soldaten wie möglich zusammen zu sammeln.
Fotos: US National Archives

Das Überschwemmungsgebiet stellte mit seinen nicht erkennbaren Untiefen für die US-Fallschirmjäger ganz besonders in der Nacht ein äußerst gefährliches Hindernis dar…
Foto: von Keusgen

Aus einigen Richtungen klatschte und patschte es im Dunkeln, und nachfolgende Springer-Gruppen fielen ins Wasser. Gavin wurde nun bewußt, daß der Rest seines Regiments zu weit über ihr Zielgebiet hinausgeflogen und offenbar direkt ins Überschwemmungsgebiet gesprungen war – mit der kompletten Kampfausrüstung. Von deutschen Soldaten war im Moment nirgendwo etwas zu sehen, nur leere Schützenlöcher und eine von ihrer Bedienungsmannschaft verlassene, bestückte Artillerie-Stellung nahe des Sumpfes.

In diesem Moment konnten Gavin und seine Soldaten beobachten, daß zwei Lastensegler in einer Entfernung von nur etwa vierhundert Meter am Rand des Sumpfes landeten. Fast geräuschlos setzte einer der Segler auf der von dichtem Ried überwachsenen Wasseroberfläche auf, glitt einige Meter darauf weiter und kam schnell zum Stehen. Der andere der fragilen WACO CG4-A tauchte infolge eines zu steilen Winkels beim Aufsetzen mit seiner eckigen Frontpartie gleich weit unter die Wasseroberfläche ein, und bei dem folglich viel zu heftigen Aufprall wurde er völlig zusammengestaucht. Keiner der Insassen überlebte.

Da Gavins kleiner Trupp bisher lediglich über eine Bazooka *(amerikanische Panzerfaust)*, ein paar Thompsons-Maschinenpistolen, einige Gewehre und nur wenig Munition verfügte, befahl er Oberleutnant Graham, mit sechs Soldaten zu den Seglern zu waten und nach dringend benötigten schweren Waffen und Funkgeräten zu suchen.

Die beiden WACO-Lastensegler enthielten eine 5,7-cm-Pak und einen Jeep. Doch die Bergungsarbeiten erwiesen sich im sumpfigen Wasser als äußerst schwierig. Auch Gavin versuchte im schwachen Licht des Mondes mit weiteren Männern den Jeep und das Geschütz zu bergen. Doch wurden sie dabei plötzlich heftig aus der Dunkelheit beschossen, und die Fallschirmjäger mußten sich zäh verteidigen. Vergeblich versuchten die Männer mit größtem Kraftaufwand, die Kanone aus dem zusammengestauchten Lastensegler zu bergen. Es gelang dann zwar, mit äußerster Anstrengung den Jeep aus dem anderen Segler zu rollen, doch versank das Fahrzeug sofort im bodenlosen Sumpf. So verloren die Fallschirmjäger bei ihren fast eineinhalb Stunden dauernden, ergebnislosen Bemühungen wertvolle Zeit. Noch während des Feuergefechts schickte Gavin Oberleutnant Olson aus, nach weiteren Männern zur Verstärkung ihrer kleinen Truppe zu suchen…

Der Kommandeur des 2./507. PIR der 82. Airborne Division, Oberstleutnant Charles Timmes, war in das stellenweiseweise dicht von hohem Ried bewachsene Überschwemmungsgebiet gefallen – in einen Bereich, in dem das Wasser sehr unterschiedliche Tiefen hatte. Der leichte Wind blies dennoch stark genug, daß Timmes' Fallschirm zwar schräg, aber aufgebläht, auf der Wasseroberfläche stand. So war es ihm nicht möglich, sich aus dem stramm sitzenden, an seinem Körper zerrenden Geschirr zu befreien. Vielmehr wurde Timmes langsam durch das kalte Wasser geschleppt. Jedesmal, wenn der pralle Schirm anhielt, begann der Oberstleutnant, vom Gewicht seiner Ausrüstung gezogen, zu versinken. Wenn auch sein Kopf mit dem Helm unter die Wasseroberfläche sank und Timmes zu ertrinken drohte, ruckte der Schirm durch die

Infolge falscher Orientierung sprangen viele der amerikanischen Fallschirmjäger im weitläufigen, versumpften Überschwemmungsgebiet des Merderet und der Douve ab – was einem großen Teil von ihnen zu einer tödlichen Falle wurde…
Abbildung: Zeichnung des Jack Dixon Kollektion von Keusgen

nächste Windböe wieder an, zog ihn etwas empor und schleppte ihn einige Meter weiter… Erst nach mehr als zehn Minuten und einer Strecke über einhundert Meter blieb Timmes erschöpft an der flachen Böschung des nur wenig aus dem Wasser herausragenden Damms liegen, auf dem die schmale Chaussee von Sainte-Mère-Église über die nahe Brücke bei La Fière nach Amfreville führt. Der Wind flaute in diesem Moment ab…

Oberleutnant Wisner vom 507. PIR war mit seinem Fallschirm nicht weit südlich von Gavin entfernt heruntergekommen, nur etwa 750 Meter – zwar auch auf der richtigen Seite des Merderets, aber ebenfalls im Wasser. Im schwachen Licht des Mondes konnte Wisner unweit und in östlicher Richtung eine flache Anhöhe erkennen – den Bahndamm. Er konnte im Mondlicht auch sehen, daß sich viele Männer zu diesem Damm bewegten. Der Oberleutnant watete ebenfalls darauf zu. Bis auch er ihn erreichte, hatten sich ihm bereits 30 Fallschirmjäger angeschlossen. Den Schienenstrang verfolgend, fanden sich noch annähernd einhundert Soldaten zusammen. Dann stieß Wisners Trupp auf Lindquist und dessen Männer. Gemeinsam folgten sie der Bahnlinie in Richtung La Fière.

Oberstleutnant Timmes hatte indessen noch immer an der erhöhten Chaussee unweit der La-Fière-Brücke gelegen, um sich etwas zu erholen. Dann entledigte er sich des Geschirrs mit dem Schirm und betrachtete sein Umfeld. Er befand sich noch immer auf der westlichen Seite des Überschwemmungsgebiets, doch konnte er jenseits der kleinen Brücke, im Dunkeln, schemenhaft jene Geländeanhöhe erkennen, in deren Einschnitt die Bahnstrecke verlief. Aus nördlicher wie aus südlicher Richtung vernahm der Oberstleutnant entfernten Gefechtslärm. Timmes konnte seinen Standort korrekt einordnen: Etwa eineinhalb Kilometer südöstlich Amfreville und zweieinhalb Kilometer südöstlich seiner geplanten Absprungzone – und auf der richtigen Seite des Merderets. So setzte er sich entlang des Sumpfes in die Richtung seines Zielgebiets in Bewegung. Schon bald begegnete er zehn anderen Fallschirmjägern, die er sich ihm anschließen ließ.

Es war noch keine ganze Stunde vergangen, da hatten sich in Sainte-Mère-Église, bei Major Edward Krause, 108 Männer seines Bataillons zusammengefunden – und ein Franzose. Er war von den Amerikanern im Dunkeln in angetrunkenem Zustand aufgegriffen worden. Dennoch gab er Krause konkrete Informationen betreffs der wenigen im Moment in der Stadt stationierten deutschen Soldaten. Der Bataillonskommandeur ließ daraufhin seine Männer in zwei Trupps aufteilen und vorsichtig zum nördlichen Stadtrand ziehen.

*US-Fallschirmjäger unmittelbar
vor dem Absprung…*
Foto: US National Archives

Die Bewegungen der im Bereich des überfluteten Merderets falsch abgesprungenen amerikanischen Trupps, die sich in der Nacht zum 6. Juni langsam zusammenfanden.
Grafik: von Keusgen

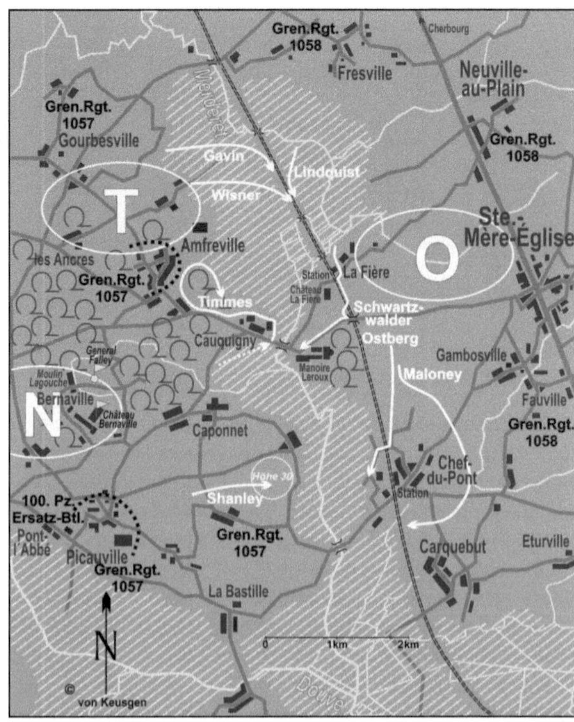

Indessen erreichte auch Unteroffizier Rudi Escher mit seinen vier Soldaten wieder den nordöstlichen Ortsrand. Die Franzosen hatten den Versuch, die brennende Villa zu löschen, längst aufgegeben und waren in ihre Häuser zurückgekehrt. Rudi Escher und seine Männer wußten von den Ereignissen, die sich innerhalb der letzten zwei Stunden am Kirchplatz zugetragen hatten, nichts: "Als wir die ersten Häusern erreicht hatten, sahen wir, daß beim Friedhof ein Haus brannte. Alles war vom Feuerschein hell erleuchtet. Auf der Straße, noch nahe des Ortseingangs, sahen wir zwei tote Amerikaner liegen, aber Fallschirme hatten wir bei ihnen keine gesehen. Ich nehme an, sie waren von den Soldaten der Instandsetzungstruppe erschossen worden – sonst waren ja keine anderen da. Hier begegnete uns zum erstenmal die Grausamkeit des Krieges…"

Noch immer flogen weitere Wellen von Transportmaschinen über die Cotentin-Halbinsel und setzten Soldaten und Lastensegler ab. Doch das Flugzeug mit George Leidenheimer, einem Fallschirmjäger-Unteroffizier des 507. PIR, verirrte sich in die Nähe von Valognes – 5,8 Kilometer zu weit nördlich der vorgesehenen Absprungzone *T* bei Amfreville.

George Leidenheimer erzählte: "Zuerst flogen wir durch einen dicken Nebel. Als wir hindurch waren, begrüßten uns Explosionen von Fliegerabwehrgranaten und farbige Ströme von Maschinengewehrfeuer. Deutsche Leuchtspuren sind rot, blau und grün. Amerikanische haben nur eine einzige Farbe. Eine Kugel schoß durch den Boden des Flugzeugs und flog oben wieder hinaus. Der Backbordmotor fing Feuer, und Flammen schlugen in unsere bereits offene Absprungtür. Der Feuerlöscher dämmte aber schnell die Flammen

ein, und der Motor arbeitete weiter. Dann fing der Steuerbord-
motor Feuer – in dem Moment, als wir das grüne Lichtsignal
zum Absprung sahen. Es war etwa 2:20 Uhr. Ich sprang mit
Alderton ab und beobachtete einen verfolgenden deutschen
Jagdflieger, der auf unsere C-47 schoß..."
Die Dakota wurde kurz darauf abgeschossen.

Es war 2:35 Uhr, als Unteroffizier Escher und seine vier
Soldaten wieder die Kirche erreicht hatten. Zum größten
Erstaunen der kleinen Gruppe hing am Glockenturm ein
Fallschirmjäger mit seinem Fallschirm. Der Schirm hatte sich
offensichtlich an einer der beiden steinernen Balustraden
verfangen. Doch der Fallschirmjäger war keineswegs tot oder
verwundet. Als er aber die deutschen Soldaten kommen sah,
hatte er sich vorsichtshalber tot gestellt...

Aus Sorge, angesichts der in der Nähe der Kirche gelandeten Fallschirmjäger, durch einen Schuß ihre Anwesenheit auf
dem Glockenturm zu verraten, hatten die beiden Beobachter,
Heinz Sprangfeld und Rudolf May, lediglich dem Treiben rings
um sie herum zugesehen. Sie hockten zusammengekauert,
unauffällig und tatenlos hinter der Balustrade. Rudi Escher
und seine Soldaten glaubten, daß der am Turm hängende
Amerikaner tot wäre.

Inzwischen traf bei ihnen die 2. Gruppe ihres Zugs ein, jene
des Unteroffiziers Schmitz mit seinen sieben Soldaten – obwohl ihr Befehl gelautet hatte, sich im Fall eines beginnenden
Angriffs bei einer anderen Einheit in Amfreville zu melden. Auf
ihrem Weg vom zwei Kilometer entfernten Bahnübergang bis
zur Kirche hatten sie befürchtet, von den Fallschirmjägern,
die sie in ihrer Nähe hatten landen sehen, beschossen zu
werden. Als sich dann die insgesamt fünfzehn Soldaten auf
dem Kirchplatz umsahen, bemerkten sie im Dunkeln, daß in
einigen der Bäume am und auf dem Platz verlassene Fallschirme hingen; einer lag auf der Straße.

Rudi Escher erzählte: "Es waren nur vier oder fünf Schirme. Ebenso lagen Ausrüstungsgegenstände und Verpflegung
herum, die von meinen Leuten in Augenschein genommen
wurden – Lebensmittel und Tabakwaren. Was wir unbedingt

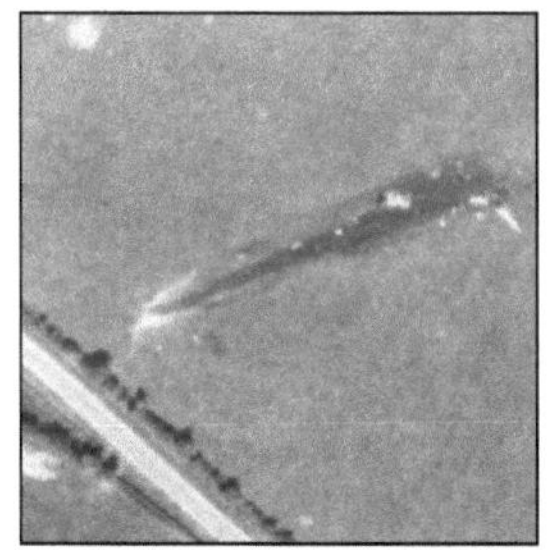

*Absturzstelle einer Dakota C-47
der 101. Airborne Division. Die
Maschine war von der deutschen Flak südöstlich Sainte-
Mère-Église, nahe Fauville
abgeschossen worden und
direkt neben der Nationalstraße
13 eingeschlagen. Niemand
überlebte den Absturz.*
Foto: US National Archives

*Unteroffizier George Leidenhei-
mer, Fallschirmjäger des 507.
PIR.*
Foto: Kollektion George Leidenheimer

benötigten, verteilten sie untereinander, obwohl ich das nicht befürwortet hatte. Die amerikanischen Soldaten waren hier genau in jener Zeit gelandet, als ich mich mit meinen Leuten
außerhalb des Ortes befand. Von ihnen war nun nichts mehr zu sehen."

Die beiden Soldaten-Gruppen standen einige Zeit lang im Dunkeln ratlos auf dem Kirchplatz und berieten, wie man sich nun weiterhin zu verhalten hätte. Die Telefonleitung
vom Glockenturm zur Vermittlungsstelle war zerrissen worden; wie Rudi Escher meinte,
"war vermutlich ein Fallschirmjäger direkt darauf gelandet". Da fiel plötzlich von irgendwo
aus der Dunkelheit ein einzelner Schuß – und der 19-jährige Grenadier Alfons Jakl brach

unmittelbar neben seinem Unteroffizier tot zusammen. Er hatte einen direkten Herzschuß erhalten.

Keiner der erschreckten deutschen Soldaten wußte, wer geschossen hatte und woher der Schuß gekommen war. Sie standen mit ihren Gewehren in den Händen und blickten in alle Richtungen, doch konnten sie niemanden sehen. Rudi Escher vermutete: "Es könnte ein französischer Widerstandskämpfer, ein US-Soldat oder sogar einer von der Flak-Instandsetzungstruppe gewesen sein, der uns im Dunkeln mit den Feinden verwechselt hat..."

Unteroffizier Schmitz kniete sich zu dem Toten nieder und nahm ihm die Erkennungsmarke ab. *(Der Gruppenführer beging allerdings den Fehler, die ganze Marke an sich zu nehmen. Es ist aber üblich, sie in der Mitte und an ihrer Perforation durchzubrechen und eine Hälfte an dem Band zu belassen, das eben deswegen jeder Soldat am Hals trägt. So konnte Alfons Jakl später nicht mehr identifiziert werden. Er ruht heute auf dem deutschen Soldatenfriedhof Orglandes – als unbekannter Soldat. Seine Eltern erfuhren erst 1953 vom Roten Kreuz, daß ihr Sohn gefallen war.)*

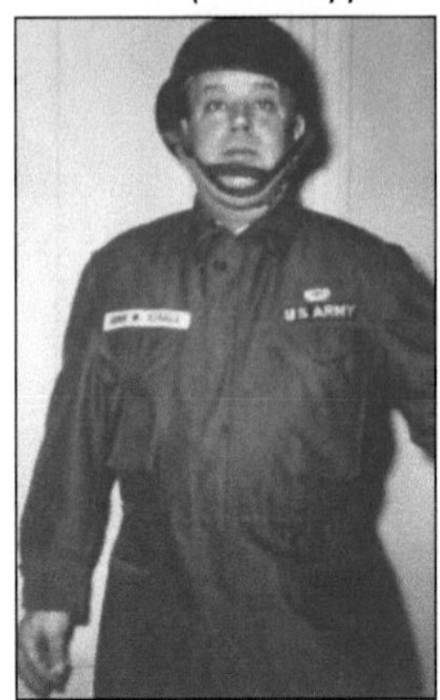

Betreffs Marvin John Steele wird in einigen Publikationen behauptet, daß ihn deutsche Soldaten gefangengenommen und hernach seine Kameraden ihn wieder befreit hätten. Tatsache ist jedoch, daß er gegen 3:45 Uhr von seinen Landsleuten unverwundet vom Turm abgeseilt wurde.
Fotos: US National Archives

Escher schilderte die Situation nach dem tödlichen Schuß auf seinen Kameraden: "Für uns war es ein harter Schlag, und wir fragten uns, wer wohl der Nächste wäre, denn überall in der weiteren Umgebung wurde nun geschossen."

Major Edward Krause hatte indessen mit seinen beiden Trupps den nördlichen Stadtrand von Sainte-Mère-Église auf der Hauptstraße nach Montebourg erreicht. Er ließ nun sechs Gruppen aus seinen 108 Männern herausnehmen und befahl, daß sie die Stadt umgehen und die drei Zufahrtsstraßen nach Osten, Süden und Westen abriegeln sollten. Zu diesem Zweck waren einige der Fallschirmjäger des Bataillons zusätzlich zu ihrer Ausrüstung mit einer Panzermine abgesprungen.

Zu einer der später folgenden Angriffswellen, die sich in Großbritannien zu ihrem Einsatz fertig machten, gehörte auch William Tucker, der bereits in seiner Transportmaschine saß: "Wir wußten nicht, was uns in dieser Nacht noch widerfahren würde; alles war unbekannt... Die Männer im Flugzeug schwiegen. Einige hatten die Augen geschlossen, andere waren luftkrank – wie immer. Meinen Kopf ans seitliche Fenster gelehnt, beobachtete ich unseren Start. Die Pisten waren mit unzähligen Flugzeugen bedeckt, und die Reihen der Soldaten kamen nur langsam in Richtung ihrer Maschinen voran. Auf ihren Schultern trugen sie Ausrüstungen, die bis zu fünfzig Kilo wogen. Wenn wir an den anderen Maschinen vorbeirollten, erschien das Geräusch der Motoren so, als bewege man sich durch eine Drehtür. Auf beiden Seiten der Piste standen in drei Reihen hintereinander das Bodenpersonal der Royal Air Force und der US Air Force, das weibliche Hilfspersonal, die vielen Arbeiter und das Küchenpersonal. Sie betrachteten die Flugzeuge mit großem Ernst, ohne Bewegung – und sie salutierten alle. Es erschien wie ein Gebet, so als gaben sie uns ihren Segen mit auf den Weg...

Ich dachte an die Rede, die uns General Ridgway einige Tage zuvor gehalten hatte: *Sie alle werden bald ein Teil eines Unternehmens sein, das in seiner Art voller Geschichte und Menschlichkeit sein wird. Sie gehen vielleicht nicht sofort, aber eines Tages ganz sicher. Sie werden ein Teil der ersten Soldaten der Landung sein, der größten Invasion der Geschichte. Und ich versichere Ihnen, Sie werden siegreich sein. Tun Sie Ihr Bestes, ich werde das meine tun. Gott sei mit jedem von Ihnen!*

Wir hatten alle großen Respekt vor Ridgway, und er hatte uns begeistert. Jeder von uns gehörte in dieses historische Räderwerk. Ich hatte als 20-jähriger ja schon Kampferfahrung aus Nord-Afrika und Sizilien mitgebracht, aber ich setzte voraus, das dieses hier ein ganz großes Ding wird.''

Nun näherte sich auch das Flugzeug mit Bill Tucker der Normandie...

Während sich bereits 30 Kilometer vor der normannischen Küste die größte Schiffsarmada aller Zeiten sammelte und jeden Augenblick mehr und mehr Soldaten der Alliierten aus der Luft auf nordfranzösischen Boden herabschwebten, war man sich um 2:40 Uhr, exakt drei Stunden nach Beginn des Angriffs und bereits während heftiger Kampfhandlungen, in den höchsten deutschen Stäben noch immer nicht einig, ob dieses der Beginn einer Invasion war, oder nicht. Nach Ansicht des Oberbefehlshaber West handelte es sich nicht um eine Großaktion. Doch der Generalstabschef des A.O.K. 7 erwiderte am Telefon, *daß im Bereich LXXXIV. Armeekorps an den Engstellen bereits eine Anzahl amerikanischer und englischer Gefangener gemacht wurden. Außerdem lassen Landungen in Tiefe des Korpsbereichs auf große Aktionen schließen...*

Um 2:45 Uhr ging beim Seekommando Normandie eine Meldung aus dem Gefechtsstand der Flak 152 im Fort des Roule in Cherbourg ein: *Sehr viele Maschinen nordwestlich Cherbourg, zirka 50 Kilometer etwa 300 Maschinen.*

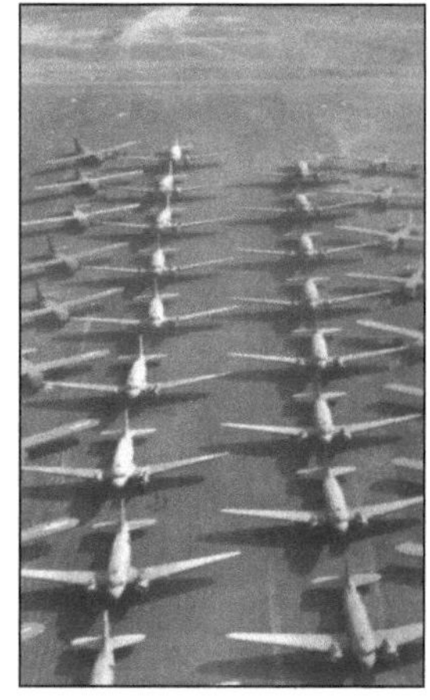

Ein Militärflugplatz in Großbritannien: Douglas-Maschinen warten auf ihren Start zur nächsten Angriffswelle, um die mittels dünner Stahltrossen angehängten Lastensegler bis zur Normandie zu ziehen. Durch den Wind rissen jedoch etliche der Segler von den langen Trossen ab und stürzten in den Ärmelkanal. Um dieses Risiko zu verringern, flogen sie die Cotentin-Halbinsel direkt von Nordosten an – im Gegensatz zu den Truppentransportflugzeugen. Über ihrem jeweiligen Zielgebiet ausgeklinkt, mußten die Segler-Piloten allein in der Dunkelheit einen geeigneten Landeplatz in der Heckenlandschaft finden...
Foto: US National Archives

Bill Sullivan hatte inzwischen seinen ziellosen Weg fortgesetzt: "Ich hatte die ganze Zeit lang außer dem einen Kameraden niemanden sonst gesehen, keinen Deutschen, keinen Franzosen – nur die Bocage und den Sanitäter... Ich dachte, daß das ein komischer Krieg ist; ich habe überhaupt keinen Sinn darin gesehen. Aber welcher Krieg hat schon einen Sinn...?"

Nach einiger Zeit stieß Sullivan auf eine schmale Straße. Der Unteroffizier hörte ein Pferd kommen: "Dieses Pferd zog einen Wagen, und ich konnte frischen Kaffee riechen. Aber mir war nicht nach Kaffee; so ließ ich ihn vorbeifahren. Auf dem Wagen habe ich schemenhaft irgendeine Person gesehen..."

Nachdem Pferd und Wagen wieder in der Dunkelheit verschwunden waren, ging Bill Sullivan weiter. Über seine Situation sagte er: "Es war da wohl irgendwo Krieg, aber ich hatte bis dahin etwas anderes erlebt..."

Die Masse der amerikanischen Fallschirmjäger war nach 2:15 Uhr abgesprungen. Die meisten Zielverfehlungen erlebten die Soldaten des 507. und 508. Regiments der 82. Division und der 502. der 101. Division. Die Hälfte aller Männer kam in falschen Gebieten herunter – bis zu 16 Kilometer vom Zentrum ihres geplanten Absprunggebiets. Trotz des bestehenden Schießverbots begannen überall in den Absprungzonen und Luftlanderäumen die deutschen Flak-Batterien in den Himmel zu feuern. Die Maschinengewehre hämmerten in die Finsternis, in der man die hinabgetauchten Fallschirmjäger vermutete. So wie in den 80 Kilometer entfernten britisch-kanadischen Gebieten spielten sich auch auf der Cotentin-Halbinsel, in den amerikanischen Luftlanderäumen, dramatische Szenen ab. Herabpendelnde Fallschirmjäger fielen in die hohen Bäume und dichten Hecken, verhakten sich an den Ästen und zwischen den Zweigen. Manche Männer hingen kopfüber aus dem Laub. Von ihren schweren Ausrüstungen gezogen, waren sie in ihren Gurten fast bewegungsunfähig. Viele Fallschirmjäger sprangen direkt in die Überschwemmungsgebiete. Etliche Flugzeuge rasten, von Granaten getroffen, mit überdrehten, heulenden Motoren und noch voll besetzt zu den Äckern und Wiesen hinab – und wurden zu gleißenden Feuerbällen. Aus den offenen Luken der nachfolgenden Maschinen konnten die Fallschirmjäger die Leuchtspur der leichten Fliegerabwehrkanonen zu sich herauffliegen sehen, und am Boden die unentwegt kreuz und quer zuckenden Lichtstreifen der Maschinengewehr-Leuchtspurgeschosse. Den Fallschirmjägern war klar, daß sie auf jeden Fall versuchen mußten, in jenen dunklen Bereichen herunter zu kommen, in denen keine feindlichen Waffen feuerten. Aber nicht selten waren gerade dort jene großflächigen Terrains, die Rommel hatte mit aus dem Boden aufragenden Baumstämmen gegen Landungen aus der Luft sichern lassen – sofern sie nicht überflutet waren...

Den Fallschirmjägern der 101. Division erging es nur wenig besser als ihren Kameraden von der 82. Zwar kam die Masse der Soldaten relativ nahe bei ihren Absprungzonen A, C und D herunter, doch gab es auch bei ihnen viele, die ebenfalls sehr weit von ihren Zielgebieten entfernt landeten – auch im Sumpf jenes nahe des als *Utah* benannten geplanten Landestrandes. Viele Fallschirmjäger beider Luftlandedivisionen kamen in der Merderet-Todesfalle herunter. Durchnäßt, desorientiert, ohne Kontakt zueinander und verängstigt irrten jene, die sich aus dem Sumpf und dem Wasser hatten retten können, durch die Nacht. Viele waren von ihren schweren Ausrüstungen ins Wasser hinabgezogen worden und ertrunken, weil sie sich im Dunkeln in den Seilen oder ihrem Fallschirm selbst verfangen hatten. Einige der Piloten, die irgendwann feststellten, daß sie über ihre Zielgebiete hinausgeflogen waren, kehrten um und ließen ihre Fallschirmjäger auf dem Rückweg abspringen – ein höchst gefährliches Unternehmen... Andere Piloten vergaßen in ihrer Aufregung, die Geschwindigkeit ihrer DC-47 zu drosseln. So wurde vielen der aussteigenden Fallschirmjäger bei 240 km/h ihre Ausrüstung von den Körpern gerissen und sie stürzten im freien Fall in die Tiefe... Jene, die der Absturz durch irgend einen Umstand überlebten, lagen schwerverletzt am Erdboden.

In den mehr als achtzig Quadratkilometer bedeckenden Überschwemmungsgebieten am Merderet und der Douve ertranken viele Fallschirmjäger der Amerikaner – hauptsächlich wegen ihrer schweren Ausrüstung, den Untiefen durch die für sie unsichtbare Abwassergräben, Panik und dem Umstand, daß manche Soldaten gar nicht schwimmen konnten. Außerdem waren sie in dem kalten Wasser mit dem morastigen Untergrund nur beschränkt bewegungsfähig und somit ein gutes Ziel für die deutschen Soldaten...

Die *Höhe 30* war als eine der Sammelstellen der Soldaten des 508. PIR vorgesehen. Es war eine sanfte Geländeanhöhe, 1.300 Meter westlich zwischen La Fière und Chef-du-Pont, direkt auf der westlichen Seite des Überschwemmungsgebiets gelegen. Dieser im Juni 1944 mit blühen den Apfelbäumen bestandene Hügel befindet sich 1.200 Meter südwestlich der für das 508. PIR vorgesehenen Absprungzone *N*, nahe der kleinen Ortschaft Picauville.

Oberstleutnant Thomas J. B. Shanley, der Kommandeur des 2./508. PIR, hatte den Auftrag, mit seinem Bataillon zu der von hier aus noch drei Kilometer in südliche Richtung entfernten Douve-Brücke zu marschieren und diese zu zerstören. Es sollte somit verhindert werden, daß von Süden aus darüber vorstoßende deutsche Truppen den ins Zentrum des Cotentin drängenden Amerikanern in die Flanke fallen konnten. Shanley war genau auf diese Anhöhe abgesprungen – ohne sich jedoch im Klaren darüber zu sein, wo er war. Unmittelbar nach der

Oberstleutnant Thomas J. B. Shanley, Kommandeur des 2. Bataillons des 508. PIR.
Foto: US National Archives

Landung traf er bereits acht seiner Soldaten, und nachdem man die Signallampe in einem alleinstehenden Baum aufgehängt hatte, fanden sich innerhalb weniger Minuten noch weitere 27 Fallschirmjäger bei Shanley ein. Seine ersten acht Männer ließ der Oberstleutnant rund um die Anhöhe in Stellung gehen, die anderen sandte er in verschiedene Richtungen aus, um noch weitere Kameraden zu finden. So vergrößerte sich Shanleys Truppe schon innerhalb der ersten Stunde deutlich. In den abgeworfenen Versorgungs- und Nachschub-Containern fanden die Fallschirmjäger allerdings als schwerste Waffe lediglich ein einziges Maschinengewehr. Da näherte sich eine DC-47 mit einem Lastensegler im Schlepp. Doch das Flugzeug wurde von einer nahen, am Ortsrand von Picauville stationierten Flak-Batterie beschossen und explodierte direkt über Shanley und seinen Männern. Eilig verfolgten sie den schnell herabgleitenden Lastensegler. Als sie ihn am Rand eines nahen Ackers, halb in einer hohen Hecke steckend, fanden, hofften die Fallschirmjäger auf schwere Waffen oder weitere Soldaten – doch in dem Segler befanden sich lediglich ein verletzter Pilot und ein sogenannter Baby-Bulldozer.

Nun kehrte eine von Shanleys Patrouillen zurück und meldete, daß die Ortschaft in der Nähe Picauville sei. Nach einem Vergleich auf seiner Landkarte wurde sich Shanley nun bewußt, wo er sich befand. Außerdem fand man in zwei weiteren Containern eine Bazooka und ein Funkgerät.

In Picauville lagen indessen drei deutsche Infanterie-Kompanien des Grenadier-Regiments 1057 und ein Teil des 100. Panzer-Ersatzbataillons mit fünf mittelschweren französischen Beute-Panzern. *(Obwohl vom Einflug der DC-47 mit dem Lastensegler im Schlepp alarmiert, unternahmen die bei Picauville stationierten deutschen Truppen bis zum Anbruch des Tages nichts...)*

Oberleutnant Hugo V. Olsen hatte indessen mehr als einhundert Soldaten zusammengesucht und war mit ihnen zu Brigadegeneral Gavin zurückgekehrt. Die meisten der Männer gehörten zum 507. PIR, außer einer kleinen Gruppe des 508. *(Abgesehen von der vorstehend erwähnten kleinen Gruppe, hatte sich das 507. Regiment nach seinem Absprung annähernd vollständig aufgelöst, da es fast ausnahmslos im sumpfigen Überschwemmungsgebiet gelandet war, und konnte als zusammenhängender Kampfverband erst am 10. Juni eingesetzt werden. Die geplante Absprungzone hatte sich einen Kilometer nördlich Amfreville befunden, aber nur eine einzige kleine Aufklärergruppe hatte dieses Ziel erreicht, war jedoch nach kurzer Zeit weitergezogen, weil keine weiteren Soldaten eingetroffen waren...)* Auf der anderen Seite des Sumpfgeländes konnten sie nun rote und blaue Lichter sehen – die Signallampen des 507. und 508. Regiments. So erteilte der General seinem Adjutanten den Befehl, das Überschwemmungsgebiet zu durchqueren und Kontakt mit den Männern auf der anderen Seite aufzunehmen und ihm dann Meldung zu erstatten...

Wegen des großflächigen Hochwassers des Merderets hatten indessen die anderen überlebenden Fallschirmjäger, Männer, die zu Gavins Division gehörten, die nächste Geländeanhöhe erstiegen – entgegen der wichtigen Faustregel, auf unbekanntem Terrain den Flußläufen zu folgen, um sich in den Niederungen wieder zu sammeln. Nun standen die völlig durchnäßten Soldaten genau auf jenem Bahndamm, auf dem die zweigleisige Bahnstrecke Carentan-Cherbourg verlief. Die meisten der Männer kannten sich nicht.

Dunkelheit und Konfusion

Unteroffizier Rudi Escher hatte mit seinen und den Soldaten der 2. Gruppe bisher noch immer tatenlos auf dem Kirchplatz in Sainte-Mère-Église herumgestanden: "Inzwischen war es fast 3:00 Uhr, und wir beschlossen nun, die Stadt zu verlassen, denn es hat sich am Kirchplatz nichts mehr ereignet. Der Amerikaner, der da oben hing, der hat sich die ganze Zeit lang nicht gerührt. Da war für uns die Sache erledigt.

Ich ließ meine zwei Posten vom Turm kommen. Wir selbst waren nicht noch einmal oben gewesen, und so blieben viele Gegenstände wie Decken, Mäntel, Gasmasken und sonstige Dinge von uns zurück. Wir hatten wegen der bewegenden Ereignisse gar nicht mehr an unsere Sachen gedacht. Wir verließen nun den Kirchplatz. Unseren toten Kameraden mußten wir schweren Herzens zurücklassen und begaben uns, nach allen Seiten sichernd, zu den Fahrrädern im Schuppen. Vom Schuppen aus fuhren wir dann, zusammen mit der 2. Gruppe, zu unserer Kampfgruppe zurück – in einer Reihe hintereinander und in großen Abständen zueinander, und weiterhin ständig nach allen Seiten sichernd. Mit klopfendem Herzen und der Angst, jeden Moment beschossen zu werden, erreichten wir dann wieder unsere provisorische Stellung bei Fauville."

Der Abzug der beiden kleinen Soldatengruppen der Stabskompanie wurde von einigen in der Nähe befindlichen US-Fallschirmjägern beobachtet. Selbst verängstigt, hockten sie zusammengekauert im Schatten einiger Hauseingänge und vermieden es, sich durch Schießen zu verraten. Es war ihnen ohnehin gesagt worden, innerhalb der ersten Stunden möglichst keinen Gebrauch von ihren Schußwaffen zu machen, sie sollten besser ihre Kampfmesser benutzen, außerdem vorerst Hausdurchsuchungen unterlassen. Die Amerikaner hatten nicht gewußt, daß sich nur so wenige Deutsche in der Stadt befanden.

Bereits seit dem späten Abend des 5. Juni war Heinrich Spieles' Einheit in Alarmbereitschaft versetzt worden. Um 3:00 Uhr beobachtete er bei Saint Cyr den Himmel: "Wir sahen eine Menge Suchscheinwerfer am Himmel, hörten die starken Bombardements und das ständige Schießen der Flak. Wir waren alle sehr aufgeregt, denn wir wußten, daß der Krieg nun auch hier war..."

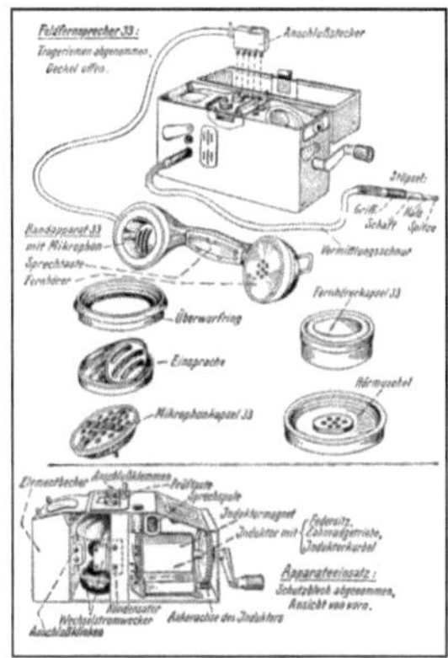

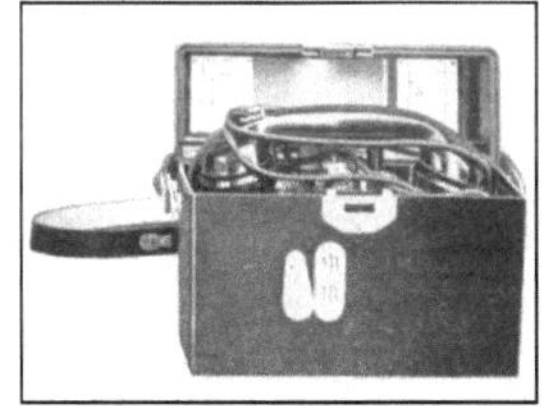

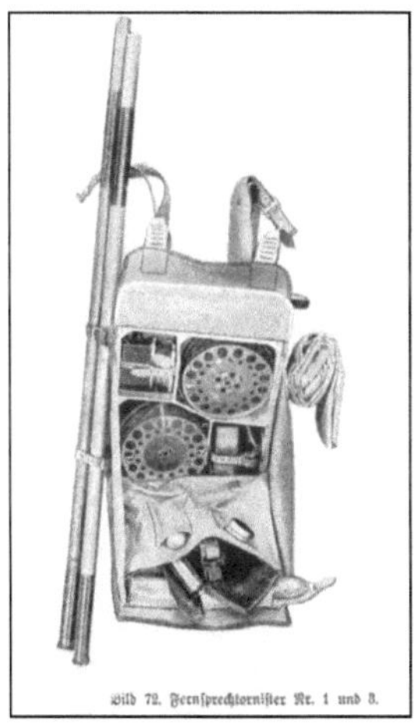

Feldfernsprecher und Feldfernsprecher-Tornister.
Abbildungen: Archiv von Keusgen

Heinrich Spieles wurde für eine Nachhut-Gruppe von zehn Soldaten eingeteilt, "und wir zogen dann los, mit etlichen Fernsprechern, aber ohne Funkgeräte..."

Infolge der Masse inzwischen gelandeter Fallschirmjäger, die in einem Radius von mehr als dreißig Kilometer verstreut herunterkamen, waren Hunderte kleiner Feuergefechte in der unwegsamen Heckenlandschaft ausgebrochen. Fallschirmjäger und Lastensegler wurden häufig bereits vor ihrer Landung von vereinzelten deutschen Posten oder Soldatengruppen beschossen...

In der von Tausenden Bäumen durchzogenen normannischen Landschaft war für die US-Fallschirmjäger die Wahrscheinlichkeit, in Bäumen zu landen, sehr groß. Derartige Landungen bargen auch gleich mehrere Risiken: Verletzungen durch Äste und Zweige; erhebliche Schwierigkeiten beim Abgurten und Absteigen – wenn nicht sogar unmöglich; ein gleichermaßen auffälliges wie wehrloses Ziel darstellend sowie die Gefahr des Auslösens der mitgeführten Handgranaten infolge des Herausreißens der Abzugringe durch Zweige...
Foto: US National Archives

Um 3:20 Uhr sah William Tucker durch das kleine Fenster des Transportfluzeugs neben sich auf die Bahnlinie nahe Sainte-Mère-Église herab: "Da war eine Bahnlinie – und sonst nur Wasser und Sumpf..."

Bill Tucker gehörte auch zu jenen Soldaten, die Sainte-Mère-Église einnehmen sollten. Sein *(Verstärkungs-)*Zug bestand aus 45 Männern. Er berichtete: "Wir waren durch die Wolken hindurch und wurden im Flugzeug heftig geschüttelt. Ich konnte auch die Sterne sehen, und unter uns die anderen Flugzeuge. Ich hatte Angst vor einem Zusammenstoß. Dann bekamen wir den Befehl, uns zu erheben und uns einzuklinken. Das Schütteln des Flugzeugs war schrecklich und hörte nicht auf. Durch die geöffnete Tür sahen wir vorbeijagende, wie wild geworden wirkende Wolken. Jemand rief, *go!* Mein Kamerad vor mir, Larry Leonard, drehte sich schnell noch einmal zu mir um und schrie im Lärm der Motoren: *Wir werden für diesen Job nicht gut genug bezahlt!* Dann tauchte er ab.

Ich sah das Schießen der Flak und der Maschinengewehre. Es waren sehr viele, und mich beschlich die Angst. Aber dann dachte man nicht mehr; man wußte, daß man eine Aufgabe hatte. Jetzt stand ich in der Tür, mußte springen, da hörte ich einen Kameraden hinter mir sagen: *Jesus Christus, was haben wir doch für einen beschissenen Job...*

Ich hatte niemals für das Fallschirmspringen geschwärmt, aber ich habe es getan, weil ich es auch können wollte, so wie die anderen. Es war nicht meine Sache, ich hatte immer Angst, aber ich bin gesprungen.

Nun hing ich in der Nacht und konnte die Feuerstöße hören und die Geschosse zu uns aufsteigen sehen... Ein Typ in meiner Nähe rief: *Scheiße, ich bin getroffen...!*"

Tucker kam am östlichen Ortsrand von Sainte-Mère-Église herunter – im Haule-Park. Tuckers Aufprall bei der Landung war hart.

"Ich räumte meinen Fallschirm zur Seite und nahm mein Gewehr", schilderte Tucker die ersten Momente am Erdboden, "dann kam jemand im Dunkeln auf mich zu gelaufen. Er nannte nicht unsere Parole, und so schoß ich auf ihn. Da rief er, *Flash! (Blitz!)*

Aber es mußte heißen, *Lightning (dieselbe Bedeutung)*. Er hatte es verwechselt. Dann erkannte ich meinen Kameraden Larry Leonard..."

Die beiden Fallschirmjäger hatten Sorge, daß es jeden Moment zu einem Angriff deutscher Soldaten gegen sie kommen würde und wollten sich deswegen schnell mit anderen Kameraden zusammenfinden. Plötzlich wurden sie von einem Maschinengewehr mit einigen Feuerstößen beschossen, das im hinteren Bereich des Parks stand, bereits außerhalb der Ortschaft.

Bill Tucker beschrieb diesen Augenblick: "Es war ein unglaublicher Lärm; das Schießen, dessen Schütze dort hinten im Dunkeln nicht auszumachen war, das Dröhnen der vielen C-47, die sehr niedrig über uns hinweg flogen, dazu überall das Klappern der metallenen Klicker, die man uns mitgegeben hatte."

Die beiden Fallschirmjäger liefen aus der Schußlinie, dann gingen sie vorsichtig zur Ortsmitte. Unterwegs begegneten sie nach und nach immer mehr ihrer Kameraden...

Indessen waren Rudi Escher und seine Kameraden wieder beim Château de Fauville eingetroffen und erstatteten ihren Vorgesetzten im Gefechtsstand ausführlich Meldung. Auch

Leutnant Hans-Eberhard von Cube (Bildmitte) war Zugführer des Radfahrzugs des Stabes des Fallschirmjäger-Regiments 6 (hier im März 1944 mit seinen Soldaten auf dem Drachenfels am Rhein).
Foto: Kollektion Brigitte von Cube

rieten die von den Ereignissen der letzten drei Stunden emotional stark bewegten Männer, schnellstens zu einem Gegenstoß in Sainte-Mère-Église anzutreten. Rudolf May sagte über die Reaktion ihrer Offiziere: "Aber diese Herren dachten gar nicht daran, sich von ihren sicheren Kommandoposten nach draußen zu bewegen. Man befahl uns lediglich, wieder unsere kleine Stellung im nahen Hohlweg zu beziehen..."

Zu dieser Zeit weckten die Wachtposten der 6. Kompanie des II. Bataillons des Fallschirmjäger-Regiments 6 23 Kilometer südwestlich Sainte-Mère-Église ihre Kameraden. Als Bruno Hinz aufwachte, hörte er "ein furchtbares Brummen in der Luft. Kurz darauf mußten wir in ungeordneter Reihenfolge in Richtung Nordost abmarschieren – ich mit meinem MG 42 und einem Munitionsträger. Wir hatten an dem Maschinengewehr und vier Kästen mit Munition schwer zu tragen und mußten ein schreckliches Gelände durchqueren, durch dichte Hecken kriechen und durch schmale Hohlwege gehen. Vor uns flatterten in den breiten Lichtkegeln der Flak-Suchscheinwerfer etliche amerikanische Fallschirmjäger herunter. Unsere Gruppe bestand nur aus zwölf Leuten, und die Fallschirme kamen immer näher... Wir konnten sie gut erkennen, denn es war Vollmond, zwar stellenweise etwas bewölkt, aber hell...

Dann eröffneten die Männer meiner Gruppe das Feuer aus ihren Maschinenpistolen. Ich legte mein Maschinengewehr auf die Schulter meines Munitionsträgers und begann ebenfalls auf die herabschwebenden Fallschirmjäger zu schießen. Dann landeten sie in der Dunkelheit. Einige verfingen sich in den hohen Bäumen, ganz in unserer Nähe. Wir konnten das Knacken der Äste hören..."

Der 18-jährige Karl-Heinz Mayer war Obergefreiter in der 3. Kompanie des I. Bataillons, die bei la Moulinière lag, nur wenige Kilometer nord-westlich von Périers. Er berichtete: "Es

Der Obergefreite Karl-Heinz Mayer gehörte zur 3. Kompanie des I. Bataillons des Fallschirm-jäger-Regiments 6.
Foto: Kollektion Karl-Heinz Mayer

war im allerersten Morgengrauen, als wir plötzlich Schüsse hörten. Wir sind aus unserem Zelt 'raus und in die Hosen gesprungen. Irgendwo wurde *Alarm! Alarm!* gerufen. Da kam ein Ami-Fallschirmjäger-Offizier direkt vor uns 'runter – fünf Meter vor mir. Als er unten war, hat er sofort mit seiner Maschinenpistole auf unseren Wachtposten geschossen, aber nur dessen Hosentasche an der Seite gestreift. Der Posten schoß aus der Hüfte zurück und traf den Amerikaner in den Hals – in die Schlagader...

Wir konnten die vielen Flugzeuge hören, und nun wußten wir auch, was los war... Als wir den Amerikaner dann begraben wollten, stellten wir fest, daß seine Taschen vollgestopft waren mit Zigaretten, Kaugummi und allerhand mehr. Er war auch gut bewaffnet. In seiner Brieftasche habe ich ein Foto gefunden – ein Foto von einer Frau mit zwei Kindern... Dann rückte die ganze Truppe ab. Nur ich mußte als Nachhut allein zurückbleiben..."

Der 19-jährige Gefreite Max Neusser gehörte zum Radfahrzug des Regimentsstabs: "Wir lagen direkt in Périers, in einem Haus, in dem sich die Verwaltung des Fallschirmjäger-Regiments 6 befand. Da bekamen wir einen Telefonanruf vom Regimentskommandeur von der Heydte, der befahl, in Richtung Carentan abzurücken. Die amerikanischen Fallschirmjäger landeten nun überall, in den Straßen, auf den Dächern und in den Bäumen...

Zuerst ist ein Kradmelder von uns losgefahren. Aber der ist weit gekommen, nur zwanzig Meter, da war er schon erschossen worden – von einem Baum herab... Wir hatten vorher im Dunkeln nicht sehen können, daß sie da oben in den Bäumen hingen. Dann hat sich unser ganzer Radfahrzug in Bewegung gesetzt – sechzig Mann..."

Der bisher noch immer einsam durch die Nacht ziehende Bill Sullivan entdeckte überraschend fünf Personen, die sich auffällig langsam durch das Gelände bewegten... Sullivan erschrak, aber beim Näherkommen erkannte er, daß es sich nicht nur um amerikanische Fallschirmjäger handelte, sondern auch noch um Männer seines eigenen Regiments – den Kompaniechef, einen Leutnant, einen Feldwebel und zwei Soldaten: "In dieser Gruppe traf ich meinen Feldwebel. Ich mochte ihn nicht und wollte ihn im Leben nicht wiedersehen, und der erste mir bekannte Mensch, den ich in der langen, einsamen Nacht sah, war ausgerechnet dieser Feldwebel. Ich war dennoch froh, ihn in *dieser* Situation wiederzutreffen – welche Ironie. Er war am Bein verletzt. Im Zivilleben war er Cowboy und Ringer gewesen. Der Kompaniechef hatte sich bei seiner Landung am Rücken verletzt und offenbar sehr große Schmerzen. Er konnte sich nur gaaanz langsam bewegen...

Da ich nun der Meinung war, daß diese Leute wußten, wo es entlang ging, schloß ich mich ihnen an, aber es ging wegen der beiden Verletzten nur sehr, sehr langsam voran. Das Vorwärtskommen war ohnehin äußerst schwierig. Wir gingen an hohen, ziemlich dichten Hecken entlang, dann durch sie hindurch, unter Zäune, über Zäune, immer ganz langsam die Hohlwege entlang..."

Während Bill Sullivan mit den anderen fünf Männern seines Regiments im Dunkeln nach ihrer Kompanie suchte, hörten sie irgendwann hinter einer hohen Hecke Geräusche. Der kleine Trupp verharrte, wartete einen Moment lang ab. Dann hörten die Fallschirmjäger einen Pferdewagen kommen. Sullivan erzählte: "Wer auch immer dort hinter der dichten Hecke war, sie konnten uns nicht sehen – und wir sie auch nicht... Mag sein, daß auch sie etwas von uns gehört hatten. So hielten wir uns versteckt... Plötzlich wurde durch die Hecke hindurch mit mehreren Feuerstößen geschossen. Einer unserer Fallschirmjäger wurde im Nacken getroffen... Es ist eigenartig, wenn auf einen geschossen wird, und man weiß nicht, von wem... Ich glaubte, es waren Deutsche – es könnten aber auch Amerikaner gewesen sein... Wir hatten uns ja nicht gesehen, hatten nur die Geräusche gehört. So war der verdammte Krieg..."

In Sainte-Mère-Église hatten Bill Tucker und seine Kameraden den Marktplatz verlassen und wieder den Stadtpark betreten. Da bemerkten sie im Dunkeln einige deutsche Soldaten, die auf der anderen Seite, am Ende des Parks, in offenes Gelände liefen. Es waren die letzten Männer des Flak-Instandsetzungszugs. Oberfeldwebel Kassel hatte seine Soldaten sich durch die Rückseite des Parks aus dem Ort und in unwegsames Gelände absetzen lassen. Die Amerikaner schossen auf die Fliehenden und versuchten, sie zu verfolgen. Tucker sagte dazu: "Dort unter den Bäumen war es schwarz wie in einem Ofen. Es war eine uns völlig ungewohnte Landschaft. Wir kamen aus Boston und kannten keine steilen Böschungen, keine Hohlwege, keine Hecken und tiefe Gräben. Es erfolgten noch ein paar Feuerstöße von einzelnen Schützen. Die Kugeln pfiffen durch die Äste und nahe an uns vorbei..."

Die Amerikaner entschieden vorsichtshalber, wieder zum Marktplatz zurück zu kehren...

Die Kompanie des Grenadier-Regiments 1058, zu der auch der 18-jährige Rolf Deboeser gehörte, rückte zwar seit drei Stunden auf der Nationalstraße 13 in Richtung Sainte-Mère-Église vor, aber nur langsam. Deboeser berichtete: "Auf der Landstraße kamen wir dann an einigen Gehöften vorbei, da wurden wir aus irgendeiner Ecke beschossen, und so war uns natürlich klar, das ist der Ernstfall... Wir hörten auch so ein *Klick-klack*. Anfangs wußten wir damit nichts anzufangen. Aber es ging an vielen Stellen immer wieder *klick-klack*, und nachts hört man doch alles ganz genau. Uns wurde dann langsam klar, daß da irgend etwas war, mit dem sich die Fallschirmjäger verständigten... Als wir das 'rausgefunden hatten, war es für uns kein Problem mehr, sie schnell ausfindig zu machen. Wir haben dann ein Gehöft umstellt, auf dem

Die dichte Heckenlandschaft der Normandie bereitete gleichermaßen amerikanischen wie deutschen Soldaten große Schwierigkeiten – ganz besonders in der Dunkelheit. Hier nutzte ein Infanterist des 325. GIR der 82. Airborne Division eine Hecke als Deckung – aber nur vor den Augen der deutschen Soldaten, nicht vor deren Geschossen.

Foto: US National Archives

Rolf Deboeser marschierte in dieser Nacht mit seiner Kompanie des Grenadier-Regiments 1058 in Richtung auf Sainte-Mère-Église.

Foto: Kollektion Rolf Deboeser

sie sich versteckt hatten. Daraufhin riefen sie auf deutsch: *Kommt her! Kommt her!*

Aber jemand rief auch: *Come on, boys!*

Da war uns klar, daß ein paar Männer dabei waren, die deutsch sprechen konnten... Wir haben uns dann gegenseitig etwas zugerufen, aber niemand hat sich getraut, näher heranzugehen – es war ja so dunkel. Da kann ja einer hundertmal rufen, *komm her!* Und dann komm' ich dahin und der legt mich um..."

Um 3:30 Uhr meldete das LXXXIV. Armeekorps an das A.O.K. 7 *(auszugsweise): Gefechtsstand 91. Luftlandedivision (im Château de Bernaville) von Feind in Stärke von einem Bataillon angesetzt... Verbindung mit Sainte-Mère-Église abgebrochen.*

Leutnant Malcom Brannen, Fallschirmjäger des 508. PIR. hatte eine Bazooka gefunden und näherte sich damit dem Mühlenanwesen der Familie Lagouche...

Foto: US National Archives

Einer der Fallschirmjäger, die in der Nähe des Château de Bernaville heruntergekommen waren, war Leutnant Malcolm Brannen vom 508. PIR. Brannen berichtete: "Ein Gefreiter und ein Soldat folgten mir, und zwei der 307. Pfadfinder gaben von hinten Deckung. Wir kamen an einen Hof, aber wir haben nicht gewagt, dort zu bleiben. So haben wir ihn nur durchquert. Wir fanden dort elektrische Leitungen, die längs der Straße verliefen. Die beiden Pfadfinder sagten, es seien Telefonleitungen, und ich habe sie an verschiedenen Stellen durchschnitten. Einige Meter Kabel habe ich versteckt, damit die Deutschen die Leitung nicht wieder flicken konnten.

Nachdem wir einige Zeit den Hügeln von Nord nach Ost gefolgt waren, beschlossen wir, in Richtung Norden zurück zu gehen. Während unseres Marsches sahen wir mehrere C-47 im Gleitflug über unserer Absprungzone. Wir dachten, wenn die Dinge so laufen wie bei uns, kommt Unterstützung ohne Unterbrechung. Aber wir sahen auch eine C-47 abstürzen, in einiger Entfernung von uns – und wie sie in Flammen aufging...

Als wir weitergingen, stolperten wir über eines mehrerer großer, verlorener Bündel. Einige dieser Pakete waren noch verschlossen, andere geöffnet. Wahrscheinlich waren sie der Inhalt eines Versorgungs-Containers. Wir nahmen eine Bazooka und ein Paket Raketen heraus. Auch fanden wir ein M1-Gewehr in dem Bazooka-Bündel.

Unterhalb des Hügels gingen wir dann immer in Richtung Norden und kamen plötzlich zu zwei Zelten und zwei Motorrädern. Dort war aber niemand. Es gehörte wohl zu irgendwelchen Offizieren der deutschen Armee. Wir haben dann die Reifen der Motorräder durchstochen, so daß sie unbrauchbar wurden.

Beim Überqueren eines weiteren Feldes und einer anderen Straße trafen wir auf einen Leutnant der A-Kompanie des 508. PIR und seinen Funker. Wir waren froh, noch andere Kameraden getroffen zu haben. Wir entschieden, in Richtung eines großen Gehöfts zu gehen, das noch etwa fünfzig Meter entfernt war (*das Mühlenanwesen der Familie Lagouche*)..."

Um 3:35 Uhr meldete der Ic des A.O.K. 7 der Heeresgruppe B *(auszugsweise): Fallschirmjäger-Absprünge westlich Carentan, und südlich Carentan Lastensegler-Landungen. 3:15 Uhr weitere Fallschirmjäger-Absprünge Sainte-Mère-Église, Montebourg; Absprung einer verstärkten Kompanie in Lessay. Schiffsortung 2:15 Uhr nördlich Cherbourg, weitere Schiffsortungen am Cap de la Hague.*

Um 3:42 Uhr meldete der Chef des A.O.K. 7 an den Chef der Heeresgruppe B: *Größere Landungen zu erwarten, ein Bataillon im Angriff, eine Kompanie in Lessay gelandet, außerdem Luftlandungen beiderseits Carentan.*

Brigadegeneral Gavin und seine Soldaten lagen noch immer unter gezieltem deutschen Beschuß, als sein Adjutant, Oberleutnant Olsen, um 3:45 Uhr, zu seinem Kommandeur aus dem Sumpf zurückkehrte. Er meldete ihm, daß sich auf der östlichen, der anderen Seite, ein Bahndamm parallel zum Überschwemmungsgebiet erstreckt, auf dem sich etliche Fallschirmjäger in einigermaßen guter Verfassung zusammengefunden haben. Nun erkannte Gavin, wo er sich

Seit Beginn der ersten Lasten-segler-Landungen war es auch zu ersten schweren Unfällen gekommen. Die Dunkelheit hatte die ohnehin äußerst schwierigen Landemanöver noch deutlich riskanter werden lassen…

Bild links: Wrack eines Horsa-Lastenseglers.
Bild oben: Zerstörter WACO-CG-4A-Segler.
Fotos: US National Archives

befand – nur annähernd einen Kilometer nördlich seiner eigentlichen Absprungzone *T* und auf der richtigen, der westlichen Seite des Merderets. So beschloß der General, jene Männer zurück zu lassen, die infolge ihrer Verwundungen nicht mehr in der Lage waren, sich aus eigener Kraft fortzubewegen. Mit den restlichen, noch fast einhundert Soldaten, wollte er nun das sich für ihn schier endlos lang dahinziehende, stellenweise bis zu sechshundert Meter breite, überflutete Terrain durchwaten, um sich auf der östlichen Seite und am Bahndamm mit den anderen zu vereinen.

Gavin hatte das Glück, an eine Stelle in dem breiten Überschwemmungsgebiet gelangt zu sein, an der das Bachbett des Merderet unter dem durch die Aufstauung angehobenen Wasserspiegel nur wenig tiefer lag, als an den meisten anderen Stellen. Die Wassertiefe betrug *(inklusive des darüber aufgestauten Wassers)* dort nur maximal 1,20 Meter. *(Es gab aber auch einige Bereiche, in denen der Wasserstand bis zu drei Meter erreichte – beispielsweise in der Nähe der Merderet-Brücke bei La Fière).* Langsam und unter ständigem Beschuß wateten die Amerikaner durch das kalte, schmutzige Wasser. Um durch die Mündungsfeuer ihrer Waffen im Dunkeln kein besser zu erkennendes Ziel zu bieten, verzichteten sie auf eine Gegenwehr. Sie stolperten durch die unter der Wasseroberfläche liegenden Entwässerungsgräben und versanken bis zur Brust im unsichtbaren Bachbett des Merderet. Von den Geschossen der Gewehre der deutschen Soldaten getroffen, versanken einige und tauchten nicht mehr auf… Doch Gavin erreichte mit seinen völlig durchnäßten und frierenden Fallschirmjägern die zweispurige Bahnlinie auf der östlichen Seite des Überschwemmungsgebiets. Man folgte nun den Gleisen weiter in südliche Richtung *(siehe Karte Seite 84)*.

Um 4:00 Uhr erfolgte eine Lageorientierung durch den Kommandierenden General des LXXXIV. Armeekorps an den Chef des A.O.K. 7 *(auszugsweise): Im Ganzen vorbereitender Kampf. Zwei Schwerpunkte: Ornemündung und Sainte-Mère-Église durch Fallschirmjäger und Lastensegler... Generalkommando hat Korps-Reserve-Regiment 915 auf linken Flügel 352. Infanterie-Division gezogen, mit Auftrag Verbindung über Carentan herzustellen und halten... Im Großen zeichnet sich Abschnürung der Halbinsel Cotentin ab.*

Besonders gefährdet waren die Piloten in den Cockpits der fragilen Lastensegler ...

Bild unten: Während auf der benachbarten Wiese die Horsa-Segler problemlos landen konnten (im Hintergrund), war der WACO-Glider auf ein größeres Feld geraten, daß man mittels "Rommelspargel" gegen derartige Luftlandeunternehmen gesichert hatte...

Fotos: US National Archives

Um 4:05 Uhr erhielt die weit verstreute 82. Airborne Division Verstärkung durch das Absetzen von 52 Lastenseglern, die von Ramsbury kamen. Es waren Soldaten des 80. AAA *(Airborne Anti Aircraft = Flugabwehr)* Bataillons, der Batterien A und B mit Luftabwehrwaffen, 5,7-cm-Panzerabwehrkanonen, Jeeps, Funkgeräten und Munition. Doch viele der im Dunkeln herabgleitenden Segler rasten beim Landen mit Geschwindigkeiten von 120 km/h bis 160 km/h in die hohen, dunklen Hecken, zerbarsten an dicken Natursteinmauern und zerrissen an den Baumstämmen, die auf den Wiesen und Weiden im Erdboden eingelassen waren.

Doch waren es die trügerischen Überschwemmungsgebiete, die den meisten Lastenseglern zum Verhängnis wurden. Die Piloten in den im Landeanflug begriffenen Gleitern konnten zwar die weitläufigen, glatten Flächen erkennen, hielten sie aber für Wiesen, denn schließlich wuchs dort unten Gras... Tatsächlich handelte es sich jedoch um Ried und lange Binsen, die über die Wasseroberfläche hinausgewachsen waren. Erst als die Lastensegler aufsetzten, erkannten die Piloten ihren Irrtum – zu spät. Die Segler wurden auf der

Wasseroberfläche derart stark gebremst, daß sie sich überschlugen, querstellten und zerbrachen oder direkt im spitzen Winkel schräg ins Wasser hineinrasten und augenblicklich mit ihren Männern und dem Material verschwanden *(einige Lastensegler wurden erst viele Jahre*

später wiedergefunden – selbst bis in die jüngste Zeit). Während der Landungen der Gleiter ereigneten sich viele schwere Unfälle. Soldaten wurden aus den auseinanderbrechenden Rümpfen geschleudert, zwischen dem transportierten Material eingeklemmt, von ihm zerquetscht, oder sie ertranken im Wasser. Das Ziel der 52 Lastensegler war die Landezone O, nahe nördlich der Stadt; jedoch erreichten nur 23 dieses Areal. Drei Amerikaner waren ums Leben gekommen und 23 verletzt.

Oberstleutnant Charles Timmes, der mit seinen zehn Männern noch immer am Rand des Überschwemmungsgebiets dahingezogen war, beobachtete, daß in ihrer Nähe zwei Lastensegler landeten, aus denen zehn weitere Soldaten stiegen. Doch die Segler hatten beim Herabgleiten deutsches Maschinengewehrfeuer auf sich gezogen, und nun mußten auch Timmes und seine Männer zum ersten Mal Deckung suchen.

Die besondere Eigenart der Aktionen der Amerikaner wurde in dieser Nacht im Wesentlichen durch die Charakteristik der Landschaft geprägt. Eine Konzentration der dann aber so verstreut gelandeten US-Truppen wurde hauptsächlich durch die für die Bocage so typischen hohen und dichten Hecken vereitelt, die zum Schutz gegen den ständig von See her wehenden und den Boden austrocknenden Wind sämtliche Felder und Weiden umstanden und die dunklen Hohlwege säumten. Für die Lastensegler stellten sie eine äußerst gefährliche Bedrohung dar, denn die Piloten mußten im steilen Winkel hinter den Bäumen herunterstoßen und auf relativ kurzen Flächen möglichst schnell landen, um nicht am näch-

US-Soldaten versuchten, einen Jeep aus einem havarierten WACO-Segler zu bergen.

Wegen der dichten, hohen Bäume und infolge der zu kurzen Landestrecken sowie eines folglich viel zu steilen Landeanflugs hatte sich dieser Horsa-Segler überschlagen. Dabei waren die zweiköpfige Crew und sechs Infanteristen ums Leben gekommen.

Fotos: US National Archives

sten Rain zu zerschellen. Sie behinderten außerdem die Sicht und erstickten weitgehend alle Geräusche. Massen von Soldaten zogen in dieser Nacht nahe aneinander vorbei, ohne voneinander Kenntnis zu nehmen – auch feindliche Soldaten. Der Radius, in dem sich Gavin, Lindquist, Wisner und Timmes bewegten, betrug teilweise weniger als 1.200 Meter...

Lange hatten Oberstleutnant Timmes und die anderen zehn Amerikaner im Maschinengewehrbeschuß gelegen. Erst als er plötzlich endete, konnten sie ihren Weg fortsetzen und hatten kurz vor dem Morgengrauen die kleine Siedlung Cauquigny erreicht. Erstaunt waren die Amerikaner, daß sie, auch nachdem es hell geworden war, keinen einzigen deutschen Soldaten sehen konnten, obwohl Cauquignys nahes Umfeld für sie den westlichen Brückenkopf an der strategisch so wichtigen La-Fière-Brücke bildete. Statt dessen tönte Gefechtslärm aus der Nähe des eineinhalb Kilometer entfernten Amfreville herüber. Timmes handelte nach dem Grundprinzip des Soldaten, dem Gefechtslärm zu folgen, und trieb seine Männer an, sich zu beeilen. Doch statt den westlichen Brückenkopf am Merderet nun selbst zu besetzen, entfernten sie sich von ihm – ein fataler Fehler, der noch folgenschwere Konsequenzen haben sollte...

Der Tod eines Generals

Leutnant Malcom Brannen
Foto: US National Archives

Generalleutnant Wilhelm Falley war auf seinem Weg nach Rennes durch die endlos einfliegenden Maschinen der Alliierten äußerst beunruhigt. Bereits um 1:00 Uhr hatte er seinen Fahrer, den Gefreiten Vogt, angewiesen, wieder umzukehren und ihn und Bartuzat zu seinem Gefechtsstand zurück zu bringen.

Inzwischen hatte sich Leutnant Malcolm Brannen mit seiner Gruppe von 12 Soldaten dem Mühlenanwesen der Lagouches genähert. Brannen erzählte: "Da in unserer Gruppe zwei Offiziere waren, haben wir uns geteilt und das große Haus umzingelt..."

Während sich nun der dunkelgrüne Mercedes mit dem General wieder Bernaville näherte, standen Marguerite und Alphonse Lagouche noch immer an ihrem Schlafzimmerfenster und konnten von der Giebelseite ihres Hauses auf die schmale Landstraße hinabsehen, die unmittelbar an dem Gebäude vorbeiführte. Nahe dieser Straße landeten noch immer gelegentlich Fallschirmjäger. Da begann plötzlich ihr Hund, der an einer Kette auf dem Vorhof lag, zu bellen. Madame und Monsieur gingen zu den beiden anderen Fenstern, um in den neben dem Gebäude befindlichen Vorhof sehen zu können. Dort unten erblickten sie Leutnant Malcolm Brannen, der sich allein der Vorderseite der Wassermühle genähert hatte. Marguerite Lagouche schilderte die Situation: "Wir sahen einen Fallschirmjäger, der eine große, dicke Waffe trug und Steine nach unserem Hund warf – offenbar, damit er ruhig sein sollte. Doch der Hund wurde wütend und bellte noch heftiger."

Brannen versuchte nun, die Haustür zu öffnen. Da sie aber verschlossen war, schoß er mit seiner Pistole ein paarmal auf das Türschloß. Dann wollte er sie aufzureißen. Doch auch das mißlang. Da öffnete Alphonse Lagouche ein Fenster über der Tür. Brannen sah ihn und rief hinauf: "America!"

Lagouche gab dem Amerikaner zu verstehen, daß er ihm die Tür öffnen würde. Doch durch den Beschuß war das Schloß verklemmt. Der Franzose ging in die Küche, die sich unter dem Schlafzimmer und ebenfalls an der Giebelseite befand, öffnete das Fenster und stieg daraus auf die Straße, wohin auch Brannen inzwischen zurückgekehrt war. Von allen Seiten aus der Umgebung wurde der Gefechtslärm lauter.

Malcom Brannon fragte den Franzosen: "Calvary-cross, Etienville?"

Aber dieses Kalvarienkreuz, das die vorgesehene Sammelstelle seiner Kompanie bildete, befand sich fast zwei Kilometer von dem Mühlenanwesen entfernt. Brannen kniete mitten auf der Straße nieder, legte die Bazooka neben sich, zog ein kleines Französisch-Wörterbuch aus einer Tasche seiner Uniformjacke und breitete eine Landkarte aus, um sich im schwachen Schein seiner Taschenlampe orientieren zu können.

Als General Falleys Mercedes in diesem Moment am Château de Bernaville vorbeikam, bemerkten auch die Insassen den zunehmenden Gefechtslärm leichter Waffen. Dann fuhr der Wagen die schmale, leicht abschüssige Landstraße zu seinem getarnten Autobus hinunter. Nur noch eine letzte Kurve beim Mühlenanwesen der Lagouches, dann hätte der General seinen Gefechtsstand wieder erreicht...

Leutnant Malcom Brannen und Alphonse Lagouche knieten auf genau dieser Straße über der Landkarte, als sie das Motorengeräusch des sich nähernden Autos vernahmen. Einige der Fallschirmjäger hockten indessen in den alten, hohen Bäumen, die das Anwesen umstanden. Der Amerikaner gab dem Franzosen zu verstehen, daß er durch das Fenster schnell wieder in sein Haus zurückkehren sollte. Er selbst versteckte sich mit seiner Bazooka hinter einer nur wenig mehr als eineinhalb Meter hohen Natursteinmauer. Sie war als letzter Rest nach dem Abbruch des Silos auf der gegenüberliegenden Straßenseite übriggeblieben. Die Mauer grenzte direkt an den Fahrbahnrand.

Eines der letzten Fotos des Generals Wilhelm Falley.
Foto: Kollektion Claus Falley

Alphonse Lagouche war gerade durch das offene Fenster in sein Haus zurückgekehrt, als in der Nähe eine wilde Schießerei entbrannte und gleichzeitig Falleys Mercedes in die Kurve vor dem Anwesen einbog. Der General, der rechts neben seinem Fahrer saß, hatte seine Mütze auf den Knien liegen. Sein Adjutant, Major Joachim Bartuzat saß im Fond, hinter dem Gefreiten Vogt, und hielt seine gezogene Pistole in der Hand. Sie hatten ihre Fenster heruntergedreht, um die Vorgänge draußen besser beobachten zu können. Der Major lehnte mit der linken Schulter an der Tür, den Kopf etwas aus dem Fenster geneigt. Als der Wagen nur noch 4 Meter von Malcom Brannen entfernt und fast auf seiner Höhe war, feuerte der Leutnant mit seiner Bazooka darauf. Die Rakete flog durch das offene vordere Beifahrerfenster und riß, ohne dabei zu explodieren, Wilhelm Falley den hinteren Teil des Kopfes weg. Das Geschoß traf danach den im Fond

Joachim Bartuzat mit seiner Ehefrau Rose-Marie 1939.
Foto: Kollektion Joachim Bartuzat jr.

sitzenden Joachim Bartuzat, zerriß ihm die rechte Schulter und stieß ihn aus der durch sein anprallendes Körpergewicht aufspringenden hinteren Tür des Fahrzeugs. Die Rakete war durch das hintere Seitenfenster wieder ins Freie geflogen. Der Major kippte hinaus und fiel mit dem Rücken auf die Straße, die Beine noch im Fahrzeug. Der geschockte Fahrer bremste zwar, verlor aber die Beherrschung über den Wagen. Langsam rollte der Mercedes gegen die Hauswand, den Major mit sich schleifend. Der Wagen blieb trotz des Raketenbeschusses und des leichten Anpralls gegen die Hauswand fast unbeschädigt.

Der Gefreite Vogt war Falleys "Bursche" und Chauffeur.
Foto: Kollektion Claus Falley

Marguerite Lagouche stand in diesem Moment an ihrem Schlafzimmerfenster: "Ich habe aus dem Fenster gesehen und alles ganz genau beobachtet. Den Abschuß der großen Waffe habe ich nicht hören können, weil von überall her so viel Lärm kam. Dem General war der Schädel zerrissen, und der andere Offizier lag da und schrie und schrie und schrie – Schreie, die einem das Blut gefrieren ließen... Ich konnte dann nicht mehr hinsehen..."

Malcolm Brannen berichtete, daß Major Joachim Bartuzat außer der Schmerzensschreie noch einige Worte auf deutsch und englisch rief: "Nicht töten! Nicht töten! Don't kill! Don't kill...!"

Trotz seiner schweren Verwundung versuchte Bartuzat kriechend, seine Luger-Pistole, die ihm auf die Straße gefallen war, zu erreichen.

Da trat einer der Fallschirmjäger mit seinem Karabiner zu dem an Brust, Schulter und Rücken schwerverwundeten Major und tötete ihn mit einem einzigen Schuß. Brannen berichtete später: "Er wurde direkt in den Kopf getroffen und hat nicht gelitten. Das Blut, das geradezu wie eine Fontäne aus seinem Kopf schoß, wurde weniger und weniger – bis es aufhörte..."

Gleichzeitig erschienen einige andere Amerikaner, die einen auffallend jungen deutschen Gefangenen zu dem großen Haus zerrten, stießen ihn gegen die Wand neben der Eingangstür und erschossen ihn – eine für Marguerite Lagouche völlig unverständliche Handlung: "Wie konnte man so etwas tun – er war doch noch ein halbes Kind...?"

Malcolm Brannen erzählte weiter: "Wir fanden sehr viele Papiere und Karten in der Aktentasche des Generals, die wir an uns nahmen. Als wir uns dann noch umsahen, nahm ich die Mütze des Generals an mich und suchte nach einer Identifikation seines Namens oder der Einheit, zu der er gehörte. Ich habe nur einen Namen gefunden, der darin *(in der Mütze)* eingedruckt war: FALLEY

Wir haben dann entschieden, daß es das Beste wäre, wenn wir diese nun Stätte verließen..."

Dann sammelten sich die Fallschirmjäger, die sich bisher rings um das Mühlenanwesen aufgehalten hatten und ließen sich von Alphonse Lagouche zum nahen Bernaville führen. Da man, bedingt durch den spitzen Winkel, in dem der Mercedes an der Hauswand stand, nicht an die Fahrertür gelangen konnte, hatte sich niemand um den noch immer hinter dem Lenkrad sitzenden, geschockten Fahrer gekümmert – und irgendwann in der Nacht war er verschwunden...

Es dauerte nicht lange, da kehrte Monsieur Lagouche wieder zu seinem Haus zurück. Noch immer pfiffen kleine Geschosse in der Dunkelheit um die Mühle. Manche schlugen klatschend gegen die dicken Wände. Das Ehepaar zog die Vorhänge der Fenster an der Giebelseite des Hauses zu, um nicht mehr das Auto sehen zu müssen, in dem noch immer der tote General aufrecht saß und der Major in seiner großen Blutlache danebenlag. Sie verließen sogar ihr Schlafzimmer, um im Flur zu schlafen, der nur ein einziges, winziges Fenster besaß. Durch dieses Fenster sahen die Lagouches noch lange die Leuchtspurgeschosse durch die Nacht fliegen – denn ihr Anwesen lag fast genau im Zentrum der Landezone N.

(Nur wenige Minuten nach diesen Ereignissen erhielt ein amerikanisches Transportflugzeug nahe Bernaville einen Flak-Treffer. Es stürzte in der unmittelbaren Nähe von Falleys improvisiertem Gefechtsstand im Autobus ab. Die starke Explosion mit ihrer enormen Feuerwalze und die umherfliegenden Trümmer zerstörte den Bus völlig, ließen sogar die großen Bäume, unter denen er, mit Tarnnetzen überspannt, gestanden hatte, in Flammen aufgehen...)

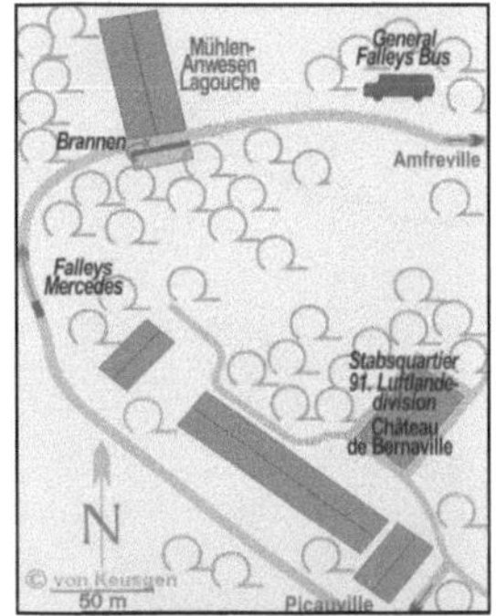

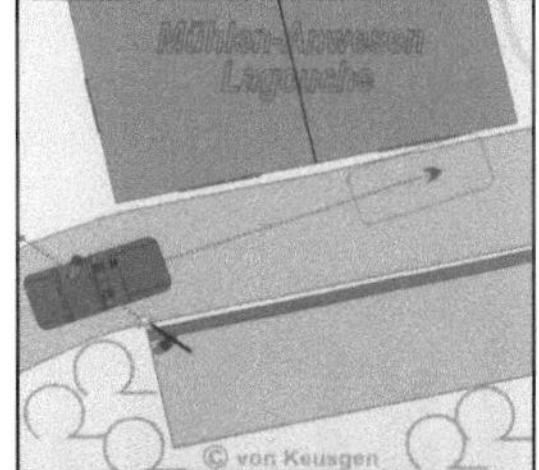

Bild unten: Das Mühlenanwesen, wie es 1944 aussah. Der Silo war bereits abgerissen worden. Nur eine 1,20 m hohe Mauer war an der Straße stehengeblieben (Vergleich Seiten 19 und 36).

Foto: von Keusgen

Teil 4:
Ein Tag, der nicht wie alle anderen begann…

Die Verwundetensammelstelle in Saint-Côme-du-Mont…
…war in jenem Haus eingerichtet worden, in dem noch am Morgen des 6. Juni Major von der Heydte seinen Gefechtsstand hatte errichten lassen. Bereits am Mittag des selben Tages kamen dann die ersten deutschen Sanitäter…
Foto: Rudolf Schlögl (Darstellung im "Dead Man's Corner Museum")

Beschwerliche Wege

Um 4:30 Uhr telefonierte der Generalstabschef des A.O.K. 7 mit dem Generalstabschef der Heeresgruppe B und erklärte *(auszugsweise)*: "...Feindliche Gruppe bei Carentan anscheinend nicht sehr zahlreich. Eigene Kräfte versuchen zur Zeit von Westen und Osten Verbindung herzustellen. Schwerpunkt der feindlichen Luftlandung anscheinend im Raum Sainte-Mère-Église..."

Oberstleutnant Arthur Maloney (links) und Major Edwin J. Ostberg.
Foto: US National Archives

Zu dieser Zeit waren aber bereits alle fünf Ortseingänge von Sainte-Mère-Église von den Amerikanern besetzt und mittels ihrer Minen versperrt. Eine sechste, sehr breite und starke Sperre war zusätzlich auch noch am Ende des Haule-Parks, am Stadtrand, errichtet worden. Seit einiger Zeit fanden sich auch immer mehr Fallschirmjäger ein, die in der näheren Umgebung der Stadt gelandet waren, und verstärkten die Trupps an den Ortseingängen. Auch verfügten die Amerikaner an allen Straßensperren über Bazookas und panzerbrechende Geschosse.

Major Krause hatte inzwischen die längst verlassene deutsche Fernmelde-Vermittlungsstelle auf der Hauptstraße gefunden. Er betrat das Haus, ging in die erste Etage und zerschnitt die Kabel, riß die Stecker aus den Geräten und unterbrach somit sämtliche Verbindungen. Als er danach wieder die leicht ansteigende Nationalstraße in nördliche Richtung hinaufging, traf er einige Fallschirmjäger. Da die Amerikaner in Sainte-Mère-Église indessen nirgendwo mehr auf deutsche Soldaten stießen, wurde die Stadt von ihnen als "befreit" betrachtet – als erste Stadt Frankreichs. Um 4:30 Uhr ließ der Major die seit Juli 1940 dort wehende rote Hakenkreuzflagge vor dem Rathaus herunternehmen und sein amerikanisches Sternenbanner hissen – so wie er es am Nachmittag des Tages zuvor versprochen hatte. Fast kampflos hatten die Amerikaner die kleine Stadt besetzen können. Einige der deutschen Soldaten waren geflohen, einige hatten sich ergeben, und 11 waren erschossen worden. Dann sandte Major Krause einen Melder, der den Kommandeur des 505. PIR, Oberst Ekman, suchen und ihm Krauses schriftliche Meldung überbringen sollte. Sie lautete: *Habe mich in Sainte-Mère-Église etabliert.*

Während dieser Zeit stießen die beiden Bataillonskommandeure und Oberstleutnante Edwin J. Ostberg des 1./507. und Arthur A. Maloney des 3./507. PIR mit weiteren 147 Fallschirmjägern zu Gavins Truppe auf der Bahnstrecke. Innerhalb der nächsten eineinhalb Stunden fanden sich weitere annähernd einhundertfünfzig Soldaten verschiedener Einheiten bei Gavin zusammen. Dazu gehörte auch der Trupp des Oberst Roy Lindquist vom 508. PIR und die Soldaten des sich ihm angeschlossenen Oberleutnants Wisner vom 507. PIR – zusammen 107 Männer. Fast alle waren bis auf die Haut durchnäßt und froren. Einige waren bei kurzen Gefechten mit deutschen Patrouillen verwundet worden. Keiner der Fallschirmjäger verfügte über eine schwerere Waffe als ein Gewehr. Gavin ließ einige Männer nach panzerbrechenden Waffen und Ausrüstungsgegenständen suchen. Der Brigadegeneral erwog nun, entweder einen Vorstoß vor Tagesanbruch gegen die Brücke von La Fière durchzuführen, oder bei Tag nochmals das breite Überschwemmungsgebiet zu überqueren, um den Feind, wie geplant, auf der westlichen Seite entgegenzutreten – einem Feind, von dem er nicht wußte, wo er stand und wie stark er war...

Die Truppen des Fallschirmjäger-Regiments 6 waren indessen weiter in nördliche Richtung unterwegs, so auch der Radfahrzug des Regimentsstabs. Rings um die deutschen Soldaten landeten US-Fallschirmjäger und Lastensegler. Max Neusser war von dem Geschehen um ihn herum beeindruckt: "Drei Wiesen haben wir gesehen, auf denen amerikanische Lastensegler landeten und dabei zerbrachen. Sie mußten im Steilflug 'runter, weil die Wiesen alle mit hohen Hecken umsäumt sind. Da hatten die Piloten keine Chance, schön sachte zu landen, da waren die Wiesen schon zu Ende – und die Segler in tausend Trümmer zerbrochen. Viele Amis sind dabei 'rausgeflogen, viele verwundet. Sie haben geschrieen vor Schmerzen. Wir konnten es noch dreihundert Meter weit hören..."

Verwundete US-Fallschirmjäger nahe des Kirchplatzes (links im Bild) in Sainte-Mère-Église.
Foto: US National Archives

Da es inzwischen zu sehr vielen Kleingefechten mit den gelandeten US-Fallschirmjägern gekommen war, hatte sich auch Bruno Hinz' Gruppe der 6. Kompanie nicht weiterbewegt. Als einer seiner Kameraden gerade ein großes hölzernes Gattertor zur einer Viehweide aufstoßen wollte, erhielt er einen Kopfschuß. Sein Kamerad war der erste Tote, den Bruno Hinz in diesem Krieg sah: "Als es langsam zu dämmern begann, knallte es und machte nur *plepp*, und er fiel vornüber... Kopfschuß – durch den Stahlhelm. Die Amis saßen da oben in den Bäumen und hatten sich festgeschnallt, daß, wenn sie einen Treffer kriegten, sie nicht 'runterfallen. Da haben einige Jungs von uns sogar mit der Panzerfaust 'reingehalten... Wir haben dann gerufen *hands up!* Daraufhin kamen die Amis, die in den Bäumen und Hecken 'runtergekommen waren, hervor – sie hatten keine Lust mehr, zu kämpfen.

Daß sich die Amerikaner mit diesen Blech-Fröschen verständigten, war für sie eher nachteilig. So wußten wir, wo sie waren. Sie klapperten mit diesen Dingern herum, dann wurde geantwortet – und ich habe einfach mit dem MG in die Hecken 'reingehalten... Auch sie selbst haben irrtümlich aufeinander geschossen... Wir hatten bald siebzehn Gefangene zusammen und gestaunt, wie gut sie ausgerüstet waren. Sie hatten Uniformen an, die teilweise sogar wasserdicht waren. Dann hatten sie unterhalb des Knies ein großes Messer hängen, und an der anderen Seite einen riesigen Colt. Sie hatten außerdem eine große Bemalung auf dem Rückenteil ihrer Uniformen, mit einem weißen Adler d'rauf. Dann trugen sie eine Menge nützlicher Dinge zum Überleben bei sich, auch Tabletten, Kompasse und kleine Funkgeräte; und von ihren Überlebenspaketen mit den Essensrationen konnten wir nur träumen. Wir hatten nur ein Stück trockenes Brot in unseren Taschen. Ihre höheren Dienstgrade trugen mit Landkarten bedruckte Halstücher. Da sagte ich zu meinem Kumpel, Theo Frühlingsdorf: *Ich glaube, Theo, wir haben den Krieg nun verloren...*

Dann hieß es auf einmal, daß wir uns zu sammeln haben. Wir waren ja alle ziemlich weit auseinandergezogen...

In einem langen Hohlweg und auf einer Wiese sammelten sich dann nach und nach die Leute unseres Bataillons, und es wurde etwas Verpflegung ausgegeben. Nun hatten wir einen Haufen Gefangener bei uns. Damit konnten wir uns ja nicht auch noch beschäftigen – wir waren ja eine kämpfende Truppe... Von unseren nachfolgen Leuten sind ein paar dabeigeblieben und haben so lange gewartet, bis man die Amis von hinten abgeholt hat. Umgelegt haben wir sie nicht – aber es war uns danach..."

Es war 5:00 Uhr, und die Masse der Soldaten des I. und II. Bataillons des Fallschirmjäger-Regiments 6 hatte sich der Nationalstraße 13 nord-westlich Carentan genähert, und das III. Bataillon sich direkt der Stadt.

Um 5:10 Uhr begann der Morgen heraufzudämmern. Das Grenadier-Regiment 914 meldete an den Stab der 352. Infanterie-Division: Vom II./G.R.914 3 amerikanische Gefangene mit Luftbildern und Kartenmaterial von der Halbinsel Cotentin, besonders vom Raum Vire-Mündung, eingebracht. Die Gefangenen können nicht weitertransportiert werden, da z. Zt. noch feindliche Fallschirmkräfte die Verbindung unterbrochen haben.

Um 5:15 Uhr fand eine gegenseitige Lageorientierung zwischen dem Ia der 352. Infanterie-Division und jenem der 709. Infanterie-Division statt: In Carentan selbst kein Feind, aber nördlich Carentan starke Fallschirmjägerkräfte abgesprungen. Sainte-Mère-Église von Fallschirmjägertruppen besetzt.

Gleichzeitig telegrafierte der Chef des Generalstabs des A.O.K.7 eine Lageorientierung an die Heeresgruppe B: *Tiefe der feindlichen Lastenseglerabsprünge an der Orne bis 20 km, im Südostteil der Halbinsel Cotentin, und Inbesitznahme der Übergänge über die Engen von Carentan-Pont-l'Abbé lassen in Verbindung mit georteten Seezielen vor Ornemündung, zwischen Port-en-Bessin und Viremündung sowie nördlich Cherbourg und nördlich Halbinsel Jabourg auf f e i n d l i c h e n G r o ß a n g r i f f schließen.*

Um 5:40 Uhr sagte der Generalstabschef des A.O.K. 7 anläßlich eines Ferngesprächs mit dem Generalstabschef der Heeresgruppe B *(auszugsweise)*: "... Landungen teilweise sehr tief, zum Teil zwanzig bis dreißig Kilometer, und außerdem der Schwerpunkt in den Hängen des Cotentin liegt. Möglichkeit eines großen Unternehmens nicht von der Hand zu weisen."

Nach der Landung wurde der hintere Teil der Horsa-Lastensegler abgelöst und über zwei Schienen mitgebrachte Geschütze oder Fahrzeuge entladen (rechts). Doch nicht selten endeten die Landungen an Bäumen, Hecken und alten Mauern. In Sainte-Mère-Église prallte ein Segler gegen die Trafo-Station (oben), einer gegen das Altersheim und ein anderer, beladen mit einer 5,7-cm-Kanone, zerschellte am Schulgebäude.
Fotos: US National Archives

Die von Major Edward Krause am frühen Morgen des 6. Juni 1944 vor dem Rathaus in Sainte-Mère-Église gehißte US-Flagge wird noch immer im Treppenhaus des Gebäudes ausgestellt .
Foto: von Keusgen

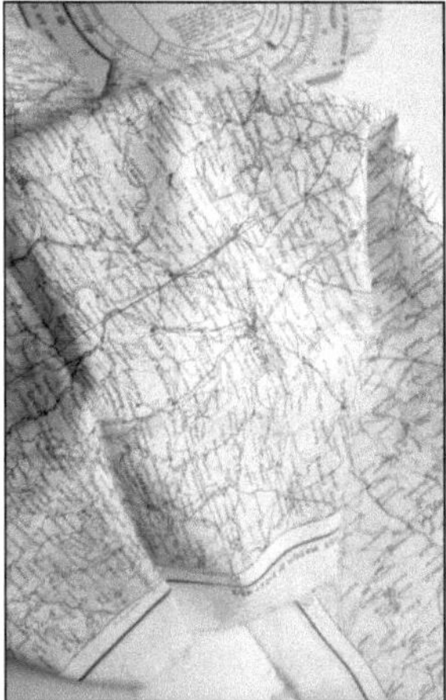

Viele der Anführer einzelner US-Fallschirmjäger-Kampfgruppen trugen als Halstücher getarnte Landkarten bei sich.
Foto: Bernhard Prugger

Abzeichen des 505. PIR der 82. Airborne Division.
Abbildung: Archiv von Keusgen

Die amerikanische Zigarette mit dem besonderen Aroma war auch von den deutschen Solda-ten sehr begehrt…
Abbildung: Archiv von Keusgen

Der obere Teil der Straße, die von der Bahnüberführung bis zum Leroux-Anwesen an der Merderet-Brücke hinabführt.
Foto: von Keusgen

Vom Turm der Kirche in Ste.-Ma-rie-du-Mont herab konnte Major von der Heydte die US-Truppen am "Utah Beach" erkennen.
Foto: Gerold Maderthaner

Um 5:45 Uhr meldete der Ic des Generalkommandos LXXXIV an den Ia des Oberbefehls-habers West: *Im Nordteil Halbinsel Cotentin Amerikaner abgesprungen, in Sumpfgebiet abgedrängt. Blinkzeichen nach oben.*

Das 2. Bataillon des 505. PIR hatte den Befehl, das 2,4 Kilometer nördlich Sainte-Mère-Église und an der langen Nationalstraße 13 gelegene Neuville-au-Plain zu besetzen und somit die nördliche Flanke von Sainte-Mère-Église zu schützen. Oberstleutnant Benjamin Vandervoort, der sich wegen seines linksseitigen Fußgelenkbruchs von einigen seiner Männer auf einem einachsigen Munitionskarren umherziehen lassen mußte, ließ um 5:15 Uhr an seinen Regimentsstab funken, daß er genug Soldaten zusammengesammelt habe, um zu seinem befohlenen Einsatzgebiet zu marschieren und setzte sich in Richtung Neuville in Bewegung...

Um 5:52 Uhr, beim ersten Tageslicht, grollte von Norden her der weit entfernte Donner der drei 21-cm-Langrohrkanonen der Marine-Küsten-Batterie Crisbecq herüber. Der Beschuß auf die große Schiffsarmada der Alliierten, deren rechte Flanke sich bis zur Mitte der Cotentin-Ostküste erstreckte, war eröffnet worden. Drei Minuten später, um 5:55 Uhr, begannen Hunderte Schiffsgeschütze die deutschen Küstenstellungen zu beschießen. Der Küstenabschnitt auf der östlichen Seite der Halbinsel wurde in den Karten der Alliierten als der amerikanische Landeabschnitt *Utah* bezeichnet. Die größte Feuer- und Angriffswalze aller Zeiten rollte auf den normannischen Teil des *Atlantikwalls* zu...

Bill Sullivan war in diesem Moment noch immer mit den fünf Männern seines Regiments unterwegs: "Nun war an der Küste mächtig was los. Das erste Geräusch des Krieges hörte ich kurz vor 6:00 Uhr, als unsere Kriegsmarine begann, auf den Strand zu feuern. Wir waren etwa 14 Kilometer von der Küste entfernt, und dort, wo wir standen, spürten wir, daß der Boden zitterte... Nun wurde mir zum erstenmal bewußt, daß ich ein Teil eines großen Geschehens war, das sich hier abspielte – ein winziger Teil eines großen Krieges...

Nun, nachdem wir endlich wußten, in welcher Richtung die Küste lag, gingen wir dort hin, denn auf diesem Weg mußte auch Sainte-Mère-Église liegen..."

Im Morgengrauen war der 14-jährige Emmanuel Laisné mit seinem Bruder auf eine Weide unweit des Château de Bernaville gegangen, um die Kühe zu melken. Kaum hatten sie die Weide erreicht, hörten sie aus der Ferne das mächtige Grollen der mit dem Trommelfeuer auf die Küste beginnenden Kriegsschiffe der Alliierten. Den beiden Jungen war unheimlich

Viele auf den Weiden stehende Tiere wurden Opfer von Bombenabwürfen und Granatbeschuß. Auch durchbrachen sie panisch die Umzäunungen, rannten auf den Wegen umher oder wurden von den starken Druckwellen der Explosionen herumgewirbelt und zerrissen.
Foto: US-National Archives

zumute. Plötzlich vernahmen sie ein seltsames Vibrieren und leises Fauchen in der Luft, das sich sehr schnell näherte. Dann schlug zwischen ihren dicht beieinander stehenden Kühen eine großkalibrige Schiffsgranate ein. Blut spritzte in einer großen Wolke umher, Fleischfetzen wirbelten durch die Luft. Fast alle Tiere waren augenblicklich getötet worden – doch den beiden Jungen war nichts geschehen. Emmanuel Lainé sagte dazu: "Ich glaube, daß man das Château de

Bernaville treffen wollte, denn daß die Granate hier einschlug, war sicher kein Zufall, zumal sich etwa einhundert deutsche Soldaten in der Nähe des Schlosses aufhielten..."

Gleichzeitig kam der 19-jährige Auguste Josse die Straße vom Schloß zum Mühlenanwesen herunter. Ihm kamen drei Soldaten entgegen. Es waren zwei Amerikaner und ein Deutscher. Auguste erkannte den Deutschen, denn er hatte ihn schon mehrmals zuvor gesehen – es war General Falleys Fahrer, der Gefreite Vogt ...

Um 6:00 Uhr vernahm Major von der Heydte in Carentan einen gefangengenommenen US-Fallschirmjäger. Doch der machte außer seiner persönlichen Daten und der Benennung seiner Einheit, der 101. Airborne Division, keine weiteren Angaben. Angesichts der Tatsache, daß es sich um Soldaten dieser Division handelte, war sich der Regimentskommandeur sicher, daß das Unternehmen eine groß angelegte Offensive sein mußte und meldete dieses dem LXXXIV. Korps.

Da von der Küste anhaltend starker Kampflärm herüberdröhnte, beschloß der Major, sich mit einem Beiwagen-Krad nach Sainte-Marie-du-Monte und der dortigen Kirche fahren zu lassen – fünf Kilometer von der Küste *(Utah Beach)* entfernt. Er trug noch immer einen Arm in der Schlinge – die Folge eines Flugzeugabsturzes, den er vor einigen Monaten knapp überlebt hatte. Zu seiner größten Überraschung mußte von der Heydte feststellen, daß in der kleinen Ortschaft überhaupt keine deutschen Truppen mehr stationiert waren. Selbst der Ortskommandant hatte sein Büro verlassen. Dann ließ sich der Major den Schlüssel für die Kirche holen und bestieg ihren orientalisch anmutenden, hohen Turm. Durch sein Fernglas sah er von dort oben die lange, dunkle Linie der Kriegsschiffe der Alliierten, die sich über den gesamten Horizont erstreckte, und das Aufblitzen der Mündungsfeuer ihrer Kanonen. Als noch kleine Punkte erkennbar, bewegten sich bereits Landungsboote in großer Masse dem Strand entgegen. Nach nur wenigen Minuten seiner Beobachtungen wollte der Major dann wieder zurückgefahren werden.

Major Friedrich August Freiherr von der Heydte, Kommandeur des Fallschirmjäger-Regiments 6 (FJR 6), wurde noch im Verlauf der schweren Kämpfe um die Normandie am 1. Juli 1944 zum Oberstleutnant befördert.
Foto: Kollektion F. J. Frhr. von der Heydte

Um 6:00 Uhr meldete der Luftschutz-Gefechtsstand Cherbourg an den Seekommandanten Normandie: *In Richtung 1 20-30 Kilometer mehrere hundert Maschinen im Anflug.*

Um 6:15 Uhr erhielt Oberstleutnant Vandervoort auf seinem Marsch in Richtung Neuville und kurz vor dem Ort von Oberst Ekman den Befehl, sofort an seinem Platz zu verharren. Eine Begründung für diesen Befehl erhielt der Bataillonskommandeur nicht. Vandervoort hielt mit seinem Trupp an und wartete auf eine weitere Order...

Inzwischen war der Radfahrzug des Regimentstabs des FJR 6 an der Straße von Périers nach Carentan, wenig südlich der Stadt, in Stellung gegangen. Seit ein paar Minuten hatte das Trommelfeuer der Schiffsartillerie eingesetzt. Max Neusser schilderte die Situation: "Wir hatten den Befehl gekriegt, da an der Straße unsere Maschinengewehre aufzustellen. Als wir ankamen, hatte uns der Unteroffizier gesagt, *Spaten 'rein in die Erde und einbuddeln! Wir müssen hier Stellung beziehen!* Ich hatte mir mühsam ein zwanzig Zentimeter tiefes

Loch gebuddelt und mich da 'reingelegt. Viele meiner Kameraden hatten das nicht gemacht, weil sie zu müde waren oder zu phlegmatisch...

Dann sind wir von den Kriegsschiffen beharkt worden. Die haben die Straße, an der wir lagen, mit großen, schweren Kalibern getroffen *(15 Kilometer im Hinterland, und aus einer Entfernung von 45 Kilometer)*. Unser Schock war riesengroß... Sie hatten noch gar keine Flugzeuge in der Luft, haben einfach überall hingeballert, auch auf Häuser – und da lagen ja auch noch überall ihre eigenen Fallschirmjäger...

Als einziger Nichtraucher hatte ich einen Riesenrucksack voller Zigaretten auf dem Rükken; die sollte ich in den nächsten Tagen an die Männer unserer Truppe verteilen. Diesen Rucksack hat's mir glatt weggerissen. Da flogen Asphaltscheiben der Straße herum, mit dicken Steinen d'ran, so groß wie Tischplatten und größer. Die haben vielen Kameraden glatt die Ärsche weggerissen. Das Salvenfeuer kam ganz nah beieinander 'runter. Eine Granate flog direkt zwischen sechs oder sieben Kameraden – und da waren sie weg, einfach nicht mehr da... Wir haben die Abschüsse von der Küste und die Einschläge gleichzeitig gehört – als Dauerknall. Man konnte seinen eigenen Schrei nicht hören. Wir waren alle gar nicht mehr zurechnungsfähig, und alle unsere Fahrräder waren hin. Mit sechzig Soldaten waren wir früh morgens in Périers losgeradelt, und nach der Schießerei waren wir nur noch siebzehn. Es war der reine Wahnsinn...”

Wegen seiner roten Haare und der aggressiven Kampfweise hatte Oberleutnant John Dolan, der Chef der A-Kompanie des 1./505. PIR, schon während seines Einsatzes auf Sizilien den Beinamen ”Red Dog” erhalten...
Foto: US National Archives

Das Zusammenfinden der A-Kompanie des 1./505. PIR, die genau in ihrem Zielgebiet nahe der Siedlung La Fière und unweit östlich der Bahnlinie abgesprungen war, hatte nur eine Stunde gedauert. Es fehlten lediglich zwei Männer. Gemeinsam schritten die Fallschirmjäger mit ihrem stellvertretenden Bataillonskommandeur, Major James E. McGinity und dem Kompaniechef, Oberleutnant John J. Dolan dahin. Es war kurz vor 6:00 Uhr. Vorsichtig gingen sie jene Landstraße entlang, die von Sainte-Mère-Église kommend über die an dieser Stelle in einem elf Meter tiefen, steilwandigen Geländeeinschnitt liegende zweigleisige Bahnlinie Paris-Caen-Cherbourg und weiter bei La Fière über den Merderet nach Cauquigny führt.

Zu diesen Soldaten gehörte auch der *Pfadfinder* Robert Murphy: ”Wir waren auf einem freien Feld gelandet, auf der östlichen Seite der Eisenbahnschienen. Wir waren ziemlich exakt dort gelandet, wo wir auch landen sollten. Das Einzige, das vermißt wurde, waren einige Fallschirm-Container, die man falsch abgeworfen hatte. So hieß es, daß aus jedem Container und jedem Bündel, das gefunden wurde, alles herausgenommen werden sollte, was darin war. Später, wenn man jene Männer finden sollte, für die man die jeweiligen Waffen abgeworfen hatte, wären die Maschinengewehre, Granatwerfer, Bazookas und Munition mit ihnen auszutauschen. Ein Maschinengewehrschütze, der später einen Bazookaschützen traf, mußte dann mit ihm Waffen und Munition tauschen. Bis zum Anbruch des Abends hatte fast jeder Angehörige des 505. PIR seine richtige Ausrüstung zusammengesucht, die man um 4:05 Uhr von den Lastenseglern abgeworfen hatte. Unsere

Aufgabe sollten wir nun dort unten erfüllen, an der alten Brücke über den Merderet. Unser Oberleutnant, John Dolan, hatte diese Straße gefunden, die dort hinunterführt. Wir wußten auch die ganze Zeit über, wo wir uns befanden..."

Der Auftrag der Fallschirmjäger, die La-Fière-Brücke einzunehmen, war für die Amerikaner sehr wichtig. Einerseits sollte somit ein Vordringen deutscher Truppen aus dem Hinterland auf die große Nationalstraße sowie auf die Cotentin-Ostküste verhindert werden, an der ab 6:30 Uhr die Landung der US-Truppen von See her erfolgen sollte – im Landeabschnitt *Utah Beach*. Andererseits mußten sie die Brücke einnehmen, um selbst ins Hinterland und zum Zentrum der Cotentin-Halbinsel vorstoßen zu können. Langsam, in zwei schmalen Kolonnen, ein Soldat hinter dem anderen gehend, zogen die Männer der A/505. PIR hinter den hohen Hecken links und rechts der sich leicht windenden und sanft abschüssigen Landstraße zur 980 Meter entfernten Merderet-Brücke hinab. An der Spitze der einen Kolonne trug ein Soldat eine Bazooka, am Ende der anderen Kolonne einer als Nachhut ein leichtes Maschinengewehr *(Browning Automatic Rifle = BAR)*.

Plötzlich vernahmen die Fallschirmjäger das Geräusch eines sich schnell nähernden Motorrads. Ein deutscher Krad-Melder fuhr von der Merderet-Brücke herauf und kam ihnen mit seinem Motorrad mit Beiwagen entgegen. Der Melder in seinem steifen, hellbraunen Ledermantel, den er in dieser kühlen Nacht über seiner Uniform trug, hatte sich über seine Maschine geduckt und fuhr auf der Mitte der Straße zwischen den beiden Reihen der verblüfften Amerikaner hindurch. Da keiner der Fallschirmjäger auf den Deutschen schießen konnte, ohne dabei Gefahr zu laufen, einen seiner Kameraden hinter der Hecke auf der anderen Straßenseite zu treffen, erreichte der Krad-Melder unversehrt das Ende der beiden Kolonnen. Der letzte Mann mit seiner BAR jedoch wandte sich zu dem in Richtung Sainte-Mère-Église dahinfahrenden Deutschen um und schoß ihm mit einem kurzen Feuerstoß in den Rücken. Das Motorrad raste mit seinem Fahrer in die dichte Hecke neben der schmalen Straße.

Oberleutnant John Dolan war ein wortkarger aber aggressiver Kämpfer. Ihm war klar, daß der laute Feuerstoß auf den Motorradfahrer in dieser sonst noch ruhigen Gegend die Annäherung der Amerikaner an die Brücke verraten haben könnte. Er sagte: "Vor der Brükke war rechts ein offenes Feld, ungefähr neunzig Meter lang und siebzig Meter breit. Ich nahm an, daß sich die Deutschen hier verteidigen würden – wenn diese Brücke tatsächlich für eine Verteidigung vorgesehen war..."

Mit dem ersten zarten Tageslicht setzte der Strom der Nachschub- und Versorgungsflugzeuge ein. Unteroffizier Rudi Escher, der mit seinen Männern noch immer im Hohlweg nahe Fauville lag, wurde von einigen dieser Maschinen überflogen: "Es kamen unwahrscheinlich viele Flugzeuge im Tiefflug über unsere Stellung und warfen an Fallschirmen hängende Bündel ab – wahrscheinlich Munition und Verpflegung. Einige meiner Leute schossen ohne Befehl auf die Flugzeuge, was denen aber bestimmt nichts anhaben konnte. Doch die Besatzungen merkten dadurch, daß dieses der falsche Ort war und setzten die Versorgungsbomben woanders ab. Wir hätten diese Dinge auch gut gebrauchen können..."

Um 7:00 Uhr war der Stab des Grenadier-Regiments 1058 nach seiner nächtlichen Verlegung in der kleinen, nur aus einigen Bauernhäusern bestehenden Siedlung Foucarville eingetroffen – 5,4 Kilometer nordöstlich Sainte-Mère-Église und nahe des sich an der östlichen Flanke des Cotentin erstreckenden Überschwemmungsgebiets. Im größten Anwesen richtete der Regimentskommandeur, Oberst Kurt Beigang, seinen Gefechtsstand ein. Vom nur 3,3 Kilometer entfernten US-Landeabschnitt *Utah* dröhnte ununterbrochen der laute Donner der Schiffsgeschütze und der deutschen Küsten-Batterien herüber. Unentwegt brachten die Amerikaner dort bereits Soldaten, Panzer und schweres Material an Land. Dann traf die kleine Nachhut-Gruppe mit dem Fernmelder Heinrich Spieles in Foucarville ein: "Im Hof des Anwesens standen fünf sehr große amerikanische Fallschirmjäger, die freiwillig ihre Camel-Zigaretten an die deutschen Soldaten verteilten. Dann wurden sie alle einzeln und nacheinander verhört. Kurz darauf wurden noch zwei weitere gebracht. Bei der Visitation fand man in ihren Taschen außer der Camel-Zigaretten noch Schokolade, Kaugummi und Präservative...

Unser erster Auftrag lautete dann, Verkabelung zum Gefechtsstand des I. Bataillons und dessen Kommandeur, Major Hans Mogg. Er war Ritterkreuzträger und hatte seinen provisorischen Gefechtsstand in einem Straßengraben an der nächsten Kreuzung der Verbindungsstraße von Foucarville nach Sainte-Mère-Église eingerichtet..."

So gingen Heinrich Spieles und zwei weitere Fernmelder mit einer Kabeltrommel und einem Feldfernsprecher los, um die Telefonverbindung herzustellen.

Ständiges hin und her...

Oberleutnant John Dolan hatte fast richtig vermutet: Kaum waren die Amerikaner im frühen, noch diesigen Morgenlicht in Sichtweite des Leroux-Anwesens nahe der Brücke, wurden sie mit einem Maschinengewehr auf einer Distanz von fast einhundertfünfzig Meter heftig beschossen – allerdings nicht von der großen Freifläche aus, rechts vor der Brücke, sondern vom Hauptgebäude des Anwesens. Sofort, als die Schießerei begann, verbot Dolan den Einsatz der Bazooka, weil nur so wenig Munition dafür vorhanden war, und die könnte noch dringend für die Bekämpfung von Panzern gebraucht werden. So feuerten die Amerikaner nur mit ihren Gewehren und der BAR auf die Fenster des alten Manoirs. Dolan sandte nun zuerst drei Späher zum Haus hinunter. Ihr Zugführer, Leutnant Donald J. Coxon, wollte die Männer seines Trupps aber unbedingt persönlich begleiten. So kroch er den anderen voran. Sie waren noch nicht einmal fünfzig Meter weit gekommen, als ein Gewehrgeschoß einen der Männer tötete. Ein weiteres verwundete gleichzeitig einen anderen Soldaten und den Leutnant. Coxon begann daraufhin, langsam zurück zu kriechen. Doch dabei traf ihn ein weiteres Geschoß – in den Bauch. Er verblutete unter großen Schmerzen innerhalb der nächsten Minuten.

Nun übernahm Leutnant Robert E. MacLaughlin Coxons Zug. Dieser schickte seinen Funker, den Gefreiten Frank A. Busa, um auszukundschaften, wo sich die Deutschen versteckt hielten. Aber kaum hatte sich Busa in die Richtung des Manoirs bewegt, wurde auch er von einem Geschoß des deutschen Scharfschützen getroffen. Leutnant MacLaughlin glaubte, daß Busa noch leben würde und kroch zu dem Gefreiten, um ihn aus der Gefahrenzone zu ziehen. Aber gerade, als er ihn erreicht hatte, traf den Leutnant selbst ein Geschoß. Es drang in seinen Oberschenkel ein, durchschlug den Unterleib und trat am Gesäß wieder aus.

Oberleutnant John Dolan erzählte: "Dann kroch ich zu MacLaughlin, um ihn zurück zu holen und ihm Erste Hilfe zu leisten. Aber der Leutnant hatte derart starke Schmerzen, daß er flehte, ja nicht bewegt zu werden. Dann habe ich ihm eine Decke gebracht, um ihn damit zuzudecken. Als ich MacLaughlin etwas später nochmals aufsuchte, war er tot."

Gegen 8:00 Uhr wurden die Kampfhandlungen um das Manoir sehr heftig. Oberleutnant

John Dolan, Major James McGinity und alle anderen Fallschirmjäger in diesem Bereich feuerten mehrere Minuten lang auf die deutschen Stellungen im Anwesen und auf die Fenster der Gebäude. Danach ließ Dolan ein paar seiner Männer zurück, um die deutschen Soldaten weiter mit Feuer zu belegen und selbst mit dem Rest des Zugs das Anwesen an seiner Rückseite anzugreifen.

Kurze Zeit später näherten sich gleichzeitig Dolans Trupp der Rückseite des Anwesens und ein anderer Trupp, unter der Führung des Oberleutnants George W. Presnell, von der nahen Anhöhe und aus nördlicher Richtung der kleinen Brücke, um von dort die Deutschen anzugreifen. Als Presnell und seine Männer nun im trüben Licht des noch grau verhangenen Morgens das breite Überschwemmungsgebiet des Merderets erblickten, konnten sie

Auf dem großflächigen, ansteigenden Terrain, das sich rechts vor der Brücke über dem Merderet befindet (im Bildvordergrund), hatte John Dolan deutsche Soldaten erwartet, die diesen strategisch wichtigen Abschnitt zu verteidigen versuchen... (Die Straße, über die sich Dolan und sein Trupp der Brücke genähert hatten, führt, von links kommend, direkt an dem Leroux-Anwesen vorbei und über die Brücke in Richtung Cauquigny, von dort aus weiter nach Picauville, Bernaville und Amfreville. Die Wiesen im Hintergrund und rechts waren 1944 bis zu den hinten stehenden Bäumen überschwemmt – nur die schmale Chaussee ragte durchschnittlich einen halben Meter darüber hinweg. Vergleiche siehe Seiten 68 und 113.)
Fotos: von Keusgen

Oberleutnant John Dolans kleiner Trupp näherte sich im Morgengrauen auf der von Sainte-Mère-Église über die Bahnlinie zum Leroux-Anwesen und zur Brücke über den Merderet hinabführenden Chaussee. (Bild links: Links der Straße das Anwesen, dessen Haupthaus mit einem Turm versehen war. Vergleich siehe Seite 67.)
Fotos: US National Archives / von Keusgen

Auch während der heftigen Kampfhandlungen am und im Leroux-Anwesen blieb die strategisch so wichtige Brücke über den Merderet, um die es dabei im Wesentlichen ging, weiterhin unbesetzt – ebenso die daran anschließende Chaussee zum nur sechshundert Meter entfernten Cauquigny (Blickrichtung).

auch die Masse der auf dem trüben Wasser treibenden Fallschirme sehen... Ihnen wurde bewußt, daß sie großes Glück gehabt hatten, auf trockenem Boden gelandet zu sein.

Als sich Dolans Zug unter der Leitung des Majors McGinity dem Manoir hinter einer hohen, dichten Hecke näherte, gerieten sie, ohne es zu bemerkten, in den Sichtbereich der deutschen Soldaten, die plötzlich das Feuer eröffneten – mit Gewehren und einer Schnellfeuerkanone. Major McGinity wurde gleich mehrmals getroffen und verstarb sehr schnell. John Dolan feuerte mit seiner britischen Maschinenpistole in jene Richtung, in der er die Blätter der dichten Hecke beim Schießen der Kanone hatte flattern sehen. Dann sprang er in einen Graben und setzte sein wütendes Feuer fort.

Robert Murphy berichtete über diese Situation: "Sie hatten Dolan festgenagelt. Aber mit ihm in dieser Position kamen die Krauts auch nicht vorwärts."

Nun wurde das Maschinengewehr- und Granatwerferfeuer aus den dichten Hecken und von den Gebäuden her auf den anderen Trupp der Fallschirmjäger gelenkt – auf jenen der A/505. PIR, der versuchte, das Anwesen zu umkreisen. Den Amerikanern war es nicht möglich, ihre Granatwerfer einzusetzen, da niemand genau wußte, wo sich die Kameraden des anderen Trupps aufhielten.

Brigadegeneral Gavin hatte indessen mit seiner gemischten Truppe die kleine Bahnstation von La Fière erreicht, die sich noch in einer Entfernung von 1.260 Meter Wegstrecke von der Merderet-Brücke befand. Unabhängig von Gavins langen Überlegungen, in welche Richtung man sich nun bewegen sollte, war Oberst Roy Lindquist mit seinen zusammengesuchten Fallschirmjägern den Hang längs der Bahnstrecke weitergezogen. Einige hundert Meter hinter der fast einen Kilometer vom Leroux-Anwesen entfernten Eisenbahnbrücke schwenkte Lindquist dann in Richtung der La-Fière-Brücke ab. Er konnte die dortige Schießerei seit einiger Zeit deutlich hören, und so näherte er sich bis auf annähernd einhundert Meter jener Position, in der Dolans Trupp unter Beschuß lag...

Oberstleutnant Vandervoort und seine Soldaten des 2./505. PIR hatten indessen fast zwei Stunden nahe Neuville-au-Plain tatenlos verharrt. Um 8:00 Uhr erhielt Vandervoort endlich eine weitere Mitteilung seines Regimentsstabs: "Wir haben keine Nachricht vom 3. Battaillon."

126

Um 8:10 Uhr ging ein neuer Befehl bei Vandervoort ein: "Kehren Sie um und nehmen Sie Sainte-Mère-Église ein."

Kaum hatte sich der Oberstleutnant mit seinen Männern wieder in Marsch gesetzt, erfolgte um 8:16 Uhr ein weiterer Befehl: "Gehen Sie nach Neuville, wir glauben, daß das 3. Bataillon in Sainte-Mère-Église ist."

Nur eine Minute später erhielt Vandervoort eine neue Order: "Ignorieren Sie den letzten Befehl und rücken Sie auf Sainte-Mère-Église vor."

Doch bevor der Oberstleutnant nun endlich nach Sainte-Mère-Église marschierte, ließ er von der D-Kompanie einen starken Zug nach Neuville schicken, um dort eine Rückendeckung aufbauen zu lassen. Vandervoort befahl den Männern: "Trefft Ihr dort Deutsche, so reibt sie auf. Vermint die Straße nach Norden, und richtet eine günstige Verteidigungsstellung ein. Dann haltet."

Nachdem Vandervoort eineinhalb Stunden später mit seinen Soldaten Sainte-Mère-Église erreicht hatte, erhielt der Ort zwar eine zusätzliche Verstärkung, doch ergab sich für die Amerikaner daraus keinerlei Vorteil. Die Männer des 2. Bataillons wurden dazu eingeteilt, die ohnehin schon errichteten Straßensperren personell zu ergänzen, und die E- und I-Kompanie bildeten eine bewegliche Reservetruppe.

Zu jener Zeit, da Major McGinity auf dem Leroux-Anwesen erschossen wurde, hatte sich ein Trupp von 44 Fallschirmjägern des falsch gelandeten 507. PIR am Ostufer des Merderet, unweit nördlich der La-Fière-Anhöhe, genähert. Hauptmann Floyd B. Schwarzwalder, Chef der G-Kompanie des 3. Bataillons, hatte diese Männer auf der Ostseite der Bahnlinie zusammengesucht. Sie waren nun in Richtung der La-Fière-Brücke herangerückt, mit der Absicht, diese zu überqueren und zum eigentlichen Absprungziel bei Amfreville

Leutnant John W. Marr vom 507. PIR hatte sich in der Nacht mit einigen anderen Fallschirmjägern dem Trupp des Hauptmanns Schwarzwalder angeschlossen und war mit ihm zum Leroux-Anwesen marschiert...

Foto: US National Archives

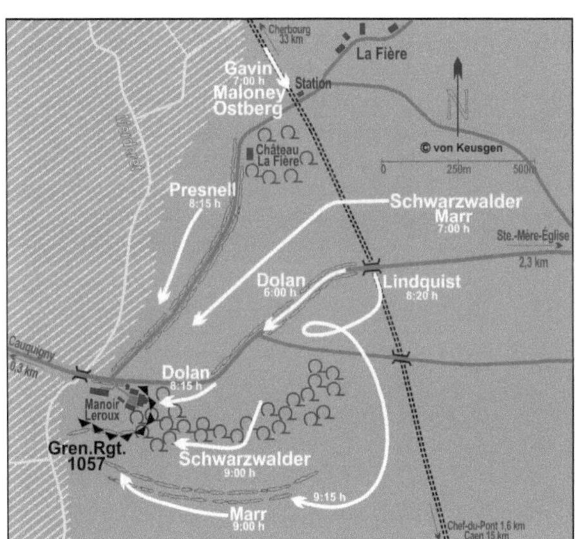

Die ersten Kampfhandlungen im Bereich der Merderet-Brükke – auf dem Leroux-An-wesen bei La Fière.

Grafik: von Keusgen

zu marschieren. Als sie in die Nähe der Brücke kamen, wurden auch sie von der Schnell-feuerkanone beschossen.

Leutnant John W. Marr gehörte zu von Schwarzwalders zusammengesuchter, aus 79 Männern bestehender Truppe der 507er. Unter seiner Führung ließ er einen Teil der Soldaten nun aus einer Position nur noch etwa 150 Meter südlich der Brücke auf das Leroux-Anwesen vorstoßen, um die gefährliche Schnellfeuerkanone zu finden und zu eliminieren.

Als seine Soldaten nun südlich des Anwesens den ersten Heckensaum erreichten, brach starker Beschuß auf sie los. Marr drehte mit seinen Männern ab, worauf die deutschen Soldaten ihren Beschuß auf Schwarzwalder und seine Männer lenkten. Der Hauptmann befahl seinen Leuten, auf die Gebäude und die Hecken zu feuern, was dazu führte, daß die Schießerei der Deutschen einen Moment lang aufgehalten werden konnte. Marrs Männer töteten dabei einen deutschen Gewehrschützen.

Plötzlich erschien es Leutnant Marr, daß die deutschen Soldaten zunehmend auf der anderen Seite des Anwesens schossen, auf der nördlichen Seite. In Ermangelung an Kommunikationsmöglichkeiten konnte der Leutnant nicht wissen, daß es sich dabei um Oberleutnant John Dolans Männer der A-Kompanie des 505. PIR handelte, die von der anderen Seite die Deutschen angriffen. Die Soldaten der A-Kompanie wußten ihrerseits nicht, daß Marr von Süden her gegen das Anwesen vorstoßen wollte. Schwarzwalder befahl nun Leutnant Marr, sich mit vier Soldaten entlang der Hecken bis zu einer alten Mauer nahe der Brücke zu begeben.

Marr und seine Männer liefen zur Hecke. Doch noch kurz bevor sie dort ankamen, wurden zwei seiner Soldaten durch mehrere kurze Feuerstöße aus einem Maschinengewehr an den Beinen verwundet. Die fünf Männer gingen in Deckung. Einer der Verwundeten erblickte die deutsche MG-Stellung und feuerte anhaltend mit seiner Maschinenpistole darauf. Ein deutscher Soldat sprang aus der Stellung und hielt eine Handgranate zum Werfen bereit. Ein anderer der fünf Amerikaner schoß mit seinem automatischen Karabiner auf den Deutschen. Obwohl mehrmals getroffen, blieb er dennoch mit schmerzverzerrtem Gesicht aufrecht stehen, noch immer bemüht, seine Handgranate zu werfen. Aber zwei der Amerikaner waren schneller und warfen ihrerseits zwei Handgranaten in die MG-Stellung. Gleichzeitig beschoß ein deutsches Maschinengewehr die dichte Hecke, unter der die anderen Männer lagen. Der Gefreite Lawton wurde zweifach verwundet. Dennoch war er in der Lage, einen hinter der Brücke stehenden deutschen Offizier zu erschießen, der durch ein Fernglas die ganze Aktion beobachtet hatte. Als Leutnant Marr dann erkannte, daß

Die Merderet-Brücke und das Leroux-Anwesen der vor dem Zweiten Weltkrieg (Blickrichtung Norden, Richtung Sainte-Mère-Église; Vergleiche siehe Seiten 68, 113, 118 und 119).
Foto: Archiv von Keusgen

Der längste Teil der von Caen nach Cherbourg führenden Bahnlinie verläuft fast ebenerdig. Ein weiterer Teil auf einem bis zu sechs Meter erhöhten Damm – wie nördlich La Fière, auf dem sich in der Nacht die US-Fallschirmjäger gesammelt hatten. Das Teilstück von La Fière bis fast nach Chef-du-Pont liegt in einem bis zu elf Meter tiefen Geländeeinschnitt.
Foto: von Keusgen

An dieser Stelle (einen Kilometer oberhalb der Merderet-Brücke bei La Fière) verließ General Gavin mit seinen Soldaten direkt an der Bahnüberführung den Schienenstrang und erstieg die elf Meter hohe Anhöhe, um darauf nach Chef-du-Pont zu marschieren… **Foto: von Keusgen**

Die Brücke mit der nach Cauquigny und Amfreville führenden Chaussee heute.
Foto: von Keusgen

Abzeichen des 507. Parachute Infantry Regiment.
Abbildung: Archiv von Keusgen

Abzeichen der Lastenseglerpiloten (G=Gliderpilots).
Abbildung: Archiv von Keusgen

"Red Devils" ("Rote Teufel") – das Abzeichen des 508. Parachute Infantery Regiment (PIR).
Abbildung: Archiv von Keusgen

Lawton schnell sehr viel Blut verloren hatte, schleppte er den Schwerverwundeten an der Hecke entlang und zurück zu den anderen Männern seiner Kompanie. Die drei Soldaten folgten ihm.

Gerade als Marr wieder zu Hauptmann Schwarzwalder zurückgekehrt war, erschien Oberst Lindquist mit einem großen Trupp Soldaten des 505. PIR, die eigentlich der Führung des Oberleutnants John H. Wisner vom 2./507. PIR unterstanden. Zeitgleich waren auf der Nordseite des Anwesens Männer der C/505. PIR unter der Führung des Hauptmanns Arthur Stefanich herangerückt. Sie trafen mit Oberleutnant Presnell zusammen und berieten die Situation. Mit Oberleutnant Dolan wurde dann beschlossen, das Anwesen gleichzeitig aus nördlicher und südlicher Richtung gemeinsam anzugreifen. Doch die Stellungen der deutschen Soldaten hinter den soliden Natursteinwänden der Häuser und hinter dicken Bäumen boten ihnen einigen Schutz gegen die leichten Waffen der amerikanischen Fallschirmjäger. Als sich dann eine fünfköpfige Gruppe von Spähern dem Manoir näherte, eröffnete ein anderes Maschinengewehr das Feuer auf sie. Vier der Männer wurden sofort erschossen. Eine Handgranate tötete den deutschen MG-Schützen.

Ein gut koordinierter, gleichzeitiger Angriff stellte für die Amerikaner insofern ein Problem dar, da sie einerseits über keine Kommunikationsmittel (Funkgeräte oder Telefone) verfügten, andererseits die langgestreckten Gebäude des in sich fast geschlossenen Anwesens sowie die vielen hohen und dichten Hecken einen Sichtkontakt verhinderten.

In den folgenden, gleichermaßen schnellen wie verworrenen Kampfhandlungen wurden weitere vier deutsche Soldaten getötet und der Rest ihres Trupps aus den außerhalb des Anwesens befindlichen Positionen in die Gebäude zurückgedrängt.

Major Frederick C. A. Kellam, Kommandeur des 1. Bataillons des 505. PIR.

Bis 8:30 Uhr war es auch einigen Soldaten des 3. Zugs der B-Kompanie des 307. Fallschirmjäger-Pionier-Bataillons gelungen, eine 5,7-cm-Pak in dem Innenhof des Anwesens aufzustellen. Sie hatten das Geschütz bereits kurz nach ihrer Landung aus einem der havarierten Lastensegler geborgen. Doch kam es nicht mehr dazu, daß es hier während dieser ersten Kampfhandlungen um die Merderet-Brücke noch eingesetzt wurde. Diese Fallschirmjäger-Pioniere bildeten einen Teil des Kampftrupps des 505. PIR und waren Major Frederick Kellam unterstellt.

Parallel zu den Kampfhandlungen bei La Fière hatte die inzwischen noch größer gewordene Fallschirmjäger-Gruppe, zu der auch Bill Tucker gehörte, wieder den Kirchplatz in Sainte-Mère-Église erreicht. Die Kirche und die umstehenden Häuser zeichneten sich bereits im Morgendunst als scharfe Silhouetten gegen den grauen Himmel ab. Tucker erzählte: "Hier und da schlichen Franzosen auf der Straße herum und verschwanden bei unserem Herannahen. Sie riefen, *vive la France!* Ich fand ihre Zurückhaltung erstaunlich, denn hatten sie nicht schon so lange auf ihre Befreiung gewartet? Dennoch schienen sie nicht glücklich zu sein...

Wir suchten dann etwas Deckung hinter einigen geparkten Lastwagen der Deutschen, und ich baute mit Leonard ein Maschinengewehr unter einem großen Baum nahe der Kirche auf. Dann war da plötzlich eine große Ruhe, und wir spürten, daß sich etwas ereignen würde. Es war da eine Ausstrahlung. Irgend etwas schien zu geschehen – ganz nah... Ich griff nach meinem Gewehr, in meinem Kopf überschlugen sich die Gedanken. Dann blickte ich nach oben und verstand: Direkt über meinem Kopf schaukelte ein toter Fallschirmjäger, der in dem Baum gelandet war. Das war der Horror und der Moment, da ich Angst bekam, Angst vor dem, was ich sah... Er hatte unendlich große Hände, und seine Mütze verdeckte einen Teil seines Gesichts... Die Gruppe Fallschirmjäger, die hier gelandet war, hatte offensichtlich einen schlechten Moment erwischt...

US-Soldaten patrouillierten um den Kirchplatz.

Fotos: US National Archives

Dann überquerten wir den Kirchplatz und betraten den Park. Nahe eines zerfetzten Fallschirms, der dort herumflatterte, sah ich den Körper eines deutschen Soldaten liegen. Es war der erste Deutsche, den ich in Frankreich sah. Niemals werde ich sein Gesicht vergessen. Er war sehr jung und gut aussehend. Seine Uniform war sehr viel eleganter als unsere. Sie war auch gut gebügelt. Unter seiner Mütze mit dem glänzenden Schirm wirkte er noch sehr lebendig. Aber ein kleines Rinnsal Blut floß aus einem Mundwinkel. Ein amerikanischer Fallschirmjäger war schneller gewesen als er... Nicht weit entfernt sah ich einen toten Kameraden, der in einem Gebüsch lag. Er hatte keine Schuhe an den Füßen. Ich war völlig durcheinander, fühlte mich so hilflos und bekam Schüttelfrost. Ich wußte nicht, wer vor unserer Ankunft schon hier gewesen war..."

Tucker und einige hinzugekommene Kameraden suchten nun in der nahen Umgebung die Dächer und Schornsteine nach weiteren Fallschirmjägern ab. Dabei fiel ihnen auf, daß an der dem Platz abgewandten Seite der Kirche ein Fallschirm an der unteren Dachkante hing...

Als die Sonne aufgegangen war, kamen in Sainte-Mère-Église viele Einwohner aus ihren Häusern und auf den Kirchplatz. Alles war ruhig, und es war kein Kampflärm mehr zu hören. Auch der Bürgermeister ging über den Kirchplatz und zum Haule-Park hinüber.

Alexandre Renaud sah die in den Bäumen und am Telegrafenmasten hängenden Fallschirme, die sich vom leichten Wind etwas blähten. An zwei der Schirme hingen noch die toten Soldaten. Weit verteilt waren in der Nacht insgesamt 32 Fallschirmjäger in den Straßen, den Höfen, in Gärten und auf den Dächern der Kleinstadt heruntergekommen. An der zum Marktplatz gerichteten Ecke des Kirchturms hing noch immer der Fallschirm – John Steel war verschwunden. Am Eingang zum Park sah der Bürgermeister auch den toten deutschen Soldaten mit der Schirmmütze auf dem Kopf liegen...

Als Renaud zur Pumpe kam, sah er, daß die Löschausrüstung noch immer intakt war. Das ausgebrannte Haus und die benachbarte abgebrannte Scheune schwelten noch und qualmten leicht – auch der verkohlte Körper jenes Fallschirmjägers, der in das brennende Haus getrieben und irgendwann, nachdem alle Flüssigkeit aus seinem Körper verdampft, von der enormen Hitze wieder hinausgeschleudert worden war.

Um 8:10 Uhr kam Major von der Heydte auf seinem Rückweg von Sainte-Marie-du-Mont in die kleine Ortschaft Saint-Côme-du-Mont – 3,6 Kilometer westlich Carentan. Dort traf er auf die Spitze seines Regiments. Schnell ließ er in der ersten Etage eines einzeln stehenden Hauses, nahe einer Straßengabelung und etwas abseits der Nationalstraße, einen provisorischen Gefechtsstand einrichten. Dann erteilte er erste Kampfbefehle: Das I. Bataillon erhielt den Auftrag, in Richtung Sainte-Marie-du-Mont vorzugehen und das Dorf, wenn möglich, zu halten. Bei stärkerem Feinddruck sollte das Bataillon in hinhaltendem Kampf allmählich in Richtung Saint-Côme-du-Mont ausweichen.

Alexandre Renaud im Gespräch mit einem amerikanischen Infanteristen.
Foto: US National Archives

Das II. Bataillon sollte mit dem rechten Flügel möglichst in Fühlung mit dem I. Bataillon beiderseits der großen Nationalstraße in Richtung Cherbourg aufklärend vorgehen, um festzustellen, ob Sainte-Mère-Église noch feindfrei sei.

Das III. Bataillon behielt der Regimentskommandeur im Raum Carentan zu seiner Verfügung. Bei Saint-Côme-du-Mont traf von der Heydte auch auf das III. Bataillon des Grenadier-Regiments 1058, die 3. Batterie des Flak-Regiments 243 und die 4. und 8. Batterie des Artillerie-Regiments 191. Von feindlichen Kräften bereits stark angeschlagen und fast ohne Munition, hatten sie ihre Stellungen aufgegeben. Der Major unterstellte diese Einheiten sofort seinem Kommando.

Oberstleutnant Timmes war es als zu gefährlich erschienen, auf der Chaussee nach Amfreville zu marschieren. So war er mit seinem Trupp querfeldein gegangen und den dichten Hecken gefolgt, die ihnen etwas Deckung boten. Überall trafen sie verstreut gelandete Fallschirmjäger, und irgendwann auch Oberleutnant Levy mit 31 Männern. So fanden sich 72 Soldaten zusammen. Wegen des Gefechtslärms, den sie hören konnten, vermutete Timmes, bei Amfreville bereits im Kampf gebundenen deutschen Soldaten in die Flanke oder in den Rücken fallen zu können...

Nahe Amfreville begegneten Timmes und seinen Soldaten ein kleiner Trupp Fallschirmjäger des 505. Regiments, die aus jener Richtung kamen, in die der Oberstleutnant zog. Der Trupp marschierte entschlossen zu seinem eigentlichen Einsatzgebiet – zur östlichen Seite des Merderets. Timmes konnte nicht wissen, daß die Schießerei, die er gehört, diesen Soldaten gegolten hatte, und setzte seinen Weg fort... Plötzlich schlug Timmes' Männern aus nur kurzer Entfernung eine gezielte Salve Gewehrfeuers entgegen. Eine Kompanie deutscher Soldaten hatte sich rund um das kleine Amfreville in gut getarnten Schützenlöchern eingegraben und feuerten nun auf den Trupp des Oberstleutnants. Auch von vielen der alten Natursteinhäuser und dem Kirchturm herab wurden die Amerikaner im ersten, noch fahlen Licht des Tages beschossen. Verwundete schrieen nach Sanitätern, aber unter Timmes' Männern gab es keinen einzigen. Den völlig überraschten Fallschirmjägern blieb nichts anderes übrig, als sofort Deckung zu suchen – an Gegenwehr war für sie in ihrer ungeschützten Position überhaupt nicht zu denken...

Als Oberstleutnant Timmes den Befehl zum Rückzug gab, mußte er bereits vier Tote und ebensoviele Schwerverwundete zurücklassen.

Um 9:30 Uhr hatte Timmes dann mit dem Rest seiner Männer genau jene östlich Amfreville und nahe des Über-

Leutnant Turner Turnbull vom 505. PIR war mit seiner Truppe auf Befehl des Oberstleutnants Benjamin Vandervoort von Neuville-au-Plain aus zur Verstärkung nach Sainte-Mère-Église abkommandiert worden und dort in den frühen Morgenstunden eingetroffen.

Um 9:35 Uhr näherte sich auf der Nationalstraße der erste deutsche Panzer eines neuen starken Stoßtrupps gegen Sainte-Mère-Église...

Fotos: US National Archives

schwemmungsgebietes gelegene Apfelbaum-Plantage wieder erreicht, aus der er drei Stunden zuvor abmarschiert war. Bis hierhin waren die fliehenden Amerikaner auch noch von einer Gruppe deutscher Soldaten permanent verfolgt und immer wieder mit Karabinern und einem Maschinengewehr beschossen worden. *(Obwohl an dieser Stelle die Waffenüberlegenheit bei den Amerikanern lag, und obwohl sie den deutschen Soldaten an Masse überlegen waren, versäumte Timmes dennoch den richtigen Moment für einen Ausbruch aus der kleinen Apfelplantage – was noch weitreichende Konsequenzen haben sollte...)*

Inzwischen war der amerikanische Melder, den Major Krause mit der wichtigen Nachricht zum Regimentsstab geschickt hatte, auf General Ridgway getroffen. Ihm händigte er Krauses Meldung betreffs der Einnahme von Sainte-Mère-Église aus, ohne darauf

Am nördlichen Ortseingang von Sainte-Mère-Église: Das abgeschossene Sturmgeschütz III. Das Panzerwrack, in dessen Inneren die gesamte Besatzung verbrannt war, qualmte noch bis zum Morgen des 7. Juni... (Ausführung A mit einer 7,5-cm-Sturmkanone, Frontpanzerung 50 mm, Seiten- und Heckpanzerung 30 mm, Abdeckung und Bodenwanne 19 mm, 12-Zylinder-Motor, 300 PS, 40 km/h, 19,6 Tonnen Gewicht. Sturmgeschütze wurden zur Unterstützung der Infanterie entwickelt. Von diesem Panzer-Typ wurden von 1940 bis 1945 insgesamt etwa 12.000 Exemplare produziert.)
Fotos: US National Archives

hinzuweisen, daß sie für den Regimentskommandeur und zu dessen weiterer Disposition bestimmt war. So blieb Oberst Ekman betreffs der Situation in Sainte-Mère-Église weiterhin im Ungewissen...

Am Morgen dieses Tages erhielten die in Sainte-Mère-Église stehenden Amerikaner per Funk die Nachricht erhalten, daß sich ein stärkeres Truppenkontingent der vom *Utah*

Der Obergefreite Rudolf May.
Foto: Kollektion Jörg Kohnen-May

Beach heranrückenden 4. Infanterie-Division inzwischen der Stadt aus östlicher Richtung bis auf nur noch wenige Kilometer genähert hatte. Gleichzeitig lieferten sich zwischen Fauville und Tourqueville georgische Wehrmachtsoldaten des Ost-Bataillons 795 einen erbitterten Kampf mit amerikanischen Soldaten. *(Nach zweieinhalb Stunden der Kampfhandlungen waren dreihundert Georgier gefangengenommen worden.)*

Oberleutnant John Dolan versuchte mit seinen Männern immer wieder, aus der Deckung der Hecken die deutschen Soldaten im Leroux-Anwesen erfolgreich anzugreifen.

Foto: US National Archives

Um 9:35 Uhr, noch bevor die von *Utah* heranrückenden amerikanischen I nfanteristen in Sainte-Mère-Église eintrafen, stieß eine deutsche Angriffsspitze auf die Stadt vor – aus Norden und auf der Nationalstraße 13 kommend. Es waren mehrere Kampfwagen der Panzerjäger-Abteilung 709 mit Unterstützung durch zwei Kompanien Infanteristen des Grenadier-Regiments 1058. An diesem Ortseingang hatte gerade Oberstleutnant Benjamin Vandervoort seinen Gefechtsstand eingerichtet – und genau dort rollte nun langsam das erste deutsche Panzerfahrzeug heran, ein Sturmgeschütz III...

Soldat John Atchley, von der H-Kompanie des 505. PIR, lief mit einer Bazooka in geduckter Haltung dem Panzer hinter einer nur einen Meter hohen Hecke entgegen. Dann hockt er sich hin, schob eine Rakete in die Bazooka und wartete, bis das Fahrzeug fast genau neben ihm war. Atchley feuerte, und sein Geschoß traf in den oberen Bereich des Ketten-Laufwerks – in den Rumpf des Panzers. Augenblicklich stand der gesamte Kampfwagen in Flammen. Von seinen Insassen gelang niemandem mehr der Ausstieg... Sofort stoppte der deutsche Vorstoß, und man zog sich eilig wieder auf der Nationalstraße zurück.

Unteroffizier Rudi Escher hielt sich indessen noch immer in seiner improvisierten Stellung im Hohlweg bei Fauville auf – doch in Verbindung mit den anderen Gruppen der Stabskompanie. Eschers Gruppe verbrachte aber ebenfalls den Morgen mit dem vergeblichen Warten auf weitere Befehle und Verpflegung. Nach der ereignisreichen und langen Nacht waren alle müde. Escher saß erschöpft auf einem Baumstumpf und döste vor sich hin. Plötzlich fielen mehrere Schüsse, und Rudolf May wurde am linken Oberarm von einem Infanteriegeschoß getroffen. Es war in seinem Arm steckengeblieben. Alle waren aufgeschreckt. Der verwundete MG-Schütze feuerte in seiner Wut mit dem Maschinengewehr aus der Hüfte in die Richtung zurück, aus der man ihn beschossen hatte. Da dann kein weiterer Schuß mehr fiel, suchten die Soldaten nach einiger Zeit die Gegend ab, konnten aber niemanden finden. Rudi Escher sagte: "Der Amerikaner hätte uns alle erschießen können, weil wir nach der unruhigen Nacht völlig übermüdet waren, denn auch unser Wachtposten war eingenickt..."

Um kurz vor 9:00 Uhr hatte der Kommandeur des 1./505. PIR, Major Frederick C. A. Kellam, Brigadegeneral Gavin getroffen, der noch immer nahe der La-Fière-Bahnstation stand und die heftige Schießerei beim Leroux-Anwesen gehört hatte. Kellam meldete dem General, daß seine Männer dort unten alles unter Kontrolle hätten, und daß es kein Problem sein würde, das Anwesen einzunehmen. Außerdem habe der Feind bisher noch keinen Versuch unternommen, von der West-Seite aus über die Brücke vorzustoßen. Gavin war mit dem Bericht des Majors und dessen Zusicherung zufrieden. Er entschied nun, mit den Oberleutnanten Maloney und Ostberg und den noch immer völlig durchnäßten und frierenden dreihundert Soldaten zur nächsten, südlich gelegenen Merderet-Brücke bei Chef-du-Pont zu ziehen. Dort wollte er die von Sainte-Mère-Église über Chef-du-Pont nach Picauville und weiter ins Landesinnere führende Chaussee zu besetzen, gegebenenfalls vorher freikämpfen. Dann wollte man über die Brücke vorzustoßen und die *Höhe 30* zwischen Picauville und Cauquigny einnehmen, da dieses ohnehin ein Teil der Aufgabe des 508. PIR war.

Während sich nun Gavin mit seiner Schar weiterhin auf der westlichen Anhöhe längs des Bahndamms in südliche Richtung bewegte, setzten Oberleutnant Dolan und der inzwischen im Kampfgebiet beim Leroux-Anwesen eingetroffene Oberst Lindquist gerade zu einem neuen Angriff an – Dolan und Presnell aus nordöstlicher und nördlicher Richtung, sowie Lindquist aus südöstlicher.

Um 10:15 Uhr schickte Oberst Lindquist zwei Gruppen Soldaten verschiedener Einheiten in das Anwesen. Als sie vorsichtig zwischen den Gebäuden bis zur Rückseite des Manoirs vordrangen, entdeckten sie einige tote deutsche Soldaten im Garten. Unter den Männern des amerikanischen Stoßtrupps befand sich auch einer mit einer Bazooka. Um der Schießerei aus dem Hauptgebäude endlich ein Ende zu machen, schoß er eine Granate durch das Flurfenster ins Innere des großen, herrschaftlichen Hauses. Unmittelbar nach der Detonation hörte der Beschuß seitens der deutschen Soldaten aus den Fenstern der Rückseite des Manoirs auf.

Robert Murphy sagte über die letzten Momente des Gefechts um das Leroux-Anwesen: "Wir betrachteten nun den Kampf als beendet, und es mußten nur noch die Deutschen gefangengenommen werden, die sich noch im Manoir aufhielten. Doch plötzlich begann im Innenhof eine neue Schießerei. Ungefähr zehn oder zwölf Deutsche feuerten aus den Fenstern in der ersten Etage der Eingangsseite des Hauses. Jeder Mann des 505., 507. und 508. erwiderte sofort das Feuer..."

Kurz darauf wurde ein großes, weißes Laken aus einem der Fenster gehalten. Einer der Fallschirmjäger ging daraufhin, mit seinem Karabiner im Anschlag, zur Haustür und trat sie auf. Aber statt der zu erwartenden Kapitulation wurde er sofort aus dem Treppenhaus heraus erschossen. Robert Murphy beurteilte die Situation subjektiv: "Der deutsche Schütze im Flur hatte wohl keine Ahnung von der weißen Fahne gehabt, die aus dem Fenster eines anderen Raums gehalten wurde. Nach weiterem sofortigen Schießen aller unserer Männer nahmen dann auch endlich die anderen Deutschen zur Kenntnis, daß der Kampf um das Leroux-Anwesen nun endlich zu Ende war..."

Nachdem sich die letzten überlebenden 12 deutschen Soldaten ergeben hatten, verließ auch Louis Leroux mit seiner Frau und den drei Kindern das Anwesen. Sie hatten sich während der Kampfhandlungen im Weinkeller des Manoirs versteckt gehalten. Nachdem man

Oberst Roy Lindquist, Kommandeur des 508. PIR, war mit seinen Soldaten unabhängig von General James Gavin weitergezogen und, als er den Kampflärm hörte, in Richtung des Leroux-Anwesens marschiert...

Foto: US National Archives

Der Erhalt der Brücke über den Merderet bei La Fiére war für den Vormarsch der Amerikaner von großer Wichtigkeit.
Foto: US National Archives

Bruno Hinz vom II./FJR 6: "Die Kämpfe waren grauenhaft…"
Foto: Kollektion Bruno Hinz

ihnen nun den strategischen Wert der nahen Brücke erklärt hatte, wollten sie dieses offensichtliche Krisengebiet schnell verlassen, um bei einer weiter entfernt wohnenden, befreundeten Familie Schutz zu suchen. Kurz darauf verließen auch zwei ältere, als Folge ihrer Verwundungen hinkende Franzosen das Anwesen durch einen Hinterausgang. Einer der Männer zog einen Handkarren, in dem eine alte Frau saß…

Oberst Lindquist und Major Kellam ließen nun von ihren Soldaten innerhalb der nächsten Stunde mehrere kleine Wach- und Verteidigungsstellungen an der Brücke und in ihrer Nähe anlegen. Es war ohnehin die Aufgabe des 1./505. PIR, die Brücke einzunehmen und zu besetzen. Die Männer der B-Kompanie des 307. Fallschirmjäger-Pionier-Bataillons untersuchten indessen die Brücke auf eventuell von deutschen Soldaten installierte Sprengsätze. Die Brücke mußte den Amerikanern für ihren weiteren Vormarsch ins Inland auf jeden Fall unversehrt zur Verfügung stehen. Als Lindquist dann mit der Spitze seines Trupps an der Bahnlinie auf Brigadegeneral Gavin stieß, befahl dieser, daß der Oberst mit seinen Männern zurück gehen und eine solide Ersatz-Verteidigungsstreitkraft in der Nähe der Bahnlinie aufstellen sollte.

Parallel zu den Ereignissen bei La Fière begannen deutsche Soldaten des Grenadier-Regiments 1057 langsam auf die *Höhe 30* und gegen Oberstleutnant Shanley und seine Männer vorzustoßen. Seit einigen Stunden hatten sie mit nur leichtem Schützenfeuer mit den Amerikanern geplänkelt, die ihrerseits infolge zunehmenden Munitionsmangels gezwungen waren, Munition zu sparen. Doch das Funkgerät, das die Fallschirmjäger gefunden hatten *(eines der wenigen nach den Abwürfen noch intakten)*, vermittelte ihnen wichtige Hilfe, denn einer von Shanleys Spähtrupps stieß 1.500 Meter nordöstlich der *Höhe 30* auf Oberleutnant Mc Vicar mit seinen 58 Soldaten. Bei Shanley eingetroffen, funkte der Oberleutnant zu seinem Bataillonskommandeur und erklärte ihm die Situation. Der sagte sofort seine Unterstützung zu – doch sollte es bis dahin noch einige Zeit dauern…

Gegen 10:00 Uhr hatte Major von der Heydte eine Meldung seines II. Bataillons erhalten. Es hieß darin, daß es an einer Straßenkreuzung, zirka 2,5 Kilometer südlich Sainte-Mère-Église, durch starkes feindliches Feuer zum Stehen gebracht worden war. Von der Stadt her höre man allerdings nur vereinzelte Schüsse. Eine Verbindung des II. Bataillons zum I., das im Raum um Sainte-Marie-du-Mont in heftigen Kampfhandlungen gebunden war, gab es nicht mehr. Das II. Bataillon schwenkte nun in nordöstliche Richtung und auf Turqueville ein, um sich dann noch weiter in Richtung des amerikanischen Küsten-Landeabschnitts und gegen die dort unentwegt in Massen landenden US-Truppen zu bewegen…

Die sich vom Beginn der Offensive eingestellte Überlegenheit der Amerikaner bestand außer in der Masse des zur Verfügung stehenden Materials in ihrer Luftüberlegenheit. Die schnellen Jagdbomber waren mit Maschinengewehren und mehreren Raketen ausgestattet und machten geordnete deutsche Truppenbewegungen geradezu unmöglich...

Alle drei Bataillone des Fallschirmjäger-Regiments 6 hatten bereits innerhalb der ersten Stunden der vielerorts stattfindenden Kämpfe sehr große Verluste erlitten. Das I. Bataillon war bei Sainte-Marie-du Mont fast vollständig aufgerieben worden, das II. Bataillon konnte nicht mehr bis nach Sainte-Mère-Église vorstoßen und das III. war in schwere Kampfhandlungen um Carentan gebunden...

Fotos: US National Archives

Bruno Hinz berichtete, was tatsächlich geschehen war: "Wir konnten schon von weitem den Kirchturm von Sainte-Mère-Église sehen und hörten starkes Geschützfeuer vom Ortsrand. Da wurde heftig gekämpft *(Höhe 20)*. Unser Kompaniechef, Leutnant Bruunklaus, sagte uns, daß er erfahren hatte, daß die Verluste des I. Bataillons bei Sainte-Marie-du-Mont inzwischen derart groß waren, daß wir nun allein Sainte-Mère-Église angreifen sollten. Aber angesichts der Stärke des Gegners wollte er unser Bataillon nicht auch aufreiben lassen. Wir wurden von oben mächtig mit Bomben und Granaten eingedeckt. Die Schiffsartillerie war grausam, und zwischen dem Beschuß war der Himmel immer wieder voller Jabos. Wir haben da irgendwo im Dreck in Deckung gelegen. Nach Sainte-Mère-Église kam keiner mehr 'rein..."

Um 10:25 Uhr erhielt das A.O.K. 7 die Meldung, daß Carentan seit 10:00 Uhr wieder feindfrei und sämtliche Brücken intakt und in deutscher Hand wären...

Bei der Heeresgruppe B ging zu dieser Zeit die Meldung ein, daß an der Nordküste des Cotentin bis jetzt noch keine Landung stattgefunden hätte. Ab 8:00 Uhr habe man aber größere Schiffsverbände gesichtet... Inzwischen vollzog sich jedoch bereits ab 6:44 Uhr eine permanente Anlandung von US-Truppen im Abschnitt *Utah Beach* vor La Madeleine. Ab 6:50 Uhr waren sogar die ersten Panzer an Land gekommen...

Heinrich Spieles legte immer wieder neue Fernsprechleitungen, "aber eigentlich hatte das keinen Sinn mehr..."
Foto: Kollektion Heinrich Spieles

Mit den ständig zunehmenden Lastenseglerlandungen erhielten die amerikanischen Truppen immer mehr Material, sowohl Versorgungsgüter wie Waffen und Munition. Sogar Geschütze und Fahrzeuge gelangten auf diesem, dem schnellsten Weg, in den Invasionsraum.
Foto: US National Archives

Heinrich Spieles und seine beiden Fernmelde-Kameraden hatten inzwischen die Telefonverbindung vom einige hundert Meter von Foucarville entfernten provisorischen Gefechtsstand ihres Bataillonskommandeurs, Major Mogg, im Straßengraben zum Regimentsgefechtsstand im großen Anwesen hergestellt. Es war 10:25 Uhr, als sie wieder nach Foucarville zurückkehrten. Heinrich Spieles erzählte: "Da konnten wir plötzlich einige Lastensegler sehen, die an Schlepptauen hinter den Flugzeugen hergezogen wurden, und sahen, wie sie nahe über uns ausgeklinkt wurden... Und als wir noch gar nicht ganz beim Bauernhof angekommen waren, gab es eine große Aufregung. Man rief uns entgegen, *haut ab, geht zurück!* Da waren gerade die ersten Segler gelandet. Dann hieß es, *Feuer frei und d'rauf!*

Kurz darauf landete der zweite Schub Lastensegler – nun hinter dem Regimentsgefechtsstand. Unsere gerade gelegte Telefonverbindung zu Major Mogg war jetzt abgerissen. Es hieß nur noch, *kämpfen!*

Wir igelten uns ein – Rundum-Verteidigung. Da ritt unser Regimentskommandeur, Oberst Beigang, trotz des nahen Feindes hoch zu Roß, aufrecht sitzend, und mit seinem Pferde-Burschen in Richtung des Bataillonsgefechtsstands. Aber er kam nicht mehr zurück – nur sein Pferde-Bursche. Der Oberst war von US-Soldaten vom Pferd geschossen worden. Der Ia übernahm sofort die Führung."

Nun begann der amerikanische Vorstoß aus Nordosten auf Sainte-Mère-Église und die Kämpfe mit den deutschen Truppen, die sich in den nahen Randgebieten vor der Stadt befanden. Durch die Straßen des Ortes streiften Reihen amerikanischer Soldaten, Kaugummi kauend oder mit einer Zigarette im Mundwinkel. Auf dem Kirchplatz und in den nahen Vorgärten schliefen etliche Soldaten. Einige gefangene deutsche Soldaten wurden in südliche Richtung aus der Stadt geführt *(zu einer Sammelstelle nahe Chef-du-Pont)*. Erste Granatabschüsse und Einschläge in der Nähe waren zu hören. Doch die Truppenverstärkung und starkes Abwehrfeuer der Amerikaner hielten einen weiteren deutschen Vorstoß von Süden her gegen Sainte-Mère-Église auf. Von der östlichen Seite wurde die Stadt von deutschen Geschützen eines Trupps von Georgiern unter Feuer genommen. *(Die Kampfhandlungen mit den Georgiern dauerten bis zum Morgen des 8. Juni, waren aber ohne Bedeutung.)*

Über die Brücken

Während der Kampfhandlungen bei La Fière und um die *Höhe 30* war Brigadegeneral James Gavin mit seinen Männern weiter dem Schienenstrang in südliche Richtung zum 2,6 Kilometer von La Fière entfernten Chef-du-Pont gefolgt. Er hatte seine Truppe geteilt und in zwei Staffeln vorstoßen lassen: Der Kommandeur des 3./507. PIR, Oberstleutnant Arthur Maloney, zog mit 75 Soldaten in einem weiten Bogen erst in östliche, dann in südliche Richtung, um unterhalb Chef-du-Pont das Überschwemmungsgebiet zu überqueren. Der Kommandeur des 1./507. PIR, Oberstleutnant Edwin Ostberg, marschierte mit den restlichen 75 Soldaten und mit Gavin auf dem Bahndamm direkt nach Chef-du-Pont. Inzwischen hatte man einige Jeeps aus Lastenseglern geborgen.

Der Kriegsberichterstatter William Walton war mit Gavins Soldaten marschiert: "Als wir die weiße Lehmstraße hinunterfuhren, reckten die Bauern ihre Köpfe aus den Fenstern. Ein paar Frauen rannten auf die Straße, lachend und fröhlich. Eine griff nach einem Unteroffizier und küßte die amerikanische Flagge, die sie auf seinem rechten Ärmel gesehen hatte. Viele Einwohner machten sich zu Führern der Amerikaner. Andere kamen mit detaillierten Informationen über Stärke und Stellungen der deutschen Soldaten."

Um 10:25 Uhr traf Gavin noch vor Maloney bei der kleinen Ortschaft ein, doch war sie von 48 deutschen Soldaten besetzt – die sich in den Straßen aber nur für kurze Zeit den Amerikanern widersetzten. Schon bald zogen sie sich in südwestliche Richtung auf der Damm-Chaussee, die von Chef-du-Pont nach Picauville und Pont-l'Abbé führt, zurück. Gavin begab

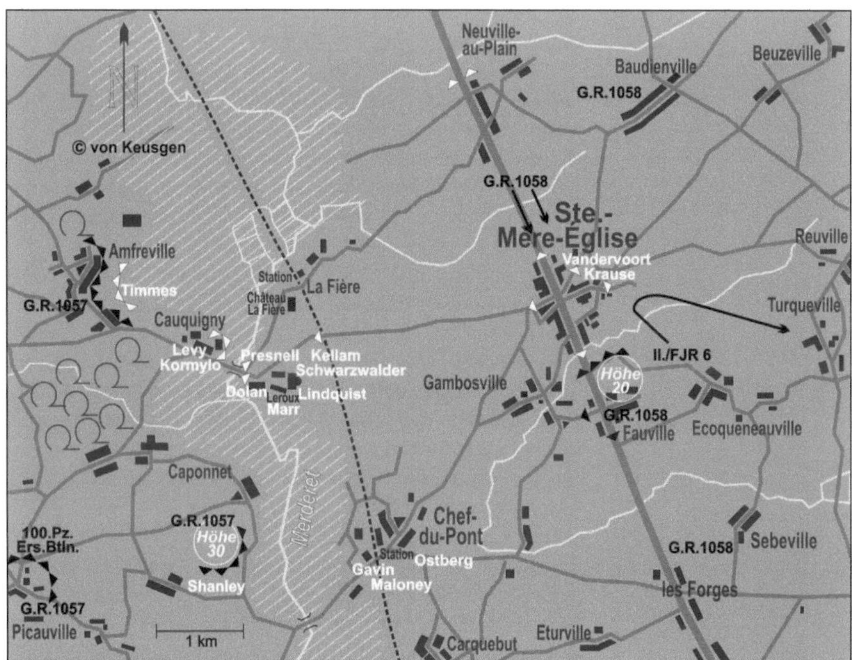

Die Standorte der amerikanischen und deutschen Truppen im Großraum von Sainte-Mère-Église gegen Mittag des 6. Juni. **Grafik: von Keusgen**

sich für eine kurze Lageerkundung an die Spitze seiner vorrükkenden Soldaten und konnte vom Ortsrand aus die ebenfalls strategisch wichtige Brücke über den Merderet sowie die 1.300 Meter entfernte, halb rechts von ihm liegende *Höhe 30* sehen.

Neben der schmalen Chaussee hatten deutsche Soldaten aus dem Damm etliche Schützenlöcher ausgehoben. Sie sollten nun einem Teil der von den Amerikanern verfolgten Deutschen Deckung vor deren Geschossen bieten. Auch dieser Damm zog sich wenig mehr als einen Meter über dem Wasserspiegel durch das Merderet-Überschwemmungsgebiet. Nur 640 Meter *(damals)* hinter dem Ortsausgang von Chef-du-Pont gab es eine 36 Meter lange, aus groben Natursteinen erbaute Brücke mit einer stark nach oben gewölbten Fahrbahn. Die Masse der deutschen Soldaten lief bis über diese Brücke zurück und suchte hinter ihrer hohen Wölbung Schutz vor dem Beschuß durch die Fallschirmjäger.

Nachdem sich die deutschen Soldaten zurückgezogen hatten, entstand eine Kampfpause. Die Amerikaner lagen nun auch auf der ortsnahen Seite der Chaussee, nahe der deutschen Schützenlöcher vor der Brücke in Deckung. Zwei Minuten lang fiel kein einziger Schuß. Plötzlich stand einer der Wehrmachtsoldaten mit erhobenen Händen aus einem der Löcher auf und rief den Amerikanern zu: "Kameraden...!"

Noch bevor jemand anderer reagieren konnte, wurde der Deutsche von einem der Fallschirmjäger aus nur fünf Meter Entfernung niedergeschossen. Sofort darauf war es wieder still, und einige Minuten verstrichen, ohne daß etwas geschah. Dann erhob sich ein weiterer deutscher Soldat aus demselben Loch, um sich ebenfalls mit hoch erhobenen Händen zu ergeben. Auch er wurde sofort getötet.

Nun entbrannte eine kurze Schießerei zwischen den wenigen restlichen deutschen Soldaten vor der Brücke und den ihnen nahen amerikanischen, die den Vorteil hatten, sich auf erhöhtem Terrain zu befinden. Nach einigen Minuten waren alle Wehrmachtsoldaten vor der Brücke erschossen worden. Auch jene, die hinter der Wölbung auf der anderen Seite der Brücke lagen, hatten sich in das Gefecht eingemischt, doch ihr zu hoch gelegtes Feuer verfehlte die Amerikaner. Dann wurde es eingestellt.

Oberstleutnant Ostberg erteilte nun seinen Leuten den Befehl zum Sturmangriff über die Brücke. Er selbst erreichte mit weiteren fünf Fallschirmjägern als erster die Erhöhung – und wurde zusammen mit den ihn begleitenden Männern von einem MG-Feuerstoß erfaßt und verwundet. Ostberg fiel über den Rand der Brücke in den Sumpf, wo er vor weiterem Beschuß sicher war.

Um 11:45 Uhr ging beim A.O.K. 7 eine weitere Meldung des LXXXIV. Armee-Korps ein *(auszugsweise): Auf Sainte-Mère-Église laufen Gegenangriffe von Norden und Südwesten zur Vernichtung der dort stehenden Luftlandetruppen. Montebourg und Pont-l'Abbé befinden sich in unserer Hand.*

Von Südwesten drang das Grenadier-Regiment 1057 über Pont-l'Abbé vor, und von Norden, über Emondeville, entlang der langen Nationalstraße weitere Truppenkontingente des Grenadier-Regiments 1058.

Oberstleutnant Timmes befand sich noch immer in dem von deutschen Soldaten eingeschlossen Obstgarten nahe Amfreville. Er erteilte nun Oberleutnant Lewis Levy den Befehl, mit zehn Männern zur Kirche von Cauquigny zu gehen und dort eine Stellung gegen einen Angriff deutscher Soldaten von Westen her zu errichten, gleichzeitig die südliche Flanke zur Chaussee auf dem Damm zu schützen.

Kurz nachdem sich Levy und seine Männer aus der Einkesselung geschlichen hatten, trafen sie Oberleutnant Kormylo vom 4./507. PIR mit 21 Soldaten. Auch er war schon seit Stunden umhergeirrt. Gemeinsam zogen sie zur Kirche von Cauquigny. Um 12:10 Uhr erreichten sie den Kirchhof und richteten sich an seinem Rand eine Stellung ein. Dort bauten sie ein schweres Maschinengewehr auf, mit dem sie auch die nahe, über dem Überschwemmungsgebiet gelegene Chaussee bis zur 780 Meter entfernten Brücke gut bestreichen konnten. Alles war soweit gut gegangen, Levy hatte sogar einen Bauern gefunden, der ihm und seinen Männern Milch und Cidre *(Apfelwein)* brachte. Ihr Frühstück bestand aus etlichen in kleinen abgepackten Portionen, die jeder der Soldaten in seiner Ausrüstung mitgeführt hatte. Unangenehm war lediglich, daß sie aus Osten von anderen amerikanischen Fallschirmjägern beschossen wurden, die sie für Deutsche hielten. Dennoch wurde niemand von Levys und Kormylos Männern verwundet oder getötet.

Für die deutschen Soldaten blieb an diesem Tag eine reguläre Verpflegung weitgehend aus, denn die Feldküchen durften wegen des weithin sichtbaren Rauchs nicht angeheizt werden.

Ab Mittag wurden die Lastensegler-Landungen der Amerikaner verstärkt. Auch nahe Sainte-Mère-Église kamen etliche der Transporter herunter – einer von ihnen im Bereich der

Ein unablässiger Strom von Lastenseglern sorgte permanent für Nachschub an Soldaten und Material (hier Segler des TYPS WACO CG-3A, links, und CG-4A, rechts).

Fotos: US National Archives

Stabskompanie des Grenadier-Regiments 1058. Unteroffizier Rudi Escher befand sich in der Nähe: "Direkt neben unserer Stellung landete ein Lastensegler *(Horsa)* auf der Wiese. Er wurde von einer anderen Gruppe beschossen, noch bevor er zum Stehen kam. Nach einiger Zeit ging ich mit ein paar Männern zu dem Segler. Aber auch wir wurden aus einer nahen Hecke beschossen. Wir zogen uns sofort zurück, warteten etwas ab und versuchten es noch einmal. Dann kletterten wir in den aus Sperrholz und Leinwand gebauten Lastensegler. Als erstes sah ich da drinnen einen Jeep mit einer Panzerabwehrkanone. Das war für uns fast unglaublich. Im Cockpit saß der tote Pilot. Der Copilot hatte eine Maschinenpistolengarbe in beide Schienbeine bekommen. Er sah schlimm aus...

Dann versuchte ich, mit einer Axt eine Öffnung in den Rumpf des Seglers zu schlagen, um den Jeep für uns heraus zu holen. Aber es gab keine Möglichkeit, ein Loch zu schlagen oder eine große Öffnung zu finden. Das Ganze war sehr stabil. Inzwischen hatten einige Kameraden den verwundeten Amerikaner zu irgendeinem Verbandplatz gebracht..."

Beim Abtransport des Verwundeten wurden die deutschen Soldaten abermals beschossen. Sie gaben ihr Vorhaben, den Jeep zu bergen, auf und kehrten zu ihrer Stellung zurück. Von weit her grollte leise die Schiffsartillerie, die auf den amerikanischen Landeabschnitt *Utah Beach* feuerte, und von überall war das Hämmern der Maschinengewehre zu hören.

Auf deutscher Seite waren die Meldungen noch immer verworren, unpräzise und teilweise widersprüchlich. Erst um 12:15 Uhr erreichte den Ic des OB West, Generalfeldmarschall von Rundstedt, die erste *(telefonische)* Meldung von Truppenanlandungen im Raum Saint-Martin-de-Varreville und Sainte-Mari-du-Mont *(Utah Beach),* die sich aber im Verlauf von inzwischen fünfeinhalb Stunden längst über einen breiteren Raum ausgedehnt hatten *(auszugsweise):* "Bei Saint Vaast *(20 Kilometer nördlich "Utah Beach")* laufende Anlandungen von See her *(eine Falschaussage, die erst um 17:10 Uhr widerrufen bzw. korrigiert wurde).* Bei Carentan zwei Fallschirmjäger-Divisionen laut Truppenmeldungen luftgelandet *(etc)."*

Generalleutnant August Karl-Wilhelm von Schlieben war Kommandeur der 709. Infanterie-Division, die an der Ost-Küste des Cotentin lag.
Foto: Wikipedia

Um 12:35 Uhr erreichte den OB West die nächste Meldung des A.O.K. 7 *(auszugsweise): ...auch auf der Halbinsel Cotentin laufend weitere Verstärkung, hier aus der Luft, verbunden mit dem Gewinn eines kleinen Landekopfes nördlich der Vire-Mündung. Diese Fallschirmtruppen beginnen bereits ostwärts Richtung unserer Küstenverteidigung vom Rücken her anzugreifen und suchen Verbindung mit dem Landekopf (Utah Beach)...*

Als der Kommandeur der 709. Infanterie-Division, Generalleutnant August Karl-Wilhelm von Schlieben, gegen Mittag von seiner Fahrt nach Rennes zurückgekehrt war, hatte er sich über die Lage informieren lassen. Er meldete dem Kommandierenden General des LXXXIV. Armee-Korps seine Rückkehr und daß er wieder den Befehl über die 709. Division übernommen hatte. General von Schlieben war nach seinen eigenen Worten "an Ort und Stelle klar, daß das Regiment 1058 in dem bis dahin angewandten Verfahren seinen Auftrag nicht erfüllen würde."

Von Schlieben erklärte: "Gleichzeitig erbat ich die Freigabe der beiden schweren motorisierten Artillerie-Abteilungen

456 und 457 unter dem Regimentsstab Oberstleutnants Seidel zur Unterstützung des Grenadier-Regiments 1058. Meiner Bitte wurde entsprochen. Der Befehl zur Heranziehung der Abteilungen wurde sofort gegeben, Oberstleutnant Seidel zum Kommandeur des Grenadier-Regiments 1058 vorausbestellt. Ich befahl Oberst Beigang, seine Verbände zu ordnen und am 7. Juni frühzeitig erneut und zwar nunmehr mit Unterstützung der beiden schweren Artillerie-Abteilungen 456 und 457 und mit Unterstützung der Selbstfahrlafetten-Kompanie der Panzerjäger-Abteilung 709, die ich dem Oberst Beigang unterstellte, auf Sainte-Mère-Église vorzustoßen."

Ab 13:00 Uhr wurde Sainte-Mère-Église von deutscher Artillerie unter Feuer genommen. Von Geschützen der nahe südöstlich gelegenen *Höhe 20*, von Fauville aus und von der Nationalstraße 13 wurde die Kleinstadt nun beschossen. Die Einwohner waren verängstigt, und die ersten verließen die Ortschaft, um bei Verwandten oder Bekannten auf dem Land Zuflucht zu suchen. So auch die Familie des Friseurs Le Cambaye. Während Monsieur Le Cambaye noch etwas zu einem Kunden bringen wollte und bereits unterwegs war, schloß seine Frau aus Angst vor den Granaten den Laden ab, schrieb mit Kreide noch schnell den Namen und den Ort der Familie, bei der sie Zuflucht suchen wollte, neben den Türrahmen und begab sich mit ihren Kindern eilig auf den Weg dorthin.

Die 1944 16-jährige Juliette erzählte: "Wir waren gerade aus dem Haus, da sah ich einen kleinen Schatten heran-huschen, und dann schlug eine Granate durch das Dach ein – genau dorthin, wo wir uns noch kurz vorher aufgehalten hatten..."

Das schmale Haus mit dem kleinen Friseursalon der Familie Le Cambaye an der Haupt-durchgangsstraße in Sainte-Mère-Église wurde von einer Granate der deutschen Artillerie getroffen und stark beschädigt.
Foto: US National Archives

Als Juliette mit ihrer Mutter und den Brüdern dann an der Schneiderei vorbeikam, in deren Schaufenster noch am Vor-tag ihr fertiges Hochzeitskleid hing, erschrak die 16-jährige: "Granaten waren explodiert, durch deren Druckwelle das Schaufenster zerbrochen war – und mein Kleid hing in tausend Fetzen..."

Aus Sorge um ihr Leben, begannen viele Einwohner in Gärten und Vorgärten Löcher und Gräben auszuheben, um darin Schutz zu suchen. Der Bürgermeister, Monsieur Renaud, berichtete: "Wir gruben uns mit Hilfe amerikanischer Fallschirmjäger bei einem Brunnen, hundert Meter von unserem Haus entfernt, einen Graben. Dorthin folgten uns viele Einwoh-ner des Ortes. Er war nicht perfekt, aber immer noch besser, als unter den Bäumen auf dem Kirchplatz zu stehen..."

Indessen ließ der Beschuß auf die Stadt nicht nach. Artilleriegeschosse heulten von der nahen *Höhe 20* herüber. Oberstleutnant Edward Krause ließ die deutsche Stellung von einem 8,1-cm-Granatwerfer beschießen. Doch verfehlten die 70 Granaten fast alle ihr Ziel, denn die dichten Hecken zwischen Sainte-Mère-Église und der *Höhe 20* behinderten die Beobachtung des Zielgebiets. Als Krause jedoch fünf deutsche Lastwagen auf jene Stelle zufahren sah, an der er die feindlichen Geschütze vermutete, befahl er den Soldaten seiner I-Kompanie *(80 Männer mit 5 Offizieren)*, die deutsche Stellung weitläufig zu umgehen und dann von Westen her anzugreifen. Doch der Vorstoß der I-Kompanie wurde von den vielen dichten Hecken stark beeinträchtigt, und der Trupp verlor viel Zeit und zuletzt die Orientierung. Zwei Stunden nachdem ihr Vorstoß begonnen hatte, lagen die Amerikaner wieder in ihrer Ausgangsposition an der Nationalstraße 13.

Als sich die Männer der I-Kompanie gerade wieder zusammengefunden hatten, wurden sie von deutschen Soldaten unter gezielten Granatwerfer- und Handfeuerwaffen-Beschuß genommen. Eine der ersten Werfergranaten tötete den Kompaniechef, weitere sieben Soldaten wurden schwerverwundet. Die Männer lagen Deckung suchend und ohne jegliche Gegenwehr in den Straßengräben und verharrten so fast eine weitere Stunde – weil niemand das Kommando übernommen hatte.

Nachdem die deutsche Artillerie ab mittags begonnen hatte, Sainte-Mère-Église von der nur knapp einen Kilometer entfernten "Höhe 20" gezielt zu beschießen, verließen viele der Einwohner die Kleinstadt, um auf dem Land mehr Sicherheit zu finden. Gelegentlich wurde diesen Leuten sogar von amerikanischen Soldaten geholfen... **Fotos: US National Archives**

Auf der *Höhe 30* bedrängten die vorrückenden deutschen Infanteristen gegen Mittag zunehmend die amerikanischen Fallschirmjäger. Der Kommandeur des 2./508. PIR, Oberstleutnant Thomas Shanley, war angesichts einer Bedrohung der deutschen Soldaten von zwei entgegengesetzten Seiten in großer Sorge. Gerade, als er den Befehl zum Abmarsch erteilen wollte, sah er eine Gruppe Amerikaner, die sich in geduckter Haltung am Saum der Hecken näherten – allerdings ohne die Nähe ihrer in Bedrängnis geratenen Kameraden zu ahnen...

Um das Gewehrfeuer der sich nähernden Deutschen zum Schutz der heranrückenden Verstärkung zu unterdrücken, befahl Shanley seinen Männern, ihr Feuer ausschließlich auf die linke Flanke zu konzentrieren. In dem Moment, da der Befehl erteilt wurde, das gesamte Feuer auf die Deutschen an der linken Flanke zu lenken, beschossen die erschreckten heranrückenden Fallschirmjäger aus allen Waffen Shanleys Stellung. Zwei seiner Männer wurden dabei verwundet. Schnell winkte einer von Shanleys Leuten mit einer gelben Signalflagge, die der Hilfstrupp auch sofort erkannte. Die Fallschirmjäger stellten ihr Feuer ein und eilten im Laufschritt herbei.

Shanleys zusammengefaßtes Feuer auf die an seiner linken Flanke angreifenden Wehrmachtsoldaten hatte aber einen positiven Effekt bewirkt: Der Vorstoß der Deutschen stoppte. Der Oberstleutnant wollte nun diese unerwartete Situation nutzen und sich möglichst schnell mit seinen Leuten der deutschen Zangenbewegung entziehen. Doch war das große Feld von einer hohen Hecke gesäumt, die mit dicken Brombeerranken dicht durchwachsen war. In dem einzigen Durchgang war ein Horsa-Lastensegler mit einem Klein-Bulldozer bei seiner Landung halbschräg steckengeblieben und versperrte dadurch den Rückzugweg. Aber Thomas Shanley erkannte den einzigen Ausweg aus seiner Misere – jenen durch eben diesen Lastensegler...

Als Shanleys Soldaten samt der Hilfstruppe zu dem Lastensegler rannten, entstand durch die nur schmale Passage – zur einen Seitentür hinein, zur anderen wieder hinaus – ein nicht unerheblicher Stau, der viel Zeit kostete. Als die Hälfte der Amerikaner hindurchgeschlüpft war, bemerkten die deutschen Soldaten den Ausbruch und lenkten ihr Gewehrfeuer auf den Lastensegler. Nun zögerten die noch zurückgebliebenen Fallschirmjäger, suchten an der hohen Hecke Deckung und begannen, sich durch Schießen gegen die Deutschen zu wehren. Shanley, der den Lastensegler bereits durchquert hatte, bemerkte das Verhalten seiner Nachzügler und kehrte wieder zurück. Er lief von einem Soldaten zum anderen, trat ihnen in ihre Hintern und forderte sie schimpfend auf, sich zu erheben und durch den Segler zu eilen. Ein paar der Männer sprangen auf und rannten los. Der Oberstleutnant lief ihnen nach und glaubte, daß der große Rest folgen würde – doch hat man die Zurückgebliebenen nie mehr wiedergesehen... Shanleys Rückzug konnte auf der anderen Seite des Lastenseglers unbehelligt fortgesetzt werden.

Während sich die Truppen der Amerikaner auf der Cotentin-Halbinsel langsam konsolidierten, wurde auf deutscher Seite der Informationsfluß betreffs der Luftlandungen immer schleppender. Erst zwei Stunden nach der letzten Meldung erhielt der Oberbefehlshaber West um 14:30 Uhr die nächste Information: *Im Raum Carentan und Valognes 5 Hauptgruppen luftgelandeten Feindes, die zwar untereinander noch keine Verbindung haben, aber bereits zu Angriffen auf Küstenverteidigung ansetzen. Bekämpfung durch 91. LL-Div. und Fallsch.Jg.Rgt. 6. Unterrichtung der Armeen pp. über die Lage, verbunden mit erneuter Warnung vor Luftlandungen, Fallschirmabsprüngen und Sabotage-Anschlägen.*

Nachdem sich auch die Amerikaner in ihren kleinen Stellungen an der La-Fière-Brücke auf deren Verteidigung vorbereiteten, hatte Hauptmann Schwarzwalder bereits um 13:45 Uhr beschlossen, mit noch 79 Männern des 1./505. PIR und einigen des 507. in westliche Richtung die Brücke zu überqueren. Er wollte nun auf dem sich über eine Länge von

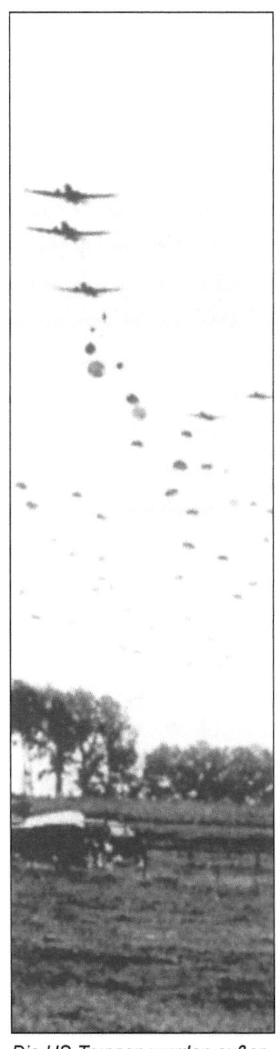

Die US-Truppen wurden außer durch Lastensegler-Landungen auch mittels an Fallschirmen abgeworfener Container versorgt. **Foto: US National Archives**

annähernd siebenhundert Meter knapp über das Überschwemmungsgebiet erhebenden Chaussee-Damm bis zur Grenze des Wassers ziehen, von dort aus weiter in nördliche Richtung zum nahen Amfreville und sich in der vorgesehenen Landezone *T* mit dem Rest des 507. PIR vereinigen. Von Levys und Kormylos Stellung an der Kirche wußte er nichts...

Einer der auf dem Leroux-Anwesen gefangengenommenen deutschen Soldaten hatte dem mit Schwarzwalder marschierenden Leutnant John Marr verraten, daß sich in mehreren Unterständen und Verstecken zwischen den Büschen entlang des gesamten Straßendamms deutsche Infanteristen befänden. Als der Trupp dann längs des Chaussee-Damms in westliche Richtung zog, ging der Soldat Mattingly – mit seinem Gewehr im Anschlag – als Späher den anderen mit deutlichem Abstand voraus. Plötzlich erhob sich neben der Straße ein deutscher Infanterist aus seinem Schützenloch und schoß auf den vorausgehenden Amerikaner. Der feuerte augenblicklich mit seinem automatischen Karabiner zurück – bis zur letzten Patrone. Doch sofort, als Mattingly zu schießen begonnen hatte, war der Wehrmachtsoldat wieder in seinem Loch verschwunden. Der unverwundete Mattingly warf daraufhin eine Splitterhandgranate in das Schützenloch. Nach der Explosion vergewisserte er sich von der Wirkung. In dem Loch lagen ein toter und ein schwerverwundeter Deutscher. Genau in diesem Augenblick standen sieben weitere deutsche, noch junge Infanteristen in ihren in der Nähe befindlichen Löchern mit erhobenen Händen auf und ergaben sich Mattingly. Der richtete sein leergeschossenes Gewehr auf die Deutschen und führte sie dem langsam nachrückenden Trupp entgegen. Auch zwei deutsche Maschinengewehr-Mannschaften kamen aus ihren Stellungen, die von den Amerikanern noch gar nicht erkannt worden waren, verzichteten ebenfalls auf Kampfhandlungen und schlossen sich mit erhobenen Händen ihren Kameraden an...

Am unteren Rand dieses Fotos wurde handschriftlich vermerkt: "Erste deutsche Gefangene, Normandie, 6. Juni 1944". Aber welcher Berichterstatter wußte an diesem Tag, wo auf der Cotentin-Halbinsel tatsächlich die ersten deutschen Soldaten gefangengenommen wurden? (Allein in diesem Buch werden auszugsweise Ereignisse behandelt, die sich auf einer Fläche von mehr als 300 Quadratkilometer zutrugen.)
Foto: US National Archives

Als die Amerikaner dann fast das Ende der Damm-Chaussee erreicht hatten, wurden sie von der Südseite her mit einem Maschinengewehr beschossen. Einer der Fallschirmjäger wurde während dieser Aktion am Gesäß verwundet – durch einen Schuß vom Rand des Überschwemmungsgebiets. In diesem Moment sahen sie gelben Rauch nahe der Kirche, am Ortsrand von Cauquigny, aufsteigen. Oberleutnant Kormylo hatte eine Rauchgranate zur Erkennung gezündet. Mit einer ebenfalls gelben kleinen Fahne, die einer der Soldaten mitführte, gab man sich als amerikanische Truppe zu erkennen.

Nun berichteten die Oberleutnante Levy und Kormylo dem zu ihrem Trupp gestoßenen Hauptmann Schwarzwalder und Leutnant Marr von allen diesen Positionen, denn sie waren inzwischen mit der westlichen Seite des Merderet vertraut, einschließlich Timmes' gefährdeter Stellung im Obstgarten bei Amfreville.

Oberst Roy Lindquist hatte indessen das Terrain um das Leroux-Anwesen rekognoszieren lassen, als feindfrei befunden und daraufhin seinen Gefechtsstand in dem Manoir eingerichtet. Nachdem kurz vorher Hauptmann Schwarzwalder bei Levy und Kormylo eingetroffen war, kam nun auch der Oberst selbst zu einer kurzen Lagebesprechung zur 550 Meter vom Leroux-Anwesen entfernten Cauquigny-Kirche herüber. Als er wenig später wieder zum Manoir zurückkehrte, befahl er der von verschiedenen Einheiten ergänzten B-Kompanie, bestehend aus nur 42 Soldaten, daß diese nun als Verstärkung zur Kirche marschieren sollte.

Bevor jedoch die von Lindquist gesandten Soldaten bei Schwarzwalder eintrafen, hatte der Hauptmann bereits eigenmächtig entschieden, nicht mehr zum von den Deutschen besetzten Amfreville zu marschieren. Er wollte statt dessen dem eingeschlossenen Oberstleutnant Timmes zu Hilfe zu kommen. So zog er mit allen seinen Männern und dem größten Teil jener der Oberleutnante Levy und Kormylo los, in der Hoffnung, die dort stehenden deutschen Soldaten besiegen zu können. Zwar war sich Schwarzwalder bewußt, daß die zehn zurückgebliebenen Männer eigentlich zu wenige waren, um die westliche Seite des Brückenkopfs zu verteidigen, doch erschien ihm dieser, an der La-Fière-Brücke, insgesamt bereits stabil genug...

Auch der Gefreite Francis Buck vom 505. PIR hatte sich Schwarzwalders Trupp anschließen müssen. Major Kellam hatte ihm befohlen, sämtliche versprengten Männer des 505. PIR einzusammeln, die er auf der westlichen Seite des Merderet traf, um sie zu ihm und dem Gros seiner Einheit zu führen *(weil es für eine gut koordinierte Truppenführung wichtig ist, sämtliche Soldaten der jeweiligen Einheit zu konzentrieren)*.

Während nun der Gefreite Buck nach Fallschirmjägern des 505. PIR suchte, und dabei um die Kirche herumging, hörte er plötzlich das unverkennbare Klirren sich auf der Chaussee in Richtung Cauquigny bewegender Panzerketten. Als bereits kampferfahrener Soldat wußte er sofort, was das zu bedeuten hatte: Die Deutschen begann mit ihrem Angriff... Schon setzte auch vereinzeltes Maschinengewehrfeuer der Panzer ein. Augenblicklich lief Buck zurück zu seiner Einheit an der Brücke und erstattete Major Kellam Meldung. Kellam ließ seinerseits umgehend alle anderen kommandierenden Offiziere und Unteroffiziere an der La-Fière-Brücke und in ihrer Nähe instruieren.

Links und rechts der Brücke und auf dem Gelände des Leroux-Anwesens hatten die Amerikaner mehrere Maschinengewehre in Stellung gebracht (hier ein Colt 249, Kaliber 7,92x57 mm, Länge 1110 mm, Gewicht 17 Kilo, Dreibein 26,5 Kilo, 300-Schuß-Gurt, Feuerfolge 700 Schuß pro Minute, Vo 760 m/sec.).
Fotos: US National Archives

Als Brigadegeneral James Gavin inzwischen wieder nach La Fière zurückgekommen war, fand er fast alle Offiziere tot oder schwerverwundet vor. Oberleutnant John Dolan hatte als ältester noch einsatzfähiger Offizier das Kommando über das 1. Bataillon übernommen. Gavin ließ Oberstleutnant Mark Alexander holen, um ihm das Kommando zu übertragen. Entgegen seiner Vermutung, daß die Einnahme der Brücke bereits erfolgreich beendet war, wurde Gavin nun Zeuge der sich anbahnenden Kampfhandlungen. Von der Anhöhe aus, durch deren Einschnitt die Bahnlinie verläuft, hatte Gavin einen guten Überblick auf das vor ihm liegende Terrain mit dem Leroux-Anwesen, der kleinen Merderet-Brücke und der beiderseits baumbestandenen Chaussee.

Die A-Kompanie lag nun auf der Westseite rechts und links der Brücke, mit je zwei Bazookas auf jeder Seite und mehreren Maschinengewehren. Aus Versorgungs-Containern

Bei den heftigen Kampfhandlungen um das Leroux-Anwesen hatten die amerikanischen Fallschirmjäger nicht unerhebliche Verluste erlitten.
Foto: US National Archives

geborgene Munition war in den Stallungen des Leroux-Anwesens deponiert worden. Vier von Fallschirmjägern mitgeführte Panzerminen, wurden direkt vor der Westseite der Brücke verlegt. Auch hatten die Amerikaner einen fahrunfähigen deutschen Lastwagen mit einer überplanten Pritsche, der auf dem Anwesen gestanden hatte, auf die schmale Brücke gerollt. Leicht quer gestellt, sollte er nun eine provisorische Barrikade bilden. Erste Granaten schlugen bereits an der kleinen Straßengabelung ein, die von der Chaussee nach Cauquigny führte, andere am Rand des Überschwemmungsgebiets.

Inzwischen eingetroffene einzelne Gruppen der C/505. PIR und Männer der B/505. mußten ebenfalls im nahen Umfeld der Brücke kleine Verteidigungsstellungen anlegen und Schützenlöcher ausheben. Die 5,7-cm-Pak wurde von Pionieren des 80. AAA-Bataillons eilig vom Anwesen hinunter und auf der leicht ansteigenden Straße 210 Meter in Richtung der Bahnlinie gerollt. Dort wurde sie nahe der nächsten Weggabelung zwischen hohen Büschen in Stellung gebracht – mit Zielrichtung auf die Merderet-Brücke. Männer des 307. Fallschirmjäger-Pionier-Bataillons sollten sie in ihrer einsamen Position bedienen. Zwar bereitete man sich an der Brücke auf eine Verteidigung vor, doch wußte an diesem Nachmittag noch niemand, ob die 4. Infanterie-Division inzwischen am *Utah Beach* an Land gegangen war. Den entfernten Donner der Schiffsgeschütze und der deutschen Küsten-Artillerie konnte man aber bereits seit den frühen Morgenstunden grollen hören...

Noch immer lagen bei Sainte-Mère-Église die US-Soldaten der I-Kompanie an der Nationalstraße 13. Nach über einer Stunde anhaltenden deutschen Beschusses von der *Höhe 20* wurde das Feuer plötzlich eingestellt. Die Männer kamen aus ihrer Deckung und bildeten rasch eine Linie gegen die deutsche Stellung auf der Anhöhe, um dort eine schwache Stelle zu finden. Doch der Vorstoß eines Teils der Kompanie, ohne Feuerunterstützung der zurückgebliebenen Männer, wurde vom deutschen Abwehrfeuer zurückgeschlagen, noch bevor die Amerikaner die *Höhe 20* erreicht hatten. Auch ein zweiter Versuch scheiterte am gegnerischen Feuer. Da die Amerikaner nun fälschlich der Meinung waren, einem übermächtigen Gegner gegenüberzustehen, der selbst einen Gegenstoß unternehmen wollte, wichen sie einem weiteren vermeintlichen Gefecht aus und zogen sich nach Sainte-Mère-Église zurück – nicht ahnend, daß die Deutschen von der durch die Amerikaner wieder bedrohten *Höhe 20* auf Ihrer nördlichen Seite über keinerlei Rückendeckung mehr verfügten...

Oberstleutnant Maloney war mit seinen 75 Soldaten kurze Zeit nach dem Gefecht an der Chef-du-Pont-Brücke eingetroffen. Er wußte weder, daß sich Brigadegeneral Gavin schon wieder bei La Fière befand, noch daß Ostberg gerade erst bei einem Sturmangriff verwundet worden war und wie es geschah. So stürmte auch er mit seiner Truppe enthusiastisch auf die Brücke. Kaum waren sie auf ihrer Wölbung angekommen, wurden die Amerikaner von etlichen deutschen Soldaten mit Handgranaten beworfen. Mehrere Fallschirmjäger starben – Maloney überstand die Attacke unverwundet.

Nun änderten die Amerikaner ihre Vorgehensweise. Vorsichtig arbeiteten sie sich von einem Schützenloch zum nächsten vor, zogen eilig die toten Deutschen heraus, um selbst darin Deckung zu nehmen. Je mehr sie sich allerdings der Brücke näherten, desto gezielter wurden sie unter Beschuß genommen. Die Geschosse durchschlugen ihre Stahlhelme in jenen Momenten, da sie die Köpfe aus den Löchern erhoben. Sie verkrochen sich so tief es ging und warfen lediglich einige Handgranaten über die Brücke. Doch verfehlten sie meistens ihre Ziele.

Oberstleutnant Arthur Maloney, Kommandeur des 3. Bataillons des 507. PIR war in der Nacht mit General Gavin und Oberstleutnant Ostberg auf dem Bahndamm aus dem nördlichen Merderet-Überschwemmungsgebiet in südliche Richtung gezogen...

Foto: US National Archives

Der Kampf um die Chef-du-Pont-Brücke zog sich noch bis in den späten Nachmittag hin. Indessen hatte Oberstleutnant Maloney von Gavin den Befehl erhalten, nach La Fière zurück zu gehen und die dortigen Truppen zu unterstützen – nicht ahnend, daß dort inzwischen ein rasches Vorstoßen der Amerikaner unmöglich geworden war...

So ließ Maloney Hauptmann Roy E. Creek, den Chef der E-Kompanie, mit 33 Soldaten an der Brücke zurück. Maloney war kaum eine Viertelstunde fort, da begann ein deutsches Geschütz von Westen her und aus sechshundert Meter Entfernung auf Creek und seine Leute zu feuern. Gleich die erste Granate schlug direkt zwischen den Amerikanern ein. Nachdem elf weitere Granaten detoniert waren, hatten die Amerikaner 14 Ausfälle an Soldaten. Noch

Hauptmann Roy E. Creek, Chef der E-Kompanie des 507.PIR führte den Angriff über die Brük-ke und auf die "Höhe 30".
Foto:US National Archives

Bild rechts: Die charakteristisch gewölbte Brücke über den Merderet, die Chef-du-Pont in westliche Richtung mit Picauville und Beuzeville verbindet und zur nahen "Höhe 30" führt.
Foto: Archiv von Keusgen

während sich Hauptmann Creek davon überzeugen konnte, wie viele seiner Männer gefallen waren, drang aus einigen Bauernhäusern von Süden her ein Trupp deutscher Infante-risten rasch in Richtung der Chaussee und der Brücke vor. Creek schätzte, daß es etwa fünfzig Männer waren, die offen-bar beabsichtigten, ihn und seine Leute einzukreisen. Doch noch waren die Deutschen weit entfernt, und es konnte noch einige Zeit dauern, bis sie sich gänzlich entfalten und bis zu ihm vordringen konnten. Er mußte den Angriff der Deutschen unbedingt so lange verhindern, bis irgendeine Verstärkung eintraf. So ließ Creek die Wehrmachtsoldaten unter gezielten Beschuß nehmen...

Hauptmann Schwarzwalder hatte sich trotz der sich der La-Fière-Bücke nähernden Panzer weiter von Levy entfernt und führte seine Männer am Rand des Überschwemmungsgebiets entlang und in Richtung Norden, um Oberstleutnant Timmes zu suchen. Sie erreichten auch den Obstgarten und vereinten sich mit Timmes' 121 Soldaten. Doch war Schwarzwalders Aktion gleich in zweifacher Hinsicht taktisch äußerst unklug gewesen: Einerseits hatte die Linie der deutschen Soldaten den Trupp des Hauptmanns zwar kampflos in den von ihnen gebildeten Kessel hinein, aber nun nicht wieder hinausgelassen; andererseits konnte er folglich nicht mehr als Verstärkung zur Brücke zurückkehren *(eine Situation, die noch bis zum 9. Juni anhalten sollte)*...

Oberleutnant Levy konnte an der Kirche von Cauquigny hören, daß sich auf dem Damm deutsche Panzer in Richtung der La-Fière-Brücke bewegten. Ihnen folgten mehrere Züge Infanteristen. Fast gleichzeitig bog ein deutscher Sanka *(Sanitätskraftwagen)* von der Chaussee auf die schmale Landstraße ab, die nahe der Kirche und an Cauquigny vorbei-führte. In der Nähe der Amerikaner hielt das Fahrzeug kurz an. Ein Sanitäter schwenkte eine Rot-Kreuz-Fahne aus dem Fenster, dann setzte der Sanka seine Fahrt in schnellem Tempo fort – die deutschen Sanitäter hatten soeben entdeckt, daß vor Cauquigny Amerikaner in Stellung gegangen waren...

Um 16:50 Uhr schlugen dann die ersten Granaten krachend an der Cauquigny-Kirche ein. Eine Einheit des Grenadier-Regiments 1057 mit Unterstützung eines Teils des 100. Panzer-Ersatz-Bataillons hatte sich den Amerikanern von Picauville aus bis auf weniger

als einhundert Meter genähert. Die Oberleutnante Levy und Kormylo sowie ein Feldwebel setzten sich mit nur einer Bazooka, einer BAR, einem Karabiner und einigen Handgranaten entschlossen zur Wehr. Die fünf Panzer, mit denen die Deutschen angriffen, waren erbeutete und technisch veraltete französische Hotchkiss-Kampfwagen der Typen H35 und H40, von denen einer sofort von einer Bazooka-Granate außer Gefecht gesetzt wurde. Sogleich versuchten zwei andere Panzer an dem eliminierten vorbeizukommen. Gleichzeitig eröffneten die deutschen Infanteristen ein heftiges Gewehrfeuer auf Levy und die beiden Männer. Während der Oberleutnant mit einer BAR Feuerschutz bot, warfen sie Gammon-Handgranaten nach den Panzern, und es gelang ihnen, auch noch einen zweiten Hotchkiss außer Gefecht zu setzen. Als die Besatzung dieses Panzers aussteigen wollte, warf einer der Männer eine weitere Gammon-Granate. Die vier Deutschen wurden völlig zerfetzt. Als sich der dritte Panzer den Amerikanern näherte, war denen nun jegliche Munition ausgegangen. So zogen sich Levy und Kormylo und die sechs Soldaten in nördliche Richtung zurück. Vom Rand des Überschwemmungsgebiets, dem sie dann eilig von Cauquigny aus folgten, konnten sie unbehelligt bis in die Apfelplantage östlich Amfreville und zu Timmes' Trupp gelangen – und saßen dort ebenfalls in der Falle...

Während Levy und Kormylo an der Kirche mit einem Teil des deutschen Stoßtrupps kämpften, hatte auch ein anderer Teil der B/508. die Panzer kommen gehört. Die 42 Männer waren deswegen auf der westlichen Seite der Brücke, jedoch südlich der Chaussee und am Rand des Überschwemmungsgebiets stehengeblieben – in einer völlig ungeschützten Position auf freiem Gelände. Die Männer dieses kleinen Trupps konnten nun zwischen den hohen Büschen und Bäumen der höhergelegenen Chaussee aus westlicher Richtung, von Cauquigny her, die drei deutschen Panzer auf sich zurollen sehen. Aus einer Entfernung von knapp zweihundert Meter begannen sie, auf die Amerikaner zu feuern. Mit Maschinengewehren, Granatwerfern und Panzern wurden sie heftig beschossen. Innerhalb weniger Minuten waren die Fallschirmjäger von deutschen Infanteristen eingeschlossen und hatten erhebliche Verluste. Um den unentwegten Einschlägen der Granaten und dem anhaltenden MG-Feuer zu entgehen, versuchten viele der Überlebenden, Deckung im sumpfigen Ufer des Überschwemmungsgebiets zu finden. Die verzweifelten Männer suchten Schutz hinter hohem Ried und dichten Binsen, legten sich flach in das kalte Wasser, so daß sich nur ihr Kopf über der Oberfläche befand. Sie hatten in ihrer äußerst mißlichen Situation nicht mehr die geringste Chance auf eine Gegenwehr. Einer der Amerikaner schoß mit der Bazooka mehrmals auf die Panzer, konnte aber keine derart starken Beschädigungen anrichten, die zu einem Gefechtsausfall führten. Ein Offizier rief: "Jeder für sich!"

Die Hotchkiss-Panzer der Deutschen rollten heulend und rasselnd auf der Damm-Chaussee näher an die Brücke heran. In ihrer Panik versuchten etliche, besonders jene, die gerade verwundet worden waren, watend oder schwimmend das an dieser Stelle mehr als sechshundert Meter breite Überschwemmungsgebiet zu durchqueren. Doch bei diesem Versuch wurden viele von ihnen tödlich getroffen oder ertranken infolge zu schwerer Verwundungen. Robert Murphy konnte die dramatischen Szenen beobachten: "Vom Manoir aus konnten wir alles ganz genau sehen, auch die von den Deutschen erbeuteten französischen Panzer, drüben am westlichen Ufer. Wir konnten den Männern der 507. und 508. nicht helfen, aber jeder von uns, der zusah, konnte sehen, wie die armen Seelen an der Südseite versuchten, dem Tod zu entkommen, indem sie durch den Sumpf wateten und durchs Wasser schwammen. Wir konnten ihnen nicht helfen, weil unsere Gewehre auf die weite Entfernung nicht mehr genau trafen. Auch waren die Kugeln gegen die feindlichen Panzer sinnlos. Nur unsere 5,7-cm-Pak an der Straßengabelung schoß mit einigem Erfolg zurück..."

Von den auf der Westseite eingeschlossenen Fallschirmjägern gelang es nur vier Männern, das rettende Ost-Ufer zu erreichen.

Erst am frühen Nachmittag erfuhr der amerikanische Oberst Raff am *Utah Beach*, daß die 82. Airborne Division Sainte-Mère-Église eingenommen hatte. Er glaubte nun, seine kleine Kolonne von Panzern schon bald in die Stadt überführen und Generalmajor Ridgways Isolation noch am ersten Invasionstag beenden zu können. So setzte er die Panzerkompanie C der 746. Division, einen Zug einer Aufklärungsschwadron und 90 Soldaten des 325. Infanterie-Regiments in Bewegung.

Bereits eineinhalb Stunden später konnte Raffs Kolonne den Kirchturm von Sainte-Mère-Église sehen. Bisher hatte sich die Kolonne durch einen Landstrich bewegt, der im Verlauf des Vormittags von Soldaten der 101. Airborne Division eingenommen worden war. Einige Zeit, bevor Raffs Kolonne heranrollte, hatte schon Oberst Van Fleet mit seinem 8. Infanterie-Regiment diese Gegend in Richtung Sainte-Mère-Église durchquert. Doch als Van Fleets Kolonne in die Nähe der *Höhe 20* kam, wurde sie von dort aus heftig von deutscher Artillerie beschossen. Sein Vormarsch war gestoppt.

Oberst Raff konnte die Situation nun lediglich nach den von ihm zu erkennenden Umständen beurteilen. Zwar konnte der Oberst auf der leichten Anhöhe keinen der Männer des 8. Infanterie-Regiments erkennen, doch ein Unteroffizier meldete ihm, daß auf dem Hügel deutsche Soldaten mit Artillerie stehen. So folgerte Raff, daß Van Fleets Männer für eine eigene erfolgreiche Aktion gegen die Deutschen zu

Robert Murphy

Seit dem Morgengrauen und den ganzen Tag über durchsuchten die Amerikaner alle Häuser in Sainte-Mère-Église gründlich nach versteckten deutschen Soldaten.
Fotos: US National Archives

erschöpft wären und dringend auf die Unterstützung seiner Panzer warteten. Der Oberst wußte, daß bis 22:00 Uhr vor der *Höhe 20* unbedingt eine Landezone für Lastensegler eingerichtet werden sollte und wollte keine Zeit mehr verlieren. Es war bereits 17:00 Uhr, und ihm blieben nur noch fünf Stunden, die Anhöhe einzunehmen, um die dann in Masse landenden Lastensegler vor einem Desaster zu bewahren...

Obwohl Oberst Raff nicht den Auftrag hatte, die Deutschen von der *Höhe 20* zu vertreiben, erteilte er dem Führer des Aufklärungszugs, einem Oberleutnant, den Befehl, mit einem Spähwagen vorzustoßen, um die Situation bei der *Höhe 20* aufzuklären. Außerdem schickte er dem Spähwagen einen Panzer zur Deckung hinterher.

Die beiden Fahrzeuge hatten gerade nur knapp dreihundert Meter zurückgelegt, als Raff einen lauten Knall hörte und zu erkennen glaubte, daß der Panzer auf den Spähwagen aufgefahren war. Einige Minuten danach kehrte der Oberleutnant der Aufklärer zu Fuß zu Raff zurück und meldete dem Oberst, daß eine schwere Granate den Spähwagen frontal getroffen habe, ohne dabei zu explodieren. So war der Spähwagen derart gewaltig auf den Panzer zurückgeworfen worden, daß diesem von dem Aufprall beide Ketten gerissen waren. Wie ein Wunder war es zwar zu keinen ernsten Verletzungen der beteiligten Männer gekommen, doch ihr desolater Zustand ließ den Oberst in der ganzen Angelegenheit umdenken. Ihm wurde klar, daß er die *Höhe 20* entweder gar nicht oder aber mit seiner ihm zur Verfügung stehenden gesamten Stärke angreifen mußte...

"Am späten Nachmittag wurden wir plötzlich von amerikanischen Kanonen beschossen", berichtete Unteroffizier Rudi Escher, der noch immer bei Fauville auf Einsatzbefehle wartete. "Wir suchten Deckung in unseren Erdlöchern. Verwundete gab es bei uns aber nicht. Nur ein großer Granatsplitter flog neben mir ins Erdreich.

Schon seit dem Morgen hatten wir aus westlicher Richtung deutsches Maschinengewehrfeuer gehört, das man an der schnellen Schußfolge erkennen konnte. Dieses MG-Feuer war im Laufe des Tages immer näher gekommen, und wir hatten auf eine baldige Entlastung gehofft, denn wir waren inzwischen teilweise eingeschlossen. Aber leider war das Feuer dann immer leiser geworden, und wir gaben die Hoffnung auf...

Inzwischen hatten die Amerikaner auch in der Nähe von Sainte-Mère-Église aus der Luft Geschütze und entsprechende Munition erhalten, in Stellung gebracht und damit begonnen, deutsche Truppen aus geringeren Entfernungen gezielt zu beschießen.
Foto: US National Archives

Der feindliche Artilleriebeschuß ließ erst gegen Abend nach, denn deren Beobachter, der das Feuer offenbar aus irgend einem Baum geleitet hatte, war wohl außer Gefecht gesetzt worden. Unsere Verteidigung war auch nicht mehr intakt. Im östlichen Bereich war der Ami eingebrochen und hatte schon etliche Gefangene gemacht. Unsere Verpflegung war so gut wie gar nichts. Wir hatten großen Hunger, und die Müdigkeit machte sich auch bemerkbar..."

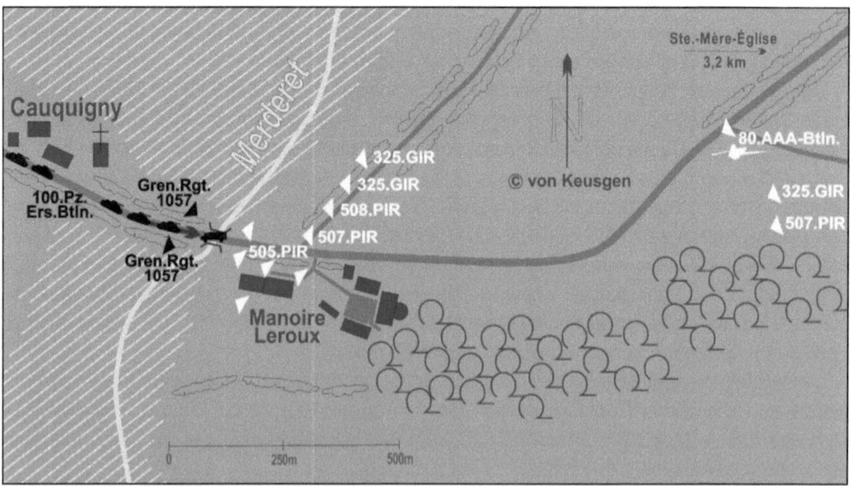

Die Situation an der Brücke bei La Fière um 17:25 Uhr.   **Grafik: von Keusgen**

Nachdem die deutschen Angriffskompanien das Feuer auf die Soldaten des 507. und 508. PIR bei Cauquigny eingestellt hatten, bewegten sie sich mit den Panzern ab 17:25 Uhr auf der Damm-Chaussee langsam in die Richtung der Merderet-Brücke. Aus einer Entfernung von nur wenig mehr als einhundert Meter begannen sie dann mit einem heftigen Granatbeschuß auf das Leroux-Anwesen.

Auch Robert Murphy lag in diesem Trommelfeuer: "Die Deutschen überschütteten mit ihrer Offensive alles um das Manoir herum mit schwerem Feuer. Explodierende Schrapnells in einem Radius von etwa einhundert Meter, und Granatexplosionen in Höhe der Baumwipfel, die fürchterlich waren, weil die Stahlsplitter der berstenden Schrapnells direkt von oben in unsere Löcher einschlagen konnten...

Nach dem schweren Beschuß wurden die Deutschen sehr aggressiv. Ihren Panzern folgten annähernd zweihundert Infanteristen. Als der Feind sein Sperrfeuer eröffnete, schossen die Männer des 1. Bataillons unseres 505. mit ihren kleinen Waffen und den Maschinengewehren auf die angreifenden Soldaten. Dann rollte der erste Panzer bis auf vierzig Meter an die Brücke heran, offenbar um unsere Minen erkennen zu können, die vor dem unfahrbereiten Pritschen-Lastwagen lagen. Die Panzerluke öffnete sich, und der Kommandant stand für einen kurzen Augenblick auf, um besser sehen zu können. Aufrecht stehend, ragte er mit seinem ganzen Oberkörper aus dem Turm. Jeder unserer Schützen hielt auf ihn. Der Kommandant konnte von seiner Position aus sicherlich auch unsere 5,7-cm-Kanone und die Männer auf der Anhöhe sehen, die sie bedienten – aber das war auch das Letzte, was er sah..."

154

Die Pioniere an der 5,7-cm-Pak hatten vom Hügel herab zwar einen guten Ausblick auf das vor ihnen liegende Terrain, doch vereitelte der Lastwagen mit seinem hohen Aufbau auf der Brücke einen direkten Beschuß des ersten Panzers, der sich mit seinem toten Kommandanten wieder in Bewegung setzte. Die beiden hintereinander fahrenden Panzer waren fast fünfzehn Meter voneinander entfernt, der dritte Panzer folgte in einem Abstand von weiteren fünfzig Metern. Die beiden Bazooka-Teams links und rechts der Brücke, hatten, bedingt durch das dichte Laub der sie umgebenden Büsche, abwarten müssen, bis der erste Panzer auf der anderen Seite der Brücke nahe an den Minengürtel herangekommen war. Nun erhoben sie sich und feuerten, trotz heftigen Gewehrbeschusses, auf den Leitpanzer. Obwohl von einer Rakete getroffen, feuerte der Panzer mit seiner Kanone auf eines der Teams. Seine Granate traf einen hohen Beton-Telegrafenmasten neben der Straße, dicke Steinstücke stoben umher, und der Mast knickte zusammen. Die beiden Männer dieses Bazooka-Teams rannten einige Meter zurück, um den Panzer weiterhin beschießen zu können.

Robert Murphy beschrieb die Situation: "Ich konnte kaum glauben, daß nicht alle vier Männer der beiden Bazooka-Teams getötet wurden. Sie feuerten und luden mit der Präzision einer gut geölten Maschine. Ich glaube, daß sie keinen einzigen Schuß vergeudeten. Der erste Panzer erhielt mehrere direkte Treffer. Er versuchte, etwas vom Damm herunter zu kommen, indem er nach links abdrehte, während der zweite Panzer gleichzeitig versuchte, um ihn herum zu fahren. Der erste Panzer war stark beschädigt und stand bald in Flammen. Während dieser ganzen Bazooka-Aktion feuerte auch unsere Pak vom Hügel herab, und die Panzer schossen zurück. Einige Granaten durchschlugen sogar den Pak-Schutzschild."

Mit ihrer 5,7-cm-Kanone auf der Anhöhe waren die Amerikaner in der Lage, die deutschen Panzer vor der Brücke zu beschießen.

Der erste außer Gefecht gesetzte Panzer der Deutschen war direkt vor der Brücke liegengeblieben.
Fotos: US National Archives

Als sich der Turm des zweiten Panzers in die Richtung eines der beiden Bazooka-Teams drehte, wurde auch er von ihm beschossen. Doch dann gingen dem Team die Raketen aus. Einer der beiden Amerikaner rannte im deutschen Geschoßhagel über die Brücke und riß einen Beutel mit Raketen an sich, den er dort hatte liegen sehen. Sofort, nachdem er wieder bei seinem Kameraden angelangt war, setzten sie ihren Bazooka-Beschuß auf den Panzer fort. Die Besatzung versuchte daraufhin, den Kampfwagen zurück zu fahren, doch ein weiterer Treffer ließ den Panzer in Flammen aufgehen. Wenige Augenblicke später explodierte die Munition im Inneren und tötete die gesamte Besatzung. Gleichzeitig wurde der dritte Panzer von der 5,7-cm-Kanone getroffen und außer Gefecht gesetzt. Obwohl das linke Laufwerk bereits seine Kette verloren hatte, versuchte der Fahrer, den Hotchkiss noch zu bewegen. Doch einer der Bazooka-Schützen traf mit seiner Rakete den Treibstofftank. Sofort verwandelte sich der Panzer in einen gleißenden Feuerball. Mit gellenden Schreien verbrannten die Soldaten in den wabernden Flammen.

Die deutschen Infanteristen hatten mit den Panzern nun ihre Schutzschilde verloren und zogen sich im anhaltenden Maschinengewehrfeuer der Amerikaner schnell zurück. Auch der Lastwagen auf der Brücke war in Flammen aufgegangen, und hoch aufsteigender, schwarzer Qualm stand in einer dichten Wolke über der kleinen Kampfstätte am Merderet.

General Matthew Ridgway war inzwischen eilig dem Kampflärm gefolgt und traf bei Gavins Gefechtsstand ein, nachdem der deutsche Angriff gerade abgeschlagen worden war. Dennoch war die Situation der noch immer von den am *Utah Beach* landenden Truppen isolierten 82. Airborne Division sehr ernst. Auch die Masse Verwundeter, unausreichendes Sanitätspersonal und fehlende Ärzte sowie dramatisch zunehmender Munitionsmangel trugen außerdem zu einer schwierigen Lage bei.

Die von den Amerikanern vor der Brücke zerstörten französischen Panzer auf der zum nahen Cauquigny führenden Chaussee. Doch waren mit der Eliminierung der Panzer die Kampfhandlungen an der Merderet-Brücke noch lange nicht beendet...

Außer des Verlustes der zerstörten Panzer waren auf deutscher Seite auch noch viele der Infanteristen beim Angriff auf die Amerikaner an der Brücke gefallen.
Fotos: US National Archives

Dem Grenadier-Regiments 1058 war es im Nordwesten von Sainte-Mère-Église bisher nicht gelungen, in die Stadt einzudringen. Außerdem gab es gleichzeitig eine zweite Front gegen Neuville-au-Plain. Das großflächige Terrain, auf dem dieser Kampf ausgetragen wurde, war bereits vor Jahrhunderten als Vallée de Misère in die von vielen Kriegen geprägte Geschichte der Normandie eingegangen. Die Kampfhandlungen nahmen hier nun eine ganz besondere Härte an. Vor Sainte-Mère-Église verteidigten sich Vandervoorts Fallschirmjäger zäh, und von Nordosten stießen nun, am frühen Nachmittag, vom *Utah Beach* aus heranrückende US-Infanteristen und einige Panzer des 746. Panzer-Bataillons in die Flanke der Deutschen. Es kam zu einem erbitterten, grausamen Kampf, in dessen Verlauf General Gavin an Vandervoort funken ließ, daß man nicht alle Deutschen töten sollte, denn man brauchte einige, um sie noch verhören zu können...

Um 17:30 Uhr war der Kampf südöstlich Neuville beendet. Auf deutscher Seite waren vier Panzer zerstört worden, annähernd vierhundert Soldaten gefallen und fast ebensoviele in Gefangenschaft geraten. Aber das Grenadier-Regiment konzentrierte seine letzten Kräfte und stieß wieder auf Sainte-Mère-Église vor...

Oberst Raff hatte es einige Zeit und einen nicht unerheblichen Aufwand gekostet, nahe der *Höhe 20* seine Kolonne in der von dichten Hecken umgebenen Landschaft zu entfalten. Erst um 19:30 Uhr begannen seine Panzer im Schutz der Hecken langsam vorzustoßen.

Als die beiden ersten Panzer in Richtung auf die Anhöhe zwei offene Felder überqueren mußten, wurden sie von deutschen 8,8-cm-Granaten getroffen. Sofort standen sie in Flammen. Nur drei Amerikaner überlebten den Beschuß.

Nach den Kampfhandlungen im *"Vallée du Misère"*...

Fotos: US National Archives

Raff ließ den Angriff stoppen und begab sich zu Van Fleet, zu dessen Soldaten inzwischen weitere Truppenkontingente seines 8. Regiments gestoßen waren. Van Fleet lehnte jedoch Raffs Vorschlag ab, mit seiner Infanterie auf der linken Flanke vorzustoßen, während Raffs Panzer von der rechten vorrücken würden. Van Fleet stellte gegenüber Raff fest, daß es nicht zu seinem Auftrag gehöre, die Entsatzkolonne für Sainte-Mère-Église zu verstärken, doch erklärte er sich bereit, Raffs Panzer mit seiner Regimentsartillerie zu unterstützen.

Bis um 21:00 Uhr war es Oberst Raffs Panzern an der *Höhe 20* gelungen, von der einen hohen Hecke, die eine breite Ackerfläche begrenzte, bis zur nächsten vorzustoßen und sich somit ein freies Schußfeld über die geplante großflächige Lastensegler-Landezone zu verschaffen, um die deutschen Soldaten von der Anhöhe zu vertreiben. Der Oberst beeilte sich, den neuen Angriff zu organisieren, denn gemäß des offiziellen Zeitplans verblieb ihm nur noch eine einzige Stunde für den Erfolg seines Vorhabens. Doch in diesem Moment bahnte sich eine Katastrophe an...

Plötzlich erschienen in nur knapp zweihundert Meter Höhe 60 Flugzeuge mit Horsa- und WACO-Lastenseglern im Schlepp – exakt eine Stunde zu früh. Oberst Raff war vom Akteur zum Zuschauer geworden und mußte mit ansehen, wie die Segler direkt im Luftraum über der *Höhe 20* ausgeklinkt wurden. Sofort setzte das deutsche Abwehrfeuer ein. Handfeuerwaffen aller Art und die Artillerie eröffneten ihren Beschuß auf die Flugzeuge und Segler. Die Piloten der Transportmaschinen versuchten, dem Geschoßhagel seitlich auszuweichen, die Piloten der Lastensegler waren bemüht, ihre langsamen und schwerfälligen Gleiter

so lange wie möglich in der Luft zu behalten. Immer mehr Schleppflugzeuge und Segler versuchten abzudrehen und rasten dabei krachend in Bäume und hohe Hecken. Fast alle Segler, die auf dem dafür bestimmten Terrain herunterkamen, wurden zerstört. Jene, die von ihren Piloten noch länger in der Luft gehalten werden konnten, um dem deutschen Feuer zu entkommen, suchten sich einen anderen Landeplatz in der Nähe – und zerschellten dort an den mehr als zwei Meter aus dem Erdboden ragenden Baumstämmen. Einer der Lastensegler landete direkt in der Mitte der *Höhe 20*. Die völlig unverletzten Soldaten handelten schnell und beherzt.

Auf und nahe der "Höhe 20" verloren die Amerikaner in nur knapp zehn Minuten fast sechzig ihrer mit Nachschubgütern und Infanteristen beladenen Lastensegler. Es war der größte gleichzeitige Massenverlust an Seglern anläßlich der Invasion.
Fotos: US National Archives

Sie öffneten die Frontpartie des WACO-Gleiters, rollten einen Jeep heraus und verließen in rasanter Fahrt das gefährliche Gelände. Dabei rasten sie direkt an Oberst Raff vorbei und auf die breite Nationalstraße.

Verletzte und schwerverwundete Amerikaner lagen nach dem Inferno auf der *Höhe 20* verstreut herum oder hockten eingeklemmt in den zertrümmerten Seglern. Einige Transportmaschinen waren nach Granattreffern weiter entfernt abgestürzt. An vielen Stellen stieg schwarzer Qualm in den Himmel auf. Infolge der allgemeinen Erschöpfung der Soldaten des Oberst Raff mußten sich Männer des 8. Regiments um die Verletzten und Verwundeten kümmern. Da Raffs Truppe ohne Kampfauftrag unterwegs gewesen war, gab es aber weder Sanitätsmaterial noch einen Arzt.

Mit anbrechender Dunkelheit bezog Raffs Truppe in einigem Abstand zur *Höhe 20* ein Feld, das von hohen Hecken umsäumt war. Seine Panzerfahrzeuge bildeten einen schützenden Ring. Im nur einen Kilometer entfernten Sainte-Mère-Église hatte man zwar am Nord- und Nordostrand der Stadt Lastenseglerschwärme niedergehen sehen, doch von den Kampfhandlungen und dem Drama der Segler nichts mitbekommen, auch wußte man dort nichts von Raffs Panzerkolonne und der Anwesenheit des 8. Infanterie-Regiments. Oberst Raff hatte den ganzen Nachmittag und Abend über vergeblich versucht, General Ridgway per Funk erreichen zu können – er hatte aber auch keinen Melder ausgesandt. Da aber Raff selbst vormittags am *Utah Beach* Funkmeldungen von der 82. Airborne Division erhalten hatte, war er irrtümlich der Meinung, daß auch Ridgway von *Utah* aus mittels Funk über Raffs Situation informiert worden war...

Hauptmann Roy Creek wehrte sich nahe der Chef-du-Pont-Brücke mit seinen letzten einsatzfähigen 19 Männern noch immer gegen die deutschen Infanteristen – mit dramatisch zunehmendem Munitionsmangel. Da schwebte um 21:10 Uhr ein Lastensegler dicht über die Köpfe der Amerikaner herab und setzte direkt zwischen ihnen auf der Chaussee auf, rutschte ein Stück weit über das Straßenpflaster und kam zum Stehen. Sofort erkannte Creek seine Chance. Er rannte

Opfer eines amerikanischen Jagdbombers – das Fuhrwerk einer vor dem Krieg flüchtenden Bauernfamilie...

Drei deutsche Soldaten des Grenadier-Regiments 1057 hatten nach langer Zeit endlich für sich und ihre Kameraden etwas Verpflegung und ein paar Zigaretten besorgen können – jedoch kamen sie nicht bis zu ihnen zurück...

Fotos: US National Archives

mit einigen Männern zum Segler, öffnete ihn, und sie holten, so schnell es ging, eine 5,7-cm-Pak aus dem Laderaum. Rasch war sie in Stellung gebracht. Bereits die zweite Granate der Pak zerstörte die deutsche Kanone auf der anderen Seite des Merderets. Daraufhin richteten die Amerikaner ihr Geschütz auf die heranrückenden Infanteristen. Zwei Granaten schlugen zwischen ihnen ein. Gleichzeitig erschien bei Creek ein Zug Fallschirmjäger. Die deutschen Soldaten zogen sich nun zurück und suchten Deckung im hohen Ried.

Oberstleutnant Thomas Shanley hatte sich inzwischen von der *Höhe 30* deutlich entfernt. Immer im Schutz der hohen Hecken, war er mit seiner Kolonne zuerst bis auf achthundert Meter an Picauville herangekommen. Shanley war überrascht, als er auf einem freien, von Hecken umsäumten Feld plötzlich mehr als zweihundert Fallschirmjäger der 82. Airborne Division tatenlos herumsitzen sah. In Ermangelung eines Truppführers hatten sie seit mehr als zwölf Stunden dagesessen und abgewartet, daß jemand kommen und sie leiten würde...

Der Oberstleutnant ließ die große Truppe in drei starke Züge aufteilen. Dann zog er mit den drei Kolonnen zu einer sanften Geländeanhöhe. Männer hatte Shanley nun viele; was ihm jedoch noch fehlte, waren schwere Waffen. Mit den neuen Soldaten waren lediglich zwei BARs und nur ein einziges überschweres Maschinengewehr auf einer großen Lafette dazugekommen.

Nun sandte Shanley vier kleine Erkundungstrupps in die nähere Umgebung, um von ihnen alle Telefonleitungen zerstören zu lassen. Auch brauchte man einen Ortskundigen, der Informationen betreffs der deutschen Truppenstärke und deren Aufenthaltsorte liefern konnte. So wurden dann Bauern gefunden, die von starken deutschen Truppen in Picauville und dem nahen Etienville berichteten. Zwar stießen noch immer neue Fallschirmjäger zu seinem Trupp, doch fühlte sich Shanley noch nicht stark genug, über Pont-l'Abbé zu jener Douve-Brücke bei la Guenaudiere vorzustoßen, die seine Einheit sprengen sollte. So entschied sich der Oberstleutnant, die *Höhe 30* weiterhin besetzt zu halten, und gleichzeitig eine Sperre auf der westlichen Seite vor der Chef-du-Pont-Brücke zu errichten, um sie somit für die kommende Nacht gegen von Westen her vorstoßende deutsche Truppen zu schützen.

Der Obergefreite Karl-Heinz Mayer von der 3. Kompanie des I. Bataillons des Fallschirmjäger-Regiments 6 hatte längst seine Kompanie verloren. Die Masse seines Bataillons war inzwischen in die erbitterten Kampfhandlungen mit den vom *Utah Beach* aus vorstoßenden Amerikanern bei Sainte-Marie-du-Mont verwickelt worden. Mayer hatte man mit seinem Maschinengewehr schon nachts und auf einem offenen Feld als Nachhut allein zurückgelassen: "Ich habe da lange irgendwo auf einem Feld gelegen, und meine Leute waren nicht mehr zurückgekommen. Da waren dann irgendwann Fallschirmjäger einer anderen Einheit *(III. Bataillon)* gekommen und haben mich mitgenommen. Sie gingen in Richtung Carentan. Irgendwann nachmittags kamen wir an einen Bauernhof. Da sammelten sich alle. Da traf ich dann auch den Rest meiner Kompanie – es waren nicht mehr so viele..."

Ein getarnter Soldat des Fallschirmjäger-Regiments 6 mit einem Schnellfeuergewehr in seiner Deckung.
Foto: Bundesarchiv

Während die Fallschirmjäger in Richtung Carentan weitermarschierten, kamen plötzlich von hinten vier Sherman-Panzer ohne Infanteriebegleitung angerollt – die erste Panzerspitze, die sich vom *Utah Beach* auf diesem Weg in Richtung Carentan bewegte. Es war fast 22:00 Uhr und das Tageslicht noch nicht erloschen. Mayer erzählte: "Man hatte mir eine Panzerfaust gegeben, und damit sollte ich nun auf die Panzer schießen. Ich bin dann in dem Graben längs der Straße entlanggeschlichen. Als der erste Panzer vorbeikam, hab' ich seitlich in die Ketten 'reingeknallt. Da ist er stehengeblieben, und sofort schlugen die Flammen oben aus der Luke. Sie haben da drinnen geschrieen, und der Kommandant wollte aus der Luke 'raus – aber sie sind alle verbrannt... Die anderen Panzer sind dann rückwärts abgehauen. Meine Kameraden haben mir hinterher erzählt, daß ich, als sie da drinnen geschrieen hatten, auch geschrieen habe – aber das hatte ich gar nicht bemerkt..."

Die Situation am Abend des 6. Juni

Bis zum Abend des 6. Juni hatte es nicht die geringste Kommunikation der Kommandeure der 82. Airborne Division mit den am *Utah Beach* gelandeten US-Streitkräften gegeben. Erst um 21:00 Uhr erhielt Generalmajor Ridgway, der den ganzen Tag über zwischen Sainte-Mère-Église und dem Merderet hin und her geeilt war, ein intaktes Funkgerät und konnte endlich Kontakt mit der an der Ost-Küste gelandeten 4. Infanterie-Divison aufnehmen. Diese hatte inzwischen zwar am Strand entlang einen sechs Kilometer langen, aber wegen des strandnahen Überschwemmungsgebiets nur bis maximal zweihundert Meter breiten Brückenkopf gebildet – mit einigen bis zu fünf Kilometer über die schmalen Dammwege vorgeschobenen Positionen. Ridgway bat dringend um sofortige Lieferung von Munition, um medizinische Hilfe und um Panzerunterstützung: "Seht zu, daß Ihr Eure Panzer schnellstens durch Sainte-Mère-Église fahren könnt...!"

Ein schneller Vorstoß größerer Mengen von US-Panzern vom "Utah Beach" ins Hinterland wurde von dem strandnahen,breiten Überschwemmungsgebiet vereitelt – durch das nur wenige schmale Wege führten. Nach der Durchquerung rollten dann die ersten Panzer ins Hinterland (hier Panzer des 746. Panzer-Bataillons der 4. Infanterie-Division).

Generalmajor Ridgway (Mitte) wartete mit einigen Offizieren in einer Apfelplantage dringend auf Unterstützung durch Panzer.

Fotos: US National Archives

An dem anderen der beiden US-Landeabschnitte, dem 31 Kilometer *(Luftlinie)* entfernten *Omaha Beach*, war es den Amerikanern ebenfalls noch nicht gelungen, einen größeren Brückenkopf zu bilden.

Die Fallschirmjäger der 101. Airborne Division, die im südöstlichen Teil des Cotentin gelandet waren, hatten in der ersten Nacht ihres Einsatzes sehr ähnliche Probleme gehabt, wie ihre Kameraden der 82. Sie hatten ihre Absprungzonen zu weit verfehlt und Schwierigkeiten wegen des küstennahen Überschwemmungsgebietes und jenem der Douve. Dennoch bestand ihr Vorteil im Wesentlichen darin, mit den seit Tagesanbruch am *Utah Beach* gelandeten Truppen Kontakt bekommen zu haben. Trotzdem irrten bis zum Ende des *D-Day* noch viele der 101er desorientiert in der für sie fremdartigen, von Hecken, alten Natursteinmauern und Sümpfen durchzogenen Landschaft umher *(einzelne Soldaten sogar noch mehrere Tage lang)*.

Unteroffizier Rudi Escher.
Foto: Kollektion Rudi Escher

Nach einem riskanten Flug, den Strapazen der Landung, Qualen und Tod gesehen zu haben – und dann die Gefangennahme, verursachten bei vielen Soldaten Schocks und Traumata...
Foto: US National Archives

Bis zu diesem Abend waren Rudi Escher und seine restlichen Soldaten in ihrer provisorischen Stellung im Hohlweg nahe Sainte-Mère-Église geblieben. Den ganzen Tag lang hatte sie kein einziger Einsatzbefehl erreicht. Noch bevor es dunkel wurde, näherte sich der Unteroffizier nochmals mit seinen fünf Männern dem Lastensegler mit dem Jeep. Escher betrat als erster den Segler: "Oh Schreck, da saß immer noch ein Ami d'rinnen, sein Gewehr zwischen den Beinen, stocksteif und kreidebleich. Auf der anderen Seite saß noch einer, dem es auch nicht anders ging. Wahrscheinlich hatten beide einen Schock und die Hosen voll... Wir holten sie heraus. Ich sagte zu einem der beiden *open the door (öffne die Tür)*, aber er schüttelte nur den Kopf. Wir bekamen den Jeep leider wieder nicht heraus...

Dann brachten wir die beiden Amerikaner ins Schloß nach Fauville. Dort wurden sie von unseren Offizieren verhört. In den Abendstunden hat dann irgend jemand den Lastensegler mit einer Gewehrgranate in Brand geschossen. Es gab ein großes Feuer und ein lautes Geknalle, als die Munition explodierte. Von dem Segler blieb nichts weiter übrig, als der ausgeglühte Jeep mit der Kanone und dem verkohlten Piloten.

An diesem Abend war ich noch mehrmals an dieser Stelle. Man hörte von irgendwo das Rasseln von Panzerketten, sah Flugzeuge, die über uns hinwegflogen. Stellenweise war es sehr hell, denn aus den Flugzeugen wurden die sogenannten Christbäume abgeworfen, die mit ihrem gleißenden Licht alles beleuchteten. Wir saßen in unseren Deckungslöchern und harrten dessen, das da kommen würde... So ging für uns der 6. Juni zu Ende."

Die kleine Truppe deutscher Fallschirmjäger, zu dem auch Karl-Heinz Mayer gehörte, war auf der Nationalstraße weiter in Richtung Carentan gezogen. Mayer erzählte: "Als wir dann durch das Dorf Saint-Côme-du-Mont kamen, bogen wir nach rechts von der Hauptstraße ab und kamen kurz darauf an eine kleine Straßengabelung mit einem einzelnen, größeren Haus. Jemand sagte uns, daß sich darin eine Sanitätsstelle *(Verwundetensammelstelle)* befinden würde – falls man eine brauchen sollte... Dahinter war ein kleiner Wald. Da sind wir durch eine Schneise gegangen. Es begann dunkel zu werden, und wir waren alle sehr müde. Da ging auf einmal eine furchtbare Ballerei los. Die Schiffsartillerie schoß mit Phosphor-Granaten. Plötzlich hat's überall gebrannt. Ich war auch an vielen Stellen am Brennen. Ein Kamerad hat mir schnell die Jacke 'runtergerissen, und die MG-Gurte... Die Amis haben in die Bäume geballert und dabei ihre eigenen Leute getroffen – mit Phosphor..."

In der Schule von Sainte-Mère-Église war bereits am 6. Juni ein provisorisches Lazarett eingerichtet worden – in dem man auch deutsche Verwundete versorgte.
Foto: US National Archives

Zwischen 21:10 Uhr und 23:10 Uhr landeten im Raum Sainte-Mère-Église noch 175 WACO- und Horsa-Lastensegler – wenngleich bei den schwierigen Landebedingungen 137 von ihnen zu Bruch gingen und somit viele Tote und Schwerverletzte zur Folge hatten...

Nördlich Sainte-Mère-Église hatten Soldaten des Grenadier-Regiments 1058 die inzwischen schwache amerikanische Linie an der Nationalstraße nach neun Stunden des Kampfes eingedrückt. So war die Nord-Gruppe der Lastensegler in feindlichem Gebiet heruntergekommen. Nun standen die Deutschen am nördlichen Stadtrand und schossen auf die Stellungen der D-Kompanie. Während dessen landeten drei Segler so nahe am Ortsrand, daß Männer der D-Kompanie deren Besatzungen in die Stellung bringen konnten, bevor die überraschten deutschen Soldaten in der Lage waren, dieses zu verhindern. Andere Segler wurden abgeschossen, zerbarsten an dicken Natursteinmauern oder zerrissen zwischen dem *Rommelspargel* auf den großflächigen Wiesen und Feldern. Die Amerikaner mußten sich beeilen, das wichtige Material aus den Seglern zu bergen, bevor es den deutschen Soldaten in die Hände fiel. Lebensmittel, Sanitätsmaterial, Munition, Funkgeräte, Jeeps, Panzerabwehrkanonen und Klein-Bulldozer wurden in großer Eile geborgen. Auch trafen mit einigen Seglern zusätzliches medizinisches Personal und weitere Mannschaften ein. Die Fahrzeuge machten die Fallschirmjäger beweglicher, und die leichten Geschütze gaben ihnen mehr Sicherheit gegen deutsche Panzer.

142 Verwundete lagen in Sainte-Mère-Église, und viele weitere wurden auf einem Verbandplatz in der nahe nördlich gelegenen Absprungzone O versorgt. Auch Oberstleutnant Edward Krause hatte sich nach seiner inzwischen bereits dritten Schußverwundung in ein in der Schule eingerichtetes Lazarett geschleppt und konnte dort von allen Seiten den Kampflärm hören...

Hauptmann Roy Creek und seinen letzten zwanzig Männern war es indessen bei Chef-du-Pont gelungen, von einer etwas flußaufwärts gelegenen schmalen Landzunge aus, die weit in das Überschwemmungsgebiet ragte, die letzten Wehrmachtsoldaten aus ihren Stellungen an der Damm-Chaussee unter Zurücklassung vieler Opfer zu vertreiben – es waren nur noch zwei deutsche Überlebende...

Als Creek seine Männer in der späten Abenddämmerung die Stellung der Deutschen auf dem Damm beziehen ließ, lagen überall Leichen herum. 39 deutsche Soldaten waren bei dem Kampf um die Brücke gefallen, 13 Amerikaner getötet und 23 verwundet worden. Noch spät am Abend und mit nur so wenigen Männern über die Chaussee und das noch mehr als sechshundert Meter breite Überschwemmungsgebiet vorzustoßen und einen Brückenkopf am westlichen Ufer zu bilden, erschien Creek an diesem Tag unmöglich.

Bis zum Einbruch der Dunkelheit hatte Oberstleutnant Thomas Shanley mit seiner Truppe, die er in zwei Kompanien hatte aufteilen lassen, wieder die *Höhe 30* besetzt und die Chef-du-Pont-Brücke durch eine schmale Verteidigungslinie auf ihrer westlichen Seite abgesperrt. Das Funkgerät, das seine Leute mitführten, reichte nicht aus, um Verbindung mit höheren Kommandostellen aufzunehmen. So wußte er *(wie fast alle verstreut stehenden US-Truppen)* nicht, ob die Landung am *Utah Beach* gelungen war.

Ein US-Fallschirmjäger und ein deutscher Gefallener – ein Lebender, und einer, der bis kurz zuvor gelebt hatte...
Foto: US National Archives

Die deutsche Einheit an der La-Fière-Brücke hatte sich einige hundert Meter, bis nach Cauquigny, zurückgezogen. Eine Menge toter Soldaten war an der Kampfstätte zurückgeblieben – auch auf der Seite der Amerikaner. Einer von ihnen war der Kommandeur des 1./505. PIR, Major Frederick Kellam. Robert Murphy erklärte: "Die deutsche Infanterie versuchte nicht weiter, die La-Fière-Brücke einzunehmen und sie noch an diesem Abend oder in der Nacht zu überqueren. Einige Panzer waren zurückgerumpelt. So war der erste Kampf um die Brücke von uns gewonnen worden, aber auf zu hohe Kosten – und die Deutschen besetzten noch immer die Westseite des Brückenkopfs. Den Rest des Abends lagen wir unter schwerem Granatwerfer- und Maschinengewehrfeuer. Das Granatwerferfeuer war brutal, weil dadurch die hohen Bäume barsten... Es brauchte nur wenig Vorstellungsvermögen der Deutschen, um herauszufinden, wo wir uns an der Brücke eingegraben hatten. Wie Dolan später rekapitulierte, waren da weniger als siebzig Meter Frontbreite auf jeder Seite der Brücke, von wo aus wir uns bisher ziemlich erfolgreich verteidigen konnten. Deswegen war es den Deutschen nun möglich, ihr Granatfeuer so treffgenau in unsere kleine Hauptlinie zu lenken – auch mit Erfolg. Erst in der späten Nacht ließ dann das Feindfeuer etwas nach, aber wir ahnten, daß sie am nächsten Morgen wieder früh beginnen würden..."

Als es dunkel zu werden begann, befahl James Gavin von seinem kleinen Gefechtsstand oberhalb der La-Fière-Brücke trotz des weiteren deutschen Artilleriebeschusses, alle getöteten und verwundeten Fallschirmjäger etwas weiter nach hinten, hinter die Biegung der Straße, oberhalb des Leroux-Anwesens, zu bringen. Mit einem Jeep wurden im noch immer anhaltenden, aber schwächer gewordenen deutschen Granat- und Gewehrfeuer 18 Schwerverwundete abtransportiert. Auf dem großen Feld nahe der Straßenkreuzung wurde ein provisorischer Verbandplatz eingerichtet. Gavin selbst kehrte in die Nähe der Brücke über die Bahnlinie zurück und richtete dort seinen Kommandoposten für die Nacht ein.

Kriegsberichterstatter William Walton berichtete: "Nahe des Hauptquartiers wurde ein großräumiges Bauernhaus für die Verwundeten requiriert. In der Dunkelheit lagen sie auf dem Boden, in Fallschirme und Decken gehüllt. Die meistens schwerer Verwundeten stöhnten, während Sanitäter Morphium verabreichten und ihre Wunden, so gut es ging, verbanden. Fallschirmjäger mit gebrochenen Beinen oder Knöcheln lagen auf Matratzen. Männer mit Stahlhelmen verteilten Tassen mit Wasser. In der Küche erhitzte eine Bauersfrau in geschwärzten Behältern auf dem Feuer Wasser. Ein Fallschirmjäger, der aus einer Wunde am Kopf blutete, stöhnte, *Jesus, ich hoffe, daß meine Frau nichts von all' diesem erfährt...*

Ridgway, müde, schmutzig und mit rot geränderten Augen kam mit großen Schritten auf den Hof. Er sagte, daß die Situation an beiden Brücken besser geworden wäre, und die Linien würden die Nacht über gehalten werden können. Die Männer hätten phantastisch gekämpft. Die Verluste an Offizieren durch Verwundungen seien allerdings schlimm. Bei den Deutschen müsse es aber genauso schlimm sein. Das Beste sei nun, ein wenig Schlaf zu bekommen. Der Kommandeur der 82. Airborne Division, rollte sich in einen Fallschirm ein und legte sich in einen Straßengraben, um zu schlafen.

Überall hatten sich Männer niedergelassen, um ohne Schutz etwas Schlaf zu finden. Die Waffen ruhten – außer einiger gelegentlicher Granateinschläge. Wolken bedeckten den Vollmond. Für uns war der D-Day nun vorüber."

Bis zum Anbruch der Nacht waren 221 Offiziere und Mannschaften mit und bei Oberstleutnant Charles Timmes in der Apfelplantage nahe des Überschwemmungsgebiets eingetroffen. Ebenso hatten die deutschen Truppen ihre Umschließung kontinuierlich verstärkt. Für sie war es wichtig, daß die Amerikaner nicht jene schmale, weniger als fünfhundert Meter nördlich von ihnen befindliche Furt entdeckten, durch die sie rasch auf die östliche Seite des Wassers kommen könnten. Sie selbst waren ebenfalls daran interessiert, an diese Furt zu gelangen, um somit den Amerikanern in ihre rechte Flanke fallen zu können. *(Dennoch endete der Tag an dieser Stelle mit einer unentschiedenen Situation. Es gelang weder den Deutschen, Timmes' Stellung einzudrücken, noch den Amerikanern, aus ihrer Umschließung auszubrechen – eine Situation, die noch bis zum 9. Juni anhalten sollte und am Ende allein unter Timmes' Truppe zum Verlust von einem Viertel seiner Männer führte...)*

Den 13.200 in der Normandie abgesetzten amerikanischen Fallschirmjägern und Infanteristen war es am 6. Juni gelungen, als einziges zusammenhängendes und fast gänzlich feindfreies Areal im Inland der Cotentin-Halbinsel lediglich einen dreieckigen Raum zu schaffen, dessen äußere Enden von Sainte-Mère-Église und den Brücken bei Chef-du-Pont und La-Fière gebildet wurde – ein Gebiet von nur fünf Quadratkilometer.

Die Brigadegeneräle James Gavin (oben) und Matthew Ridgway nach einem schweren Tag. Sie verbrachten ihre erste Nacht in der Normandie in Straßengräben.
Fotos: US National Archives

Teil 5:
Nach dem D-Day...

Nach dem deutschen Artilleriebeschuß auf Sainte-Mère-Église…
… wusch sich am Morgen des 7. Juni ein farbiger US-Soldat an
der lädierten Wasserpumpe auf der südwestlichen Seite des
Kirchplatzes den Schmutz des ersten Invasionstages aus dem
Gesicht.

Foto: US National Archives

Kein besserer Platz zum Sterben...

Die Nacht nach dem *D-Day* hatte für die Menschen aller von den Kampfhandlungen betroffenen Nationen viele Dimensionen: Müdigkeit, Erschöpfung, Durst, Hunger, Ängste, Schmerzen und Leid. Viele der Amerikaner trugen noch immer feuchte Uniformen; etliche hatten sich stark erkältet. An vielen Orten der Cotentin-Halbinsel lieferten sich feindliche Soldaten kleine, nicht selten dennoch erbitterte Gefechte, besetzte und eroberte Terrains wurden verteidigt, und in den ersten notdürftig eingerichteten Feldlazaretten, in Krankenhäusern, Schulen, Kirchen, Scheunen und Zelten wurde operiert. Vom US-Landeabschnitt *Utah* aus waren noch immer keine Truppen der 4. Infanterie-Division weit genug ins Hinterland vorgestoßen, um die Fallschirmjäger bei Sainte-Mère-Église oder am Merderet unterstützen zu können. Überall zogen dennoch Truppen durch die helle Vollmondnacht umher, so auch jene Einheit, zu der Rolf Deboeser gehörte. Er erzählte: ”Wir kamen an einigen Gehöften vorbei, und überall brüllten die Kühe. Die mußten längst gemolken werden. Aber die Bauern kamen nicht, die hatten Angst. Sie hatten sich in selbst gegrabenen Löchern versteckt, die mit großen Holzstapeln aus dicken Baumstämmen überdeckt waren, weil die Häuser dort keine Keller haben...”

In der Nacht hatten die Soldaten des Fallschirmjäger-Regiments 6 in dem kleinen Wald bei Saint-Côme-du-Mont Stellung bezogen. Als es gegen 4:00 Uhr gerade zu dämmern begann, wollte der Obergefreite Karl-Heinz Mayer sein Maschinengewehr aufstellen: ”...Aber irgend etwas stimmte nicht in diesem Wald.... Ich fragte den Unteroffizier, ob er auch das ständige leise Geraschel und Gerede hören würde. Ich sagte: *Hier ist doch außer uns noch wer im Wald...*

Aber der hatte selbst Angst und sagte, ich sollte still sein: *Ehe du hier schießt, erschieß' ich dich...*

Dann hat's oben im Baum mir gegenüber geknallt...”

Ein Gewehrgeschoß streifte von oben Mayers Nase und die Wange, drang vor dem rechten Schlüsselbein in den Körper ein und durchschlug die Lunge des Soldaten: ”Das Blut strömte nur so von meinem Gesicht – das muß schlimm ausgesehen haben. Viel schlimmer aber war der Schuß durch meine Lunge, weil nun die Luft, die ich atmete, auch aus dem Einschußloch vor dem Schlüsselbein 'rauskam...”

Ein Kamerad nahm Mayer den Munitionsgurt von der Schulter und deutete durch die Schneise zu der Verwundetensammelstelle: ”Du weißt ja, wo du jetzt hingehen mußt – zu dem Haus da hinten...”

In dem Moment, da Mayer dann durch die Schneise lief, setzte der schwere Artilleriebeschuß von den Kriegsschiffen wieder ein: ”Da ging die schreckliche Ballerei wieder los. Aber das war mir in meiner Verfassung ganz egal. Da lag plötzlich ein Baum quer, und daneben ein Kamerad. Der war am Schreien – sein halbes rechtes Bein war ab... Ich sagte zu dem, der dabei stand, daß er die restlichen Sehnen ab-

Der Obergefreite Karl-Heinz Mayer von der 3. Kompanie des FJR 6 hatte sich Soldaten des III. Bataillons angeschlossen. Nach einem kurzen Vorstoß in Richtung der Küste mußten sie sich jedoch wieder zurückziehen und war bis zu dem Wald bei Saint-Côme-du-Mont marschiert und dort verwundet worden.

Foto: Kollektion Karl-Heinz Mayer

schneiden sollte und das Bein abbinden. Dann bin ich durch die Schneise weitergetaumelt. Mit meiner linken Hand mußte ich einen Finger auf das Loch pressen, damit da bei der anstrengenden Lauferei nicht andauernd die Luft 'rauskam. Links und rechts flogen die Kugeln vorbei, auch Leuchtspur – so nah, daß ich es trotz des ganzen Getöses zischen hören konnte..."

Dann erreichte Karl-Heinz Mayer blutüberströmt die kleine Straßengabelung vor der Verwundetensammelstelle und taumelte hinüber: "Aber da standen plötzlich Neger herum – Amerikaner. Ich wollte aber nicht in Gefangenschaft geraten, weil ich glaubte, die schneiden mir den Hals durch. Sie sahen gefährlich aus und hatten große Messer an den Beinen. So bin ich nicht zu dem Haus gegangen, sondern hab' mich in einen tiefen Graben davor fallen lassen – er war voller hoher Brennesseln.

Dann stand einer von ihnen oben am Grabenrand und rief, *get up, man! (komm 'rauf, Mann!)* Aber ich konnte nicht mehr sprechen und auch nicht die Arme hochheben. Der rechte Arm war wie gelähmt, und mit der linken Hand mußte ich das Loch zuhalten...

Da kam der Neger zu mir 'runter und trat mir in die Rippen, rief wieder, *get up, man!* Dann hat er mein Kappmesser gesehen. Er wollte es haben und hat mich brutal auf die Seite geworfen. Da konnte ich oben noch zwei andere Neger sehen... Er hat mir das Messer abgerissen, hat's aber nicht aufgekriegt. Da hat er mir mehrmals in den Hintern getreten. Ich hab' ihm dann mit der linken Hand gezeigt, wie man es aufklappt.

Dann kam noch einer von denen zu mir 'runter. Immer noch wurde in der Nähe geschossen. Da hat der, der noch oben stand, einen Kopfschuß gekriegt, fiel um. Die beiden anderen hatten im Graben Deckung gesucht.

Als die Schießerei dann vorbei war, haben mich die beiden Neger zu dem Haus getragen, zur Verwundetensammelstelle. Da führte außen eine Steintreppe am Haus ins Hochparterre – und vor dieser Treppe lag ein Haufen Toter. Aber einer bewegte sich noch, und da wollten sie mich dazu werfen, weil ich nichts mehr sagte... Da rief auf einmal jemand: *Halt, halt! Der hat sich bewegt, dem können wir noch helfen!*

Das war ein deutscher Sani. Sie haben mich dann durch eine kleine Tür unter der Außentreppe 'reingetragen..."

Am frühen Morgen dieses Tages, kurz nachdem Karl-Heinz Mayer in die Verwundetensammelstelle gebracht worden war, hatten die letzten 12 Männer des 4. Zuges der 6. Kompanie

Bruno Hinz
Foto: Kollektion Bruno Hinz

Bild links: Am Morgen des 6. Juni war in dem großen Haus an der Straßengabelung im kleinen Saint-Côme-du-Mont noch ein Gefechtsstand für das Fallschirmjäger-Regiment 6 eingerichtet worden, in dem sich auch Major von der Heydte kurz aufgehalten hatte Nachmittags bildete es bereits eine deutsche Verwundetensammelstelle...
Foto: US National Archives

des II./FJR 6 auf dem Rückzug vom Landeabschnitt *Utah* den Ortsrand von Saint-Côme-du-Mont erreicht. Zwei dieser Soldaten waren Theo Frühlingsdorf und Bruno Hinz.

"Wir sollten uns in Richtung Carentan zurückziehen", erzählte Bruno Hinz, "und dabei kamen wir morgens in aller Frühe durch diesen Ort. Wir mußten sehr wachsam sein, denn da waren ja auch überall die amerikanischen Fallschirmjäger..."

Sie gingen einige hundert Meter in jene Seitenstraße, die von der Nationalstraße zum unteren Teil der Ortschaft hinab führt. Dann legten sich die beiden müden Fallschirmjäger

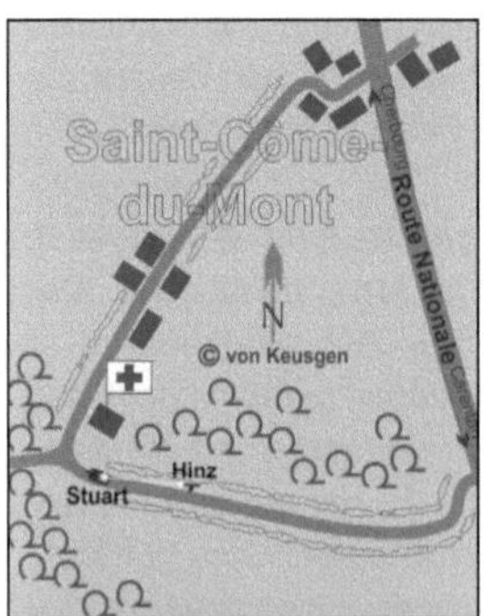

in den rechten Straßengraben, vor hohe, verwilderte Hecken, die sich beiderseits der Straße entlang zogen...

Nur ein paar Minuten später hörten sie das charakteristische Klirren von Panzerketten näher kommen. Ein einzelner *Light Tank M5 Stuart* des 70. US-Panzerbataillons bog genau in jene Seitenstraße ein, in deren Graben die beiden Fallschirmjäger Frühlingsdorf und Hinz lagen. Langsam ratterte der kleine Panzer an ihnen vorbei und die leicht abschüssige Straße hinab... *(Wahrscheinlich, um in dem von deutschen Soldaten durchsetzten Gebiet, und inzwischen auch ohne Munition, zur Abschreckung den Eindruck vieler fahrender Panzer zu erwecken, ließ sein Kommandant, Leutnant Anderson, den Stuart nun ein ungewöhnliches Manöver vollführen:)*

An der Straßengabelung vor der Verwundetensammelstelle hielt der Panzer an und setzte wieder eine erhebliche Strecke zurück. Dann fuhr das Fahrzeug nochmals bis zur Gabelung hinunter. Wieder stoppte der Panzer, und ein weiteres Mal kam er zurückgerollt – fast bis zu jener Stelle, an der die beiden Fallschirmjäger im Graben lagen. Dort fuhr er wieder an. Bruno Hinz berichtete: "Theo hatte unterwegs irgendwo eine Panzerfaust organisiert. Ich nahm das Ding, lud es und schoß hinter dem Panzer her... Es hatte aber etwas gedauert, bis ich die Panzerfaust geladen und angelegt hatte, so war der kleine Panzer schon wieder ganz schön weit weg..."

Grafik und Bilder: Der von Bruno Hinz eliminierte Stuart-Panzer am Straßenrand vor dem Haus mit der Verwundetensammelstelle. In dem Graben neben dem Panzer hatte noch kurze Zeit zuvor der schwerverwundete Karl-Heinz Mayer gelegen... (Die Fotos entstanden einige Tage nach den beschriebenen Ereignissen – Vergleich siehe Seite 171.)

Grafik: von Keusgen
Fotos: US National Archives

Der Kommandant des *Stuart* hatte sich in der offenen Turmluke aufgerichtet, und der Panzer war bereits fast wieder bis an die Straßengabelung vor der Verwundetensammelstelle gefahren, "da gab's einen fürchterlichen Knall", berichtete Bruno Hinz weiter, "aber viel sehen konnte man auf die Entfernung nicht... Theo sagte: *Du hast den Panzer getroffen...!* Ich sagte zu ihm: *Glaub' ich nicht...*"

Doch Bruno Hinz hatte mit der Panzerfaust einen Turmtreffer erzielt, und der *Stuart* wurde augenblicklich eliminiert, seine gesamte Besatzung getötet. Leutnant Anderson, der in dem Panzer aufrecht gestanden hatte, war vornübergefallen und blieb in der Turmluke hängen...

"Es hat dann nicht lange gedauert", sagte Bruno Hinz, "da kam noch ein Panzer angefahren. Da sind wir dann abgehauen..."

Das I./FJR 6 hatte indessen bei Sainte-Marie-du-Mont sehr starke Verluste erlitten, und seine Soldaten befanden sich auf dem Rückzug in Richtung Carentan *(später in Auflösung)*. Reste des II. Bataillons kämpften noch am Überschwemmungsgebiet vor der Ost-Küste, und das III. Bataillon war in Kampfhandlungen rund um Carentan gebunden – hauptsächlich nordwestlich und südlich der Stadt.

Die III. Abteilung des Artillerie-Regiments 243 *(zur 243. Infanterie-Division gehörend)* hatte noch bis zum Vormittag des 6. Juni an der West-Küste des Cotentin gelegen. Infolge der unentwegten Luftlandungen mit Konzentration auf den östlichen Bereich der Halbinsel war die Abteilung kurz nach Mittag mit einem neuen Einsatzbefehl verlegt worden *(außer ihrer 10. Batterie)*. Über Bricquebec und Valognes marschierend, hatte sie bis zum Abend ihren Einsatzraum bei Eccuseville, acht Kilometer nördlich Sainte-Mère-Église, erreicht. Sie

Zwei deutsche Soldaten hatten vergeblich versucht, sich während der heftigen Kämpfe um Neuville-au-Plain mit Handgranaten gegen amerikanische Granatwerfer zu verteidigen...

wurde nun dem Kommando des Grenadier-Regiments 1058 unterstellt, um dessen stark dezimierte Truppen bei einem weiteren Vorstoß auf Sainte-Mère-Église zu unterstützen. In der Nacht zum 7. Juni hatten die Batterien ihre Stellungen bezogen.

Mit anbrechender Morgendämmerung stieß das Grenadier-Regiment mit seinem stark geschwächten I. und II. Bataillon ein weiteres Mal auf Sainte-Mère-Église vor. Sie wurden jedoch durch amerikanische Kräfte vor der Stadt eingeschlossen. Die Batteriechefs der III. Abteilung, von denen

Auch am zweiten Tag der Invasion verließen noch viele Bürger Sainte-Mère-Église...
Fotos: US National Archives

einer durch eine Granatsplitterverwundung ausgefallen war, erhielten nun ihre Einweisung im Gefechtsstand des Oberst Beigang.

Als die deutsche Artillerie nun wieder begann, Sainte-Mère-Église zu beschießen, verließen noch viele weitere Bürger aus Angst um ihr Leben die Stadt. Auch der Besitzer des Bar-Restaurants, Monsieur Legoupillot, schickte seine Frau und die Kinder aus Sicherheitsgründen aus Sainte-Mère-Église fort. Als sie über die Felder zu Freunden in einem kleinen Nachbarort gingen, fanden sie mehrere tote deutsche Soldaten. Die damals 16-jährige Jeannette war tief betroffen: "Einer von ihnen hatte ein großes Loch im Gesicht und wohl noch kurz bevor er verstorben war, einige Fotos von seiner Familie aus der Tasche gezogen, die nun verstreut vor ihm lagen...

Als wir dann in die Ortschaft kamen, stand auf einem kleinen Platz ein Fuhrwerk, das vollbeladen war mit toten deutschen Soldaten. Beim Anfahren des Wagens bewegten sich die leblosen Körper hin und her. In den nächsten Tagen sah ich noch viel mehr Tote – und niemals werde ich den schrecklichen Geruch des Todes vergessen..."

Bei Chef-du-Pont mußte die Brücke unbedingt gegen weitere deutsche Angriffe verstärkt werden. James Gavin sah sich schon frühmorgens gezwungen, Oberstleutnant Maloney mit

Der neue Angriff auf die amerikanischen Stellungen an der La-Fière-Brücke wurde dieses Mal außer von zwei alten französischen Kampfwagen auch von zwei deutschen Panzern unterstützt... In manchen Bäumen an der Chaussee hingen noch die Trümmer havarierter Lastensegler.

Die nach dem schweren Beschuß durch die deutsche Artillerie zerstörte Kirche von Cauquigny.
Fotos: US National Archives

seiner Truppe von La Fière abrücken und zu dem neuen Einsatzgebiet bei Neuville-au-Plain marschieren zu lassen und Oberst Roy Lindquist nach Chef-du-Pont. So mußte auch am zweiten Tag das 1./505. PIR die Hauptlast der Verteidigung der La-Fière-Brücke tragen. Deutsche Maschinengewehr-Schützen konnten inzwischen das gesamte Areal unter Feuer nehmen.

Robert Murphy beschrieb den Beginn des neuen Tages: "Etwa zwanzig fehlgesprungene Männer des 507. und 508. PIR begannen, von der West-Seite aus zu uns über den überfluteten Sumpf und durch das stellenweise brusthohe, kalte Wasser zu waten – gerade als das Tageslicht anbrach. Ungefähr die Hälfte von ihnen wurde vom deutschen Maschinengewehrfeuer und den Gewehrschützen im Wasser zusammengeschossen. Es war tragisch, mit anzusehen, wie unsere Männer getötet wurden oder infolge ihrer Wunden allein und hilflos ertranken. Sie waren für die deutschen Schützen klar erkennbare Ziele..."

Seit 8:00 Uhr hatte sich der deutsche Granatbeschuß auf die Stellungen der Amerikaner verstärkt. Um 10:00 Uhr begann ein neuer Angriff auf die Brücke. Wieder näherten sich zwei französische Kampfwagen und zwei Kompanien Infanteristen, denen noch zwei deutsche Panzer folgten. So entstand eine Situation, bei der sich nun annähernd vierhundert Soldaten beider Parteien auf das kleine Kampfgebiet an der Brücke konzentrierten.

Murphy gehörte zu jenen Männern, die nahe an der Brücke lagen: "Wir hatten nur einen Gedanken: *Ist heute der Tag, an dem es mich erwischt?* Wir waren schmutzig und durstig, unsere Kehlen trocken. Die Essensrationen waren alle verbraucht – und als Krönung von allen uns schwächenden Umständen, griffen wohl mehr Deutsche an, als unser magerer Bestand an Munition es zuließ... Wenn man erst selbst vor dem düsteren Schnitter in Gestalt des herannahenden Feindes steht, kann man die Angst verstehen, die einen Infanteristen befällt, der an der Front liegt. Man sieht, daß bewaffnete Männer und Panzer genau auf einen zukommen, ebenso wie die Granatexplosionen, und die Schrapnells fliegen um einen herum durch die Luft. Diese Angst verläßt einen so lange nicht, bis man die Möglichkeit hat, das Feuer mit der eigenen Waffe auf den Feind zu eröffnen – der gerade nur noch vierzig Meter entfernt ist.

Dann ist der nächste Gedanke, auf den feindlichen Soldaten zu zielen und zwei-dreimal auf ihn zu schießen, bis er fällt. Dann schießt man noch ein paarmal hinterher. Da gibt es genügend Ziele. Jetzt hat man keine Todesangst mehr – sie ist plötzlich total verflogen... Es ist überraschend, aber während man hinsieht und schießt, nimmt man die Granatexplosionen um sich herum überhaupt nicht mehr zur Kenntnis...

Die Krauts ließen ihre Granaten auf den 1. und 2. Zug am Flußufer niederprasseln. Sogar die Männer des 1./505., die fünfzig Meter vom Ufer entfernt lagen, wurden noch von den Geschossen getroffen. Es war, als wollten sie uns zurückzahlen, was wir ihnen tags zuvor angetan hatten..."

Doch die beiden ersten vorrückenden Panzer kamen auch nicht weiter als die kleine Kolonne am Tag zuvor. Wieder wurde der erste Panzer zerstört. Der neue deutsche Vorstoß scheiterte wiederum im Wesentlichen an den beiden nahe der Brücke postierten Bazooka-Schützen, der auf der Geländeanhöhe stehenden Pak und einem direkt davor befindlichen schweren Maschinengewehr. Doch die beiden am Tag zuvor zerstörten Panzer und der gerade getroffene, sowie das Lastwagenwrack, bildeten für nun die deutschen Soldaten einen breiten Schutzwall vor der Brücke. Auch die beiderseits der Chaussee von den Amerikanern ausgehobenen Schützenlöcher boten ihnen gute Deckungsmöglichkeiten. Nun wurde auf einer Distanz von weniger als vierzig Meter gekämpft.

Robert Murphy schilderte die Situation: "Plötzlich verdoppelte sich die Stärke des feindlichen Granatfeuers und ging so heftig auf unsere Männer nieder, daß sie kaum noch ihre Köpfe heben konnten. Zugführer Leutnant Oakley wurde schwerverwundet. Es schoß so viel Blut aus einem Loch in seinem Rücken, daß man ihm eine Morphium-Spritze geben

Leutnant William R. Oakley führte den 1. Zug der A/505. PIR. Infolge seiner schweren Rückenverwundung verblutete er unter großen Schmerzen hinter einer Hecke...
Foto: US National Archives

mußte. Oakley starb hinter einer Hecke… Einem Fallschirmjäger des 3. Zugs war der halbe Kopf weggerissen und ein anderer voll getroffen worden. Es war von ihm nichts anderes übrig geblieben, als ein paar Körperteile und seine Schnürsenkel. Das deutsche Feuer, das hinter der Barrikade aus den zerstörten Panzern hervorkam, forderte einen schrecklichen Tribut von unseren Männern. Das feindliche Granatwerferfeuer behagelte das Ufer ununterbrochen. Einer unserer Männer meinte, nun dort drüben ein ganzes deutsches Infanterie-Bataillon erkennen zu können…

Unser Hauptproblem war die zu kurze Reichweite unserer Waffen, der zunehmende Munitionsmangel und die völlig überhitzten Maschinengewehrläufe. Es gab dort keine Ersatzrohre. Sie wurden ununterbrochen benutzt, so daß, wenn die Schützen aufhörten zu schießen, die Gewehre noch selbständig zehn oder zwölf zusätzliche Schüsse abgaben…

Der Verschleiß an Männern und Waffen bedingte, nun endlich einen Durchbruch zu erringen. Viele Verwundete versuchten, zurück zu robben, und viele der verirrten Nicht-505er bedeckten den Boden. Die Hälfte unserer Frontstärke war weg. Man hatte einen Funker nach hinten geschickt, um die Generäle Ridgway und Gavin oder Oberstleutnant Ekman um Hilfe zu bitten, aber der Funker war bisher noch nicht wieder von seiner Suche nach den Offizieren zurückgekehrt…"

Soldaten der 91. Luftlandedivision mit einem Granatwerfer im Einsatz. **Foto: Bundesarchiv**

Owens hatte seit Leutnant Oakleys Tod den Rest der Männer des 1. Zugs geführt. Als nun die nur noch 15 letzten Überlebenden den Unteroffizier zum Rückzug drängten, sandte Owens Robert Murphy als Melder zu Oberleutnant John Dolan, der weiter oberhalb an der Straße lag. Murphy meldete dem Oberleutnant, daß der 1. Zug an der Brücke über keine Munition mehr verfügte und keinem weiteren Angriff mehr standhalten könnte. Auch hatte Owens Murphy aufgetragen, Dolan zu fragen, ob man sich von der Brücke zurückziehen sollte. Als Murphy dem Oberleutnant diese Frage stellte, schüttelte er den Kopf: "Nein, bleibt, wo ihr seid…"

John Dolan schrieb eine kurze Notiz auf ein Stück Papier und reichte es Robert Murphy: "Hier, geben Sie das Unteroffizier Owens…"

Murphy rannte im Hagel der Geschosse zurück zu Owens und dem kleinen Rest seines Zugs und brachte dem Unteroffizier die Nachricht. Laut las Owens: "Wir bleiben. Es gibt keinen besseren Platz zum Sterben…"

Dann wurde diese Order an die wenigen noch einsatzfähigen Männer weitergegeben…

Seit dem Vormittag des 7. Juni hatte eine vor einigen Wochen bei Lestre in Stellung gebrachte deutsche Feld-Batterie, die nahe westlich jener verbunkerten Batterie von Azeville stand, ihr Feuer auf Sainte-Mère-Église verstärkt. Noch immer hielten sich viele der Bewohner in jenem großen Schutzgraben am Ortsrand auf. Gegen 10:00 Uhr kamen zwei amerikanische Fallschirmjäger und sprangen in diesen Graben. Sie erklärten dem Bürgermeister: "Wir haben keine Munition mehr. Wir haben auch keine in dem Lastensegler gefunden, der in unserer Nähe gelandet ist. Wenn unsere Panzer von der Küste nicht bald hier ankommen, sind wir verloren…"

Die Franzosen waren erschreckt. Alexandre Renaud berichtete: "Wir glaubten, dies sei das Ende. Niemand sprach mehr mit seinem Nachbarn. Alle dachten, wenn die Deutschen wiederkommen, werden sie sich rächen und alle erschießen. Ein Brennen und Morden wird in Sainte-Mère-Église stattfinden. Die Amerikaner werden dann ihre Leute verteidigen oder den Ort bombardieren, und alles wird zerstört werden...

Die großen Kanonen bei Azeville spuckten Feuer und Stahl. Die Kinder weinten. Zwei Kinder einer toten Mutter riefen nach ihr. Die Situation war unerträglich. Wir entschieden uns, den Graben zu verlassen und Unterschlupf in einem Keller am Ortseingang zu suchen. Dieser Keller war nicht sehr sicher, da er nur an einer Seite unterirdisch war. Doch wir wollten weg von der toten Frau und Wände haben, die uns vor den Einschlägen der Granaten schützten. Wir wollten die Kinder unter Stroh und Decken verstecken und auf die Befreiung oder den Tod warten..."

Vier von den Granaten der deutschen Artillerie verwundete Französinnen waren mit Tragen auf einen Jeep geladen worden, um sie zu dem provisorischen Lazarett in der Schule zu fahren.

Gegen Mittag traf das Sturm-Bataillon A.O.K. 7 des Majors Hugo Messerschmidt beim Grenadier-Regiment 1058 ein. Das der an der Ost-Küste des Cotentin liegenden 709. Infanterie-Division unterstellte Bataillon hatte am 5. Juni noch aus 1.106 Soldaten bestanden. Nach den Kämpfen um Saint Marcouf *(7 Kilometer nördlich Sainte-Mère-Église)* war es bereits stark dezimiert und schwer angeschlagen. Nach seinem Eintreffen stellte es sich mit dem Rest des Grenadier-Regiments 1058 beiderseits der Nationalstraße auf, um das I. und II. Bataillon aus der Einschließung vor Sainte-Mère-Église zu befreien und zur Stadt durchzustoßen. Da erschien Generalleutnant von Schlieben im Gefechtsstand des Oberst Beigang und befahl den sofortigen Angriff: "Heute noch Sainte-Mère-Église! Sie wissen, worauf es ankommt!"

Daraufhin befahl Oberst Beigang seinem Regiment und dem Sturm-Bataillon den Angriff: "Ohne Rücksicht auf Verluste...!"

Nach einem gut gezielten, kurzen Trommelfeuer der III. Abteilung begann der Angriff, der auch weiterhin mit treffsicherem Feuer der Artillerie unterstützt wurde.

Es gelang zwar schon bald, die beiden eingeschlossenen Bataillone zu befreien, jedoch wurde der Vorstoß nach Sainte-Mére-Église durch schweres Granatwerferfeuer der Amerikaner zum Stehen gebracht. Noch während des Beschusses entschied sich Oberst Beigang zu einer Umgruppierung, die sofort ausgeführt wurde. Das Sturm-Bataillon Messerschmidt wurde nun auf die westliche Seite der Nationalstraße verlegt. Inzwischen hatte sich der Abteilungskommandeur, Major Landgrebe, zum Chef der 8. Batterie, Leutnant Zschietzschmann, begeben, um die gesamte Abteilung vorwärts zu verlegen und weiter massiv gegen

Major Hugo Messerschmidt (links) war Kommandeur des Sturm-Bataillons A.O.K. 7. (Hier mit seinem Ordonnanzoffizier und einem Melder.

Foto: Archiv von Keusgen

Sainte-Mère-Église und die immer stärker nach Norden und ihnen entgegen drängenden Amerikaner vorzugehen...

Auf dem landwirtschaftlichen Anwesen am Ortsrand des 4,5 Kilometer nördlich von Sainte-Mère-Église entfernten Foucarville konnte die Fernmelde-Gruppe des Grenadier-Regiments 1058, zu der auch Heinrich Spieles gehörte, vorstoßende US-Panzer sehen. Spieles berichtete: "Gegen 15:00 Uhr kamen zwei Sherman-Panzer von der Küste zu uns herauf – ohne Infanterie-Unterstützung. Sie fuhren in Richtung Sainte-Mère-Église. Wir hatten keine panzerbrechenden Waffen außer zwei sogenannter Ofenrohre *(Raketen-panzerbüchsen = größere Panzerfäuste)*. Zwei Männer gingen dann mit den Dingern in Stellung, doch sie funktionierten nicht. So fuhren die Panzer an uns vorbei... Unmittelbar darauf bekamen wir von unserem Leutnant den Befehl zum Absetzen: *Sofort in westliche Richtung zurückziehen!*

Wir beobachteten dann, daß nur rund zweihundert Meter von uns entfernt eine 8,8-cm-Kanone in Stellung gebracht wurde. Kurz daraufknallte es ein paarmal, und die beiden Sherman-Panzer explodierten. Wir konnten die Stahlscher-ben hoch in die Luft fliegen sehen. Aus den Panzern stieg niemand mehr aus..."

Alexandre Renaud erkundete indessen in Sainte-Mère-Église die Situation auf der nahen Hauptstraße. In einem Moment, da sich der Artilleriebeschuß etwas beruhigt hatte, verließen die Bürger eilig den Graben. Dann rannten sie, so schnell sie konnten, zu dem Haus mit dem Keller.

Nach einiger Zeit vernahmen die verängstigten Bürger das donnernde und klirrende Geräusch sich nähernder Panzer. Trotz der einschlagenden Granaten liefen viele von ihnen wieder auf die Straße. Alexandre Renaud beschrieb die Ankunft der Panzer: "Es waren kleine Panzer, aber für uns waren sie groß und schön. Wir konnten ihre Kommandanten auf den Panzertürmen sitzen sehen, und sie erschienen uns wie majestätische Götter. Für sie bedeutete es einen Sieg – für uns das Überleben..."

Gefangene deutsche Soldaten in Sainte-Mère-Église.

Mit großer Freude und Jubel wurden die ersten vom "Utah Beach" nach Sainte-Mère-Égli-se vorgedrungenen US-Panzer bei ihrer Einfahrt in die Stadt von der Bevölkerung begrüßt (hier auf der Hauptstraße, der damaligen Rue de Carentan – Vergleich siehe Seite 30).
Fotos: US National Archives

Oberst Roy Lindquist war mit seinen Männern zur Chef-du-Pont-Brücke gezogen. Er hatte die Aufgabe, sich dort mit Hauptmann Creek zu vereinigen, den Brückenkopf zu verteidigen und Kontakt mit Oberstleutnant Thomas Shanley aufzunehmen, der mit seinen Leuten die isolierte Position auf der *Höhe 30* hielt. Außerdem sollten Lindquists Soldaten die Flanke der Division östlich des Merderets sichern. Diesen Befehl erhielten zwei Kompanien, die dann ohne eigene Verluste die zwei Kilometer östlich Chef-du-Pont liegenden Areale um Carquebut und Eturville durchstreiften. Dabei nahmen sie 235 deutsche Soldaten gefangen und stellten die Verbindung mit der 101. Airborne Division her.

Oberst Lindquist hatte indessen keinen Erfolg mit seiner Hauptaufgabe, Oberstleutnant Shanleys isolierte Truppe auf der *Höhe 30* zu verstärken. Von der Anhöhe aus konnte Shanley gut den Merderet und die Chaussee auf dem Damm vor der Brücke übersehen, doch sein einziger Kontakt mit den Streitkräften östlich des Überschwemmungsgebiets wurde durch eine kleine Patrouille gehalten. Eine Versorgung sowie Verstärkung und medizinische Hilfe waren durch die alles blockierenden deutschen Stellungen ausgeschlossen. Doch war Shanleys Truppe durch in der vergangenen Nacht und im Verlauf dieses Tages bis dahin verirrte Fallschirmjäger etwas angewachsen. Auch waren somit einige Maschinengewehre dazugekommen. Mit mehreren dieser Maschinengewehre ließ Shanley den Hügel nach Norden und Westen sichern, und mit 48 Soldaten und zufällig gefundenen deutschen Minen zwei Straßensperren auf der Chaussee in Richtung Picauville bilden.

Immer mehr Soldaten rückten inzwischen vom "Utah Beach" aus ins Hinterland vor – doch bis zu den Merderet-Brücken bei La Fière und Chef-du-Pont war es noch ein weiter Weg...

Immer mehr Soldaten rückten inzwischen vom "Utah Beach" aus ins Hinterland vor – doch bis zu den Merderet-Brücken bei La Fière und Chef-du-Pont war es noch ein weiter Weg... Der improvisierte Gefechtsstand des Oberst Lewis bei La Fière. **Fotos: US National Archives**

Der A-Kompanie an der La-Fière-Brücke war die Munition ausgegangen. Robert Murphy berichtete: "Es waren diese Momente der Es-ist-hart-zu-sterben-Gemütsverfassung – aber dennoch standen alle Männer auf ihrem Posten..."

In und zwischen den kleinen Verteidigungsstellungen der Amerikaner und auf der Chaussee, vor der Brücke, lagen stöhnende und schreiende Verwundete im ununterbrochenen Hagel deutscher Granaten. Einige krochen hilfesuchend umher...

Doch nur wenige Minuten nachdem Unteroffizier Owens die Notiz des Oberleutnants Dolan erhalten hatte, wurde plötzlich auf der Seite der Deutschen eine Rot-Kreuz-Fahne geschwenkt. Man bat die Amerikaner um eine halbstündige Kampfpause, um Verwundete bergen zu können.

Owens beschrieb den Angriff der Deutschen: "Sie mußten Verstärkung erhalten haben, denn die Granaten kamen wie Maschinengewehrfeuer. Ich wußte nicht, wie es möglich sein könnte, darin zu überleben. Dann griff die Infanterie erneut an, und wir gaben ihnen, was wir hatten. Mein Maschinengewehr war vom Schießen zu heiß geworden, so nahm ich die BAR des Soldaten McClatchy, der vorher verwundet worden war, und feuerte so lange, bis mir die Munition ausging. Dann nahm ich ein Maschinengewehr, das ein paar Männern gehört hatte, die bei einem Granateinschlag getötet worden waren. Das schwere MG hatte kein Dreibein, so legte ich es auf einen Geröllhaufen und benutze es so. Mit diesem und einem anderen Maschinengewehr und einem 6-cm-Granatwerfer konnten wir die Deutschen stoppen – aber sie waren inzwischen auf eine Nähe von nur noch 25 Meter an uns herangekommen. Ich glaubte wirklich, unser Ende sei nun gekommen, aber dann hißten sie eine Rot-Kreuz-Fahne und hörten auf, zu schießen. Ich stand schnell auf und ließ meine Männer das Feuer einstellen. Ich schickte einen Mann zurück, um nachsehen zu lassen, ob er Hilfe für uns finden konnte. Dann bewegte ich mich zu einer Stelle, von der aus ich den Damm gut übersehen konnte. Ich schätzte, daß ich etwa zweihundert tote oder verwundete Deutsche sehen konnte. Ich weiß nicht, wie viele im Wasser lagen. Sie brauchten etwa zwei Stunden, ihre Verwundeten heraus zu holen..."

Um 16:50 Uhr wurden die letzten Überlebenden des 1./505. PIR von in der Nähe gelandeten Soldaten des 2./325. GIR (Glider Infantry Regiment) und Teilen des 507. PIR verstärkt.

"Wir hatten nun gute Aussicht, neue Munition von hinten zu erhalten und unsere Verwundeten per Jeep aus der Gefahrenzone zu bringen", sagte Robert Murphy. "Wir wurden neu bewaffnet, einige Minen zusätzlich vor der Brücke mit dem zerstörten Lastwagen darauf verlegt, und wir warteten auf den nächsten Angriff – aber der erfolgte nicht…"

Statt der deutschen Panzer aus Westen rollten plötzlich zwei amerikanische Kampfwagen aus Richtung Sainte-Mère-Église heran. Es waren die ersten Panzer, die vom *Utah Beach* aus über die Bahnlinie vorgedrungen. Sie gehörten zum 746. Panzer-Bataillon und blieben hinter der ersten Straßenbiegung nach der Bahnüberführung und 160 Meter oberhalb der Brücke stehen – verdeckt hinter den dichten Hecken und hohen Bäumen beiderseits der Chaussee, und für die Deutschen nicht erkennbar. Sie feuerten nun in Intervallen auf die deutschen Stellungen nahe der Brücke. Mit den Panzern trafen auch noch weitere 75 in der Nacht zuvor versprengte Soldaten des 507. PIR ein und bezogen oberhalb und nahe des Manoirs Stellung.

Oberst Roy Lindquist und Oberstleutnant Arthur Maloney waren mit ihren Männern gegen Abend wieder zum Leroux-Anwesen bei La Fière zurückgekehrt. Für den Rest des Tages wurden die Stellungen der Amerikaner an der Merderet-Brücke von den Deutschen aus größerer Entfernung sporadisch mit Granaten beschossen, was noch zu weiteren Verlusten führte.

Nördlich Sainte-Mère-Église, war es indessen nicht mehr zu den von Oberst Beigang erwarteten durchschlagenden Kampfhandlungen gekommen, da die Soldaten des Grenadier-Regiments 1058 von den Fallschirmjägern des Oberstleutnants Benjamin Vandervoort durch etliche kleine Gefechte zerrieben

Bild oben: Nahe der Bahnlinie und von den hohen Hecken verdeckt, feuerten die ersten Panzer sporadisch auf die deutschen Soldaten vor der Brücke.

Bild links: Den Soldaten des 325. GIR und des 507. PIR, die sich am Nachmittag des 7. Juni von der Bahnlinie her auf der Chaussee dem Leroux-Anwesen (rechts) und der kleinen Merderet-Brücke näherten, bot sich ein grausamer Anblick – die erbitterten Kampfhandlungen hatten schreckliche Spuren hinterlassen… (Vergleich siehe Seite 119.)

Fotos: US National Archives

worden waren. Um 18:00 Uhr hatten mehrere US-Panzer die rückwärtige Verbindung zum Rest des sich bereits seit einiger Zeit nach Norden zurückziehenden Sturm-Bataillons Messerschmidt und der III. Artillerie-Abteilung abgeschnitten. Das Grenadier-Regiment 1058 bestand aus nur noch wenig mehr als einhundert Soldaten. Bei ihnen befand sich auch der Abteilungs-Kommandeur Landgrebe, dessen Batteriechef Zschietschmann und Regiments-Kommandeur Beigang. Durch das Zurückweichen der Infanterie und die Vorstöße der amerikanischen Panzer war unter den Artilleristen der III. Abteilung eine gefährliche Panikstimmung entstanden. Nach dreistündigem Ausharren in schwerem Granatwerferfeuer war die Aussichtslosigkeit, sich noch weiterhin mit den letzten schwachen Kräften gegen die Übermacht der Amerikaner zu halten, deutlich geworden. So entschieden sie, sich zu ihren Truppen zurück durchzuschlagen.

Der 8. Juni

Um 1:30 Uhr trafen Major Landgrebe und Leutnant Zschietzschmann wieder im Abteilungsgefechtsstand ein – Oberst Beigang gehörte zu den vielen Vermißten... Als kurz darauf auch Generalleutnant von Schlieben in dem Gefechtsstand eintraf, bestimmte er den Kommandeur des Grenadier-Regiments 729, Oberst Helmuth Rohrbach, zum Kampfgruppenführer und befahl, eine neu gebildete Linie 1,2 Kilometer nördlich Neuville-au-Plain unbedingt zu halten.

Gegen 2:00 Uhr näherte sich ein einzelner Panzer von Westen her auf der Damm-Chaussee der Merderet-Brücke bei La Fière. Die Amerikaner glaubten, daß nun ein weiterer deutscher Angriff beginnen würde. Doch man versuchte auf deutscher Seite lediglich, den kampfunfähigen Panzer, der noch vor der Brücke stand, an den Straßenrand zu schieben. Unteroffizier William Owens robbte mit einigen Gammon-Granaten bis auf annähernd dreißig Meter an den Panzer heran. Der Mond war zu dieser Zeit wolkenverhangen, und es war zwischen den Bäumen, die beiderseits der Chaussee standen, sehr dunkel. Die erste Granate, die Owens warf, verfehlte ihr Ziel und traf den kampfunfähigen Panzer, statt jenen, der versuchte, ihn beiseite zu schieben. Sofort nach der Detonation kehrten die Deutschen mit ihrem Panzer um und fuhren wieder zurück.

Die Führung der Truppe, zu der auch Rudi Escher gehörte, beschloß in dieser Nacht, ihre Positionen nahe Fauville aufzugeben und sich in südöstliche Richtung nach Carentan zurückzuziehen. Der Befehl erreichte auch Rudi Escher und dessen kleine Gruppe: "Man hatte dann befunden, daß es besser sei, von hier zu verschwinden und sich weiter ins Inland zu verdrücken. Da sind wir dann im Dunkeln mit mehr als

Mit den ständig zunehmenden und sich immer weiter ausdehnenden Kampfhandlungen wurden auch die deutschen Fernmeldeverbindungen immer häufiger unterbrochen. So waren die Melder immer wichtiger geworden. Doch die Angst vor den schnellen amerikanischen Jagdbombern beeinträchtigte nicht nur Truppenbewegungen, sondern auch einzelne Melder, die immer wieder unter hohen Bäumen und hinter dichten Hecken Schutz vor dem Entdecktwerden suchen mußten (wie hier ein Krad-Melder der 91. Luftlandedivision).
Foto: Bundesarchiv

hundert Männern im Gänsemarsch einfach losmarschiert...
Ein paar waren vorausgegangen. Das war der größte Sau-
haufen, den es gegeben hat; einer ist dem anderen nachge-
laufen. Das war ein Geschnatter; statt daß sie alle still und
leise gehen – nichts... Da hat man laute Debatten gehört,
wo die Amis wohl wären und woher wir eigentlich kämen,
aber gewußt hat keiner was... Wir sind die ganze Nacht lang
gelaufen. Ein Teil unserer Truppe ist dann irgendwo durch ein
Gehöft marschiert, wir anderen draußen herum. Wir haben
uns dann aber nicht mehr wiedergetroffen... So hat sich der
ganze Haufen geteilt, und wir waren vielleicht nur noch so
etwa siebzig Mann..."

...Doch einer der Offiziere der Stabskompanie war heim-
lich im Château de Fauville zurückgeblieben. Er hatte seine
Uniform gegen französische Zivilkleidung getauscht und wollte
das Schloß gerade verlassen, als ein Trupp US-Fallschirmjäger erschien. Eine Französin, die den Offizier kannte und
in schlechter Erinnerung hatte, denunzierte ihn bei den
Amerikanern. Da der Offizier durch das Anlegen von Zivilkleidung gegen geltendes Kriegsrecht verstoßen hatte, stellten
die Fallschirmjäger ihn an die Rückseite des Schlosses und
erschossen ihn.

Während die Scheune und die Stallungen des Leroux-Anwesens von den Amerikanern inzwischen mit Verwundeten belegt worden waren, hatten man im Manoir einen Gefechtsstand eingerichtet.
Foto: US National Archives

Am Morgen des 8. Juni wurde dann das 1./505.PIR von Teilen des 507. an der Merderet-Brücke bei La-Fière abgelöst. Die Soldaten des 1./505. bezogen die Stellungen des 3. Bataillons nördlich Granville, das nun vorübergehend nur als Eingreifreserve dienen sollte. Allein die A-Kompanie des 505. PIR hatte von ihren ursprünglich 137 Männern 66 im Kampf verloren – sie waren gefallen oder schwerverwundet. Von den noch Einsatzfähigen trugen 20 als Leichtverwundete Verbände oder warteten noch auf medizinische Versorgung. Das 2. und 3./325. GIR und die Fallschirmjäger des 507. PIR des Oberstleutnants Maloney er-lebten einen Tag ohne deutsche Angriffe, jedoch mit sporadischem Granatbeschuß. Obwohl inzwischen reichlich mit Munition versorgt und mit Panzern und Geschützen ausgerüstet, wurde aber von den Amerikanern den ganzen Tag über kein Versuch unternommen, die Brücke zu überqueren...

Zu dieser Zeit mußten sich westlich Foucarville die restlichen Männer des kleinen Nach-richtenzugs des I. Bataillons des Infanterie-Regiments 1058 sammeln. Heinrich Spieles war einer von ihnen:

"Da wir am Vortag bei unserem fluchtartigen Verlassen von Foucarville unser ganzes Fernmeldematerial zurückgelassen hatten, bekamen wir nun neues – aber mehr geschah an diesem Tag nicht..."

Oberst Helmuth Rohrbach hatte inzwischen innerhalb kurzer Zeit aus Artilleristen und den zurückflutenden Infanteristen eine Kampfgruppe aufstellen lassen, mit der es bald gelang, die Fluchtbewegung zum Stehen zu bringen. Um die Feuerstellungen der Batterien wurde eine starke Auffanglinie gebildet und die Batterien für die Nahverteidigung eingerichtet. Dann wurden von der Abteilung 500 Verpflegungsportionen ausgegeben und 30.000 Schuß Munition für die Infanterie.

Die vom "Utah Beach" aus ins Hinterland vorstoßenden Amerikaner fanden immer häufiger von den deutschen Truppen während der vielen vereinzelten Kampfhandlungen fluchtartig zurückgelassenes Kriegsgerät und Material. Sogar ein Radfahrzug hatte seine Fortbewegungsmittel liegengelassen...
Foto: US National Archives

In den frühen Morgenstunden des 8. Juni war zu Oberstleutnant Shanleys großer Überraschung eine kleine amerikanische Patrouille von Chef-du-Pont aus bei ihm auf der *Höhe 30* eingetroffen. Offensichtlich hatten es Shanleys Männer unterlassen, die errichtete Straßensperre gegen jegliches Vorstoßen von Truppen abzuriegeln... So begab sich der Oberstleutnant sofort zu den Sperren, um sie unter seiner persönlichen Aufsicht endlich ordentlich befestigen zu lassen. Auch erteilte er detaillierte Befehle betreffs der Positionierung seiner dortigen Soldaten und deren Waffen. Danach kehrte der Oberstleutnant auf die *Höhe 30* zurück.

Shanleys Männer hatten an den Straßensperren gerade erst ihre alten, zu weit auseinanderliegenden Stellungen verlassen und ihre neuen noch nicht bezogen, als der Oberstleutnant noch den Hügel hinaufging. In diesem Moment griff eine deutsche Kompanie von Westen her die erste Straßensperre an. Die Deutschen hatten sich am Rand der Straße und im Schutz der hohen Hecken und Bäume unbemerkt herangeschlichen. Sofort ließ Shanley auf dem Hügel einen Zug Soldaten zusammenstellen und eilte mit ihnen im Laufschritt hinab, um den deutschen Truppen einen wirksamen Stoß in ihre linke Flanke zu versetzen.

Für die noch mehr als dreihundert Meter entfernten amerikanischen Soldaten an der Straßensperre war die Distanz zu Shanley und seinem heraneilenden Zug zu groß, um sie als ihre eigenen Leute erkennen zu können. Auch hatte es Shanley versäumt, einen Melder mit der Nachricht dieses Gegenstoßes zur Straßensperre zu schicken. So eröffneten die Männer dort das Feuer auf ihre eigene Truppe.

Unter Shanleys Soldaten gab es sofort einige Verwundete, und man mußte in Deckung gehen. Von Süden her schlugen nun Werfergranaten zwischen den Amerikanern ein, und das frontale Infanteriefeuer wurde noch stärker. Die Anzahl verwundeter Soldaten in Shanleys Zug nahm rapide zu. Als dann die Kampfkraft der Amerikaner an der Straßensperre nachließ, zogen sich Shanley und seine größtenteils verwundeten und frustrierten Soldaten so schnell es ging auf die *Höhe 30* zurück.

Die deutsche Kompanie rückte nun noch näher an den Hügel heran und verschanzte sich in der Nähe eines Anwesens am südlichen Fuß der Anhöhe. Da die hohen Hecken und Bäume einen direkten horizontalen Beschuß gegen die Deutschen verhinderten, Shanleys Männer aber über keinen Granatwerfer verfügten, konnten sich die Amerikaner in ihrer Position nicht wehren. Die *Höhe 30* war nun von den Deutschen eingekreist, und der Druck auf die Amerikaner nahm zu.

Shanleys verwundete Männer erhielten am improvisierten Verbandplatz auf der *Höhe 30* in Ermangelung an Sanitätsmaterial statt einer ordentlichen Wundversorgung neue Waffen und Munition. Auch Wasser und Verpflegung waren ausgegangen, doch der schwerwiegendste Mangel bestand an Blutplasma. So mußten viele der Schwerverwundeten qualvoll sterben, die damit hätten gerettet werden können. Kampfgeist und Truppenmoral litten unter diesen höchst negativen Umständen erheblich, besonders deshalb, da drei Viertel der Soldaten gar nicht zu Shanleys Bataillon gehörten...

Da die deutschen Soldaten im Schutz der vielen dichten Hecken den Amerikanern immer näher kommen konnten, verringerte sich auch die Distanz des Beschusses und war infolge dessen zunehmend wirksamer – bis jeder fünfte von Shanleys Männern tot oder verwundet war. Doch der Oberstleutnant gab seine Position nicht auf. Die einzige Unterstützung erhielt er von einigen Geschützen der Feld-Artillerie-Abteilung 319, die von Chef-du-Pont aus immer wieder auf die langsam vorrückenden deutschen Truppen feuerte...

Am Morgen des 8. Juni war nun auch die 10. Batterie des deutschen Artillerie-Regiments 243 aus dem Einsatz an der West-Küste abgezogen worden, um sie der nördlich Sainte-Mère-Église stehenden Abteilung zuzuführen. Auf ihrem Marsch wurde sie in der kleinen Ortschaft Orglandes von einer versprengten US-Fallschirmjägertruppe beschossen. Zwar verloren dabei vier Artilleristen ihr Leben und einige wurde verwundet, doch konnten bei einem sofort eingeleiteten Gegenstoß zehn der Amerikaner gefangengenommen werden.

Während dieser Ereignisse lagen die anderen Batterien und der Regiments-Gefechtsstand unter schwerem Beschuß der Schiffsgeschütze, der Artillerie und von Granatwerfern. Major Landgrebe berichtete: "...Und wieder strömten Gruppen führungsloser Grenadiere zurück. Diese Gruppen wurden bei den Feuerstellungen aufgefangen, unter der Führung von Artillerieoffizieren und Unteroffizieren neuerlich eingesetzt und dadurch die Feuerstellungslinie im Bachgrund von Ecauseville verstärkt. Der Mangel an Infanterie-Munition wurde unangenehm fühlbar. Die Batterie igelte sich ein.

Da der Feind ostwärts der Straße von Sainte-Mère-Église nach Montebourg immer mehr gegen Norden vorrückte, somit die linke Flanke bedrohte, mußte der Stellungswechsel der Batterie, die unter starkem Infanteriefeuer lag, befohlen werden. Die Abteilung hatte in den ersten beiden Tagen täglich 700 Granaten verschossen. Vor allem aber hatte der bedingungslose Einsatz des Abteilungskommandeurs *(Major Landgrebe selbst)*, der immer wieder die verschiedenen Kampfgruppen der Infanterie durch seine eigene Persönlichkeit zu verbinden wußte, entscheidend dazu beigetragen, einen schwerwiegenden Rückschlag aufzuhalten."

In den meisten Fällen konnten die amerikanischen Verwundeten an den Kampfstätten auch am 8. Juni noch nicht ausreichend versorgt werden – es fehlte an Sanitätspersonal und Material.

Fotos: US National Archives

Nach dem ständigen Artillerie-Beschuß und einer zweistündigen Bombardierung aus der Luft vollzogen die Bataillone einen Stellungswechsel bei hellem Tageslicht. Das hatte zur Folge, daß die amerikanischen Jagdbomber große Schäden anrichten konnten. Vier Zugmaschinen wurden dabei zerstört, zwölf Soldaten getötet und zehn verwundet. Trotz des anhaltenden Beschusses war es den Artilleristen möglich, die liegengebliebenen Geschütze zu den neuen Stellungen im Raum nahe Saint Cyr, einen Kilometer westlich Montebourg, zu transportieren.

An diesem Nachmittag kamen die 16-jährige Juliette Le Cambaye und ihre gleichaltrige Freundin, Jeannette Legoupillot, von der Post in die Straße, in der sie wohnten, zurück, und machten dort eine schockierende Beobachtung. Vor dem Friseursalon stand ein

großer Holzkarren, der normalerweise als Viehtransporter diente, und auf den gerade französische Zivilisten mit roten Gummihandschuhen an den Händen mehrere Leichen deutscher Soldaten luden. Juliette war entsetzt: "Die Leichen waren furchtbar zugerichtet, ihre Körperteile verdreht, halb zerrissen, und es herrschte ein unerträglicher Gestank... Wir wußten nicht, woher sie kamen und waren von ihrem Anblick sehr entsetzt. Wir liefen die Straße zurück, aber da kamen zwei Jagdflugzeuge und haben auf uns geschossen. In unserer Angst drückten wir uns ganz fest an eine Hauswand..."

Bis zum Nachmittag dieses Tages hatte der nur sehr langsam dahinziehende kleine, auf dem Rückzug befindliche Trupp der Stabskompanie, zu dem auch Unteroffizier Rudi Escher gehörte, in den ganzen 16 Stunden seines vorsichtigen Marsches nur knapp drei Kilometer zurückgelegt.

Rudi Escher schilderte die Situation: "Wir wollten irgendwann über den Bahnübergang, aber um die Schienen herum war das Überschwemmungsgebiet. Dann wollten wir bei Chef-du-Pont 'rüber... Doch da sind wir am Nachmittag beschossen worden. Wir haben in den Gräben Deckung gesucht. Irgendwann haben wir nicht weit entfernt ein großes

Ein amerikanischer Sanitätsoffizier bot einem verwundeten deutschen Soldaten noch an der Kampfstätte nach erfolgter Erste-Hilfe-Leistung eine Zigarette an.

Sehr viele infolge ihrer Verwundungen gefangengenommene deutsche Soldaten wurden von den Amerikanern von der Kampfstätte im "Vallée de Misère" nach Sainte-Mère-Église transportiert und erhielten dort eine medizinische Erstversorgung. Danach brachte man sie mit Lastwagen zum "Utah Beach", in eine Gefangenensammelstelle. Einige Tage später wurden sie mit Landungsbooten zu den Truppentransportern und mit diesen nach Großbritannien gefahren.
Fotos: US National Archives

Gehöft entdeckt, und als gerade mal nicht auf uns geschossen wurde, sind wir da hin und 'reingelaufen. Doch plötzlich kam ein amerikanischer Panzerspähwagen in den Eingang des Gehöfts gerollt. Der hat dann einen Schuß abgegeben – aber nur über unsere Köpfe; so ungefähr wie, *jetzt habt ihr noch Zeit, überlegt's euch, sonst schießen wir auf eure Leute.*

Als der Spähwagen dann langsam auf den Hof gerollt kam, waren unsere Leute so weit, daß sie die Hände hoben... Die letzten zwanzig Mann unseres Zuges, bei denen auch ich war, waren noch weiter hinten und haben beraten, was wir nun machen. Die anderen da vorn im Hof, die mußten sich hinknien und die Hände hochhalten, damit sie ja nichts tun konnten. Und da haben wir überlegt, ob wir jetzt einfach verschwinden sollten. Aber dann später doch irgendwann wieder kämpfen, das hätte keinen Sinn gemacht, denn was wollten wir mit unseren Maschinenpistolen und Karabinern gegen Panzer und Jabos ausrichten? Unser Zugführer, ein Oberfeldwebel, und wir, haben dann eingesehen, daß es keinen Sinn mehr hat, weiterzumachen. Wir haben unsere Waffen weggeworfen und sind auch vorgegangen, die Hände hochgehoben und uns hingekniet.

Dann hat man uns 'rausgeführt, auf eine Wiese, und wir mußten uns in Doppelreihe aufstellen – mit einigem Abstand zueinander. Alles verlief ganz korrekt, keiner von uns wurde irgendwie brutal behandelt. Die Amis schienen eher ängstlich, daß wir noch etwas unternehmen könnten. Sie hatten ihre Gewehre im Anschlag. Dann haben sie angefangen, uns zu filzen. Sie haben einfach mit ihren Bajonetten die Außentaschen unserer Uniformen abgeschnitten. Sie haben uns alles abgenommen. Aber bald war es ihnen wohl zuviel oder sie haben einen anderen Befehl erhalten, jedenfalls haben sie uns abgeführt, nach Chef-du-Pont...

Nachdem wir eine halbe Stunde lang die Hände hochgehalten hatten, waren sie vollkommen gefühllos. Da haben die Amerikaner uns Unteroffiziere von den Mannschaften getrennt. Meinen verwundeten Obergefreiten, den Rudolf May, haben sie gleich 'rausgenommen und zu irgendeinem Verbandplatz gefahren – ich habe ihn dann nie mehr gesehen *(erstmals wieder bei einem zufälligen Treffen anläßlich des 40. Jahrestages, am 6. Juni 1984, auf dem Kirchplatz in Sainte-Mère-Église).*

Dann kam zu uns zehn Männern ein amerikanischer Offizier, der hat Deutsch gesprochen und gesagt, daß wir alles, was wir noch in unseren Taschen hatten, hinlegen sollten. Als dann alles heraus war, stellte ich fest, daß ich noch eine Schachtel mit Ami-Zigaretten in einer Tasche hatte. Wenn ich vorher noch daran gedacht hätte, so hätte ich sie vorsichtshalber weggeworfen... Der Offizier hat mich dann gefragt, wo ich die Zigaretten her habe. Was sollte ich ihm sagen? Mir war klar, daß er glaubte, ich hätte einen seiner Leute umgelegt und dann Leichenfledderei begangen, und was darauf steht, wußte ich ja... Da ging mir natürlich die Muffe. So habe ich ihm gesagt, daß meine Leute sie von einer der Versorgungsbomben mitgebracht und mir gegeben haben... Ob er es geglaubt hat, weiß ich nicht, aber er ließ mich stehen

In Sainte-Mère-Église war es zwischen einem gefangengenommenen deutschen Hauptmann des Grenadier-Regiments 1058 und einem US-Infanteristen zu einem Streit gekommen, der von einem Sanitäter geschlichtet wurde – mit einer Zigarette als Zeichen der Versöhnung.
Fotos: US National Archives

und ging mit den Zigaretten fort. Aber nach einiger Zeit kam er wieder zurück und sagte: *Zigaretten in der Hand, nicht meine...*

Dann hat er jedem von uns eine dieser Zigaretten angeboten und uns Feuer gegeben. Wir haben geraucht, und er ist wieder verschwunden... Aber meine Armbanduhr, mein ganzer Kleinkram, mein Soldbuch, alles war weg. Leere Brieftasche, leeres Portemonnaie, und mein Ehering – nie mehr wiedergesehen... Sauerei! Was ich noch besaß, war lediglich mein Sportabzeichen an meiner Jacke."

Einen Moment später mußten die Kriegsgefangenen den Marsch in Richtung *Utah Beach* antreten. *(Am Abend erreichten sie den Strand vor dem am D-Day eingenommenen Widerstandsnest 5, wo eine mit Stacheldraht eingezäunte provisorische Sammelstelle eingerichtet worden war.)*

Sainte-Mère-Église können wir abschreiben...

In der Nacht zum 9. Juni ließ Oberst Roy Lindquist Oberstleutnant Shanley auf der *Höhe 30* per Funk mitteilen, daß er ihm einen größeren Verstärkungstrupp über die Damm-Chaussee schicken werde, wenn der Süd-Zugang zur Anhöhe durch Shanleys Soldaten von den Deutschen befreit würde.

Oberleutnant Millsaps hatte seit dem Mittag auf dem Verbandplatz bei der provisorischen Versorgung der Schwerverwundeten und Sterbenden geholfen und war inzwischen psychisch stark belastet. Obwohl Shanley ausdrücklich verboten hatte, Brust- und Bauchverwundeten nichts zu trinken zu geben, hatte Millsaps, der das Flehen und Stöhnen dieser Männer nicht mehr ertragen konnte, ihnen Wasser gereicht. Er argumentierte: "Warum auch nicht – sie mußten ja doch sterben..."

Dieser Oberleutnant meldete sich nun freiwillig, mit dem Rest seiner Fallschirmjäger des 2./508. PIR die Verbindung zum Ost-Ufer freizukämpfen. Doch waren es noch nicht einmal so viele Kampffähige, um daraus eine Gruppe zu bilden. So suchte er sich 23 Soldaten aus verschiedenen Einheiten zusammen.

Ein Fallschirmjäger der 82. Airborne Division versorgt einen schwerverwundeten Kameraden. **Foto: US National Archives**

Es war Mitternacht, als die kleine Truppe des Oberleutnants Millsaps von der Höhe 30 zur äußersten Position am südlichen Fuß aufbrach. Um 2:30 Uhr sollte die Artillerie von Chef-du-Pont aus für eine bestimmte Dauer die deutschen Stellungen beschießen, um Millsaps' Angriff einzuleiten, dessen Männer zu diesem Zeitpunkt bereits in der Nähe bereitstehen sollten.

Als dann der Artilleriebeschuß pünktlich um 2:30 Uhr begann, schlugen die Granaten aber nur für kurze Zeit in den deutschen Stellungen ein, dann wurde der Beschuß auf eine flache Insel im Überschwemmungsgebiet verlegt, über die auch die erhöhte Chaussee führte. Millsaps, der von einer Verlegung des Artilleriefeuers vorher nichts erfahren hatte, wartete vergeblich auf dessen Rückverlegung – und verpaßte somit den richtigen Moment für seinen Sturmangriff auf die deutschen Stellungen nahe eines großen Gehöfts. Dann war es zu spät dazu, denn die Deutschen waren durch das üblicherweise einen Infanterieangriff einleitende starke Artilleriefeuer gewarnt.

Oberleutnant Millsaps rückte nun im nur spärlichen Licht des abnehmenden Mondes auf der Chaussee nach Osten vor. Aber nach nur wenig mehr als fünfzig Meter schlug seiner Truppe plötzlich heftiges Maschinengewehrfeuer mit Leuchtspurgeschossen entgegen. Da die meisten von Millsaps' Männern zum ersten Mal im Feuer standen, verloren viele die Nerven und rannten zurück. Der Rest warf sich Deckung suchend auf die Straße. Vergeblich versuchte der Oberleutnant, seine Leute aufzuhalten. Er schrie sie an und packte sie an ihren Jacken – jedoch vergebens. Gewehrschüsse knallten, und grüne Leuchtspurgeschosse zischten flach über den Boden, Leuchtkugeln stiegen auf und beleuchteten das chaotische Szenario. Den Amerikanern fiel nun auf, daß sich die deutschen Soldaten nicht auf eine einzige Stellung konzentriert hatten und ihr Feuer ständig zunahm. Nun wurden die Amerikaner bereits von drei Maschinengewehren beschossen. Oberleutnant Millsaps und Leutnant Polette versuchten, ihre flach auf der Straße liegenden Männer durch Zurufe anzufeuern – aber immer wieder vergebens. Sie traten ihnen in die Hintern – auch vergebens. Einige mit Maschinenpistolen bewaffnete Deutsche kamen näher. Die Amerikaner verloren wertvolle Zeit...

Es verging fast eine halbe Stunde, dann überwanden sie endlich ihre Lähmung. Plötzlich sprangen sie auf, stürmten durch die dunkle Hecke und gingen energisch mit Handgranaten und mit aufgepflanzten Bajonetten gegen die deutschen Stellungen vor. Schnell waren mehr als ein Dutzend der verblüfften Wehrmachtsoldaten getötet und ihre Deckungslöcher überrannt. Millsaps feuerte mit einer deutschen Maschinenpistole bis das Magazin leer war. Nach kurzer Zeit hielten nur

Zu den amerikanischen Fallschirmjägern waren vereinzelt auch Infanteristen gestoßen, die von Lastenseglern abgesetzt worden waren.
Foto: US National Archiv

noch sechs deutsche Soldaten ihre Stellungen. Obwohl auch der amerikanische Stoßtrupp etliche Verluste hatte, stürmten die Männer weiter vorwärts. Oberleutnant Millsaps wurde dreimal vom Druck explodierender Handgranaten zu Boden gerissen, doch blieb er unverletzt.

Als die Amerikaner in das große Anwesen eindrangen, in das sich einige Deutsche zurückgezogen hatten, erschossen sie alle. Sie drangen in die Ställe ein und töteten sämtliche Pferde, Rinder und Schafe. Erst als das rasende Massaker keine Opfer mehr fand, legte sich langsam die Wut der vorher so Verzweifelten.

Von Millsaps' 28 Männern waren sechs gefallen und 14 verwundet. Nur acht Soldaten waren noch kampffähig – einige nur noch bedingt. Manche der Männer lachten hysterisch, andere weinten. Überall lagen im Dunkeln Tote und stöhnende Schwerverwundete herum, waren in ihrer Nationalität kaum voneinander zu unterscheiden. Manche riefen mit matter Stimme vergeblich nach Sanitätern.

Millsaps, selbst am Ende seiner psychischen Kräfte, wußte, daß mit einem deutschen Gegenstoß zu rechnen war. So ließ er von seinen erschöpften Soldaten kleine Verteidigungsstellungen anlegen. Auch einem Schwerverwundeten erteilte er diesen Befehl. Der Mann entgegnete: "Ich kann nicht, Herr Oberleutnant, – ich sterbe..."

Millsaps entgegnete: "Ich weiß, daß du stirbst, aber ich werde auch sterben – jeder hier wird sterben. Also, geh' in deine Stellung..."

Dann entschied Millsaps, über die Damm-Chaussee vorzustoßen und nach Oberst Lindquist zu suchen. Da die Chaussee trotz der Dunkelheit unter anhaltendem, heftigen deutschen Maschinengewehr- und Artilleriefeuer lag, war niemand seiner Männer mehr bereit, ihm noch weiter zu folgen – bis auf einen Feldwebel. Mit dem machte sich der Oberleutnant auf den gefährlichen Weg.

Oberst Roy Lindquist erachtete es indessen als viel zu gefährlich, unter den gegenwärtigen Bedingungen eine Kolonne mit Lastwagen und Soldaten von Chef-du-Pont aus über die Chaussee zur *Höhe 30* zu schicken. Per Funk ließ er Oberstleutnant Shanley von seinem neuen Entschluß unterrichten – von dem Oberleutnant Millsaps allerdings nicht informiert wurde...

Deutsche Kriegsgefangene wuschen sich nach dem langen Marsch bis hinunter zum "Utah Beach" die Hände und erfrischten sich. Dann mußten die Unteroffiziere und Offiziere die Landungsboote besteigen, mit denen sie zu den großen Truppentransportern und mit diesen nach Großbritannien gebracht wurden. Die Mannschaften blieben vorerst in der Gefangenensammelstelle nahe des Strandes.
Fotos: US National Archives

Am frühen Morgen des 9. Juni wurden in der provisorischen Gefangenenstelle am *Utah Beach* einige deutsche Soldaten dazu eingeteilt, Gräber für gefallene Amerikaner auszuheben. Rudi Escher war als Unteroffizier nicht zu dieser Arbeit eingeteilt worden:

"Im Laufe des Vormittags mußten wir anderen dann zu den Landungsbooten durchs knietiefe Wasser waten – unter Bewachung. Da kam ein schwarzer Soldat zu mir und tippte auf mein Sportabzeichen an meiner Jacke. Er wollte es haben. Ich hab's abgemacht und ihm hingeschmissen. Da war immer ein gewisses Angstgefühl... Dann kam etwas zu mir angeflogen – ein Riegel Schokolade als Dankeschön. Das war ein Schwarzer...

Wir sind dann auf die Landungsboote geklettert und 'rausgefahren zu den großen Schiffen..."

Am Morgen des 9. Juni war Oberleutnant Millsaps auf der Damm-Chaussee bei Chef-du-Pont noch immer bemüht, den Weg zum Ost-Ufer für Lindquists Verstärkungskolonne durch

das deutsche Abwehrfeuer freizukämpfen. Gleichzeitig zog es Oberstleutnant Shanley aus Sorge vor einem deutschen Gegenangriff vor, die wenigen Überlebenden aus dem erst vor einigen Stunden eingenommenen landwirtschaftlichen Anwesen abziehen zu lassen. Doch davon erfuhr Millsaps nichts. Vielmehr ließ er Lindquist den deutschen Beschuß auf die Chaussee als nur wenig gefährlich melden. Lindquist ließ daraufhin an Shanley funken, daß seine Kolonne nun doch aufbrechen und zur *Höhe 30* ziehen sollte. Shanley hatte dennoch ernste Sorge, daß die Deutschen im inzwischen hellen Tageslicht die Soldaten erkennen und angreifen würden. Er drang trotz seiner Notlage darauf, die Kolonne in Chef-du-Pont stehen zu lassen. Inzwischen war eine Patrouille, die der Oberstleutnant durch das Überschwemmungsgebiet zum Ost-Ufer geschickt hatte, wieder auf die *Höhe 30* zurückgekehrt – mit dem so dringend benötigten Blutplasma.

Ein paarmal waren in den beiden vorigen Tagen einige neugierige Franzosen aus Bernaville und dessen näherer Umgebung zum Mühlenanwesen der Familie Lagouche hinuntergegangen, um sich den Mercedes mit dem toten General Falley und dessen Adjutanten anzusehen. Da erschienen an diesem Donnerstag-Vormittag auf dem Gehöft des Jean-Baptiste Laisné, das sich auf dem Terrain des Château de Bernaville befindet, zwei deutsche Soldaten. Sie sprachen gut Französisch und baten Monsieur Laisné um etwas Essen. Beiläufig fragten sie, ob er wisse, wo General Falley geblieben sei. Da Laisné etwas deutsch sprechen konnte, antwortete er: "Général kaputt!"

Über diese Aussage waren die beiden Deutschen empört und wollten sie nicht glauben. So boten sich der Bauer und Auguste Villette an, sie zu jener Stelle beim nahen Mühlenanwesen der Familie Lagouche zu führen, wo sich der tote General befand.

Bis zum Donnerstagmittag (den 8. Juni) stand Falleys Mercedes unberührt an der Hauswand der großen Wassermühle bei Bernaville.　　**Foto: von Keusgen**

Bei dem deutschen Halbkettenfahrzeug, auf dem die Leichname des Generals Falley und des Majors Bartuzat abtransportiert wurden, handelte es sich um ein sogenanntes Sonder-Kraftfahrzeug 251/1. (Das Foto entstand einige Tage später auf dem Hof des Mühlenanwesens der Familie Lagouche.)
Foto: US National Archives

Noch immer stand der dunkelgrüne Mercedes mit dem toten General und dessen daneben liegenden Adjutanten an der Hauswand des Mühlenanwesens. Die Kampfhandlungen hatten in dieser Gegend abgenommen, dennoch folgten die Deutschen den Franzosen mit Karabinern unter den Armen. Da sahen sie den Mercedes und erkannten den Toten – ihren General, der bereits seit drei Tagen vermißt wurde. Emmanuel Laisné, der sich auch auf dem Anwesen aufgehalten hatte, beobachtete die Situation: "Mein Vater war mit Monsieur Villette und zwei deutschen Soldaten zu dem Auto gegangen. Als sie die Personen erkannten, salutierte einer der beiden Deutschen vor dem General..."

Die Franzosen und die beiden deutschen Soldaten betraten daraufhin die Küche der Familie Lagouche. Auguste Villette erzählte: "Die beiden Deutschen rieten Madame Lagouche, einen Unterstand zu bauen, da sich die militärische Situation noch zuspitzen würde. Dann verließen sie das Haus.

Eine halbe Stunde später hörten wir ein Donnern auf der Straße, und die Deutschen kamen mit einem Ketten-Lastwagen zurück, auf dem eine kleine Kanone montiert war. Die Deutschen fürchteten sich offenbar davor, in eine Falle zu geraten und hatten drei Franzosen damit beauftragt, die Körper des Generals und seines Adjutanten in Decken zu rollen und auf das große Fahrzeug zu heben..."

Einige Zeit nachdem der Lastwagen mit den beiden Leichen davongefahren war, erschienen mehrere US-Fallschirmjäger. Emmanuel Laisné berichtete weiter: "...Da kamen einige amerikanische Fallschirmjäger auf unser Anwesen, um Wasser zu holen. Plötzlich zog einer dieser Männer ein Stück Papier aus seiner Hosentasche. Es war voller Blut. Er hielt uns die Hand mit dem Papier entgegen und sagte, *German, German...* Ein abgeschnittenes Ohr lag in dem Papier – das Ohr eines Deutschen... Mein Vater war darüber äußerst empört."

Zwar hatten deutsche Soldaten unmittelbar nach der Beisetzung des Generals Falley und seines Adjutanten, Major Bartuzat, noch ordentlich angefertigte Kreuze auf ihren Gräbern im Schloßpark aufgestellt, doch erst in den nächsten Wochen wurden im Zuge der vielerorts allgemein angelegten Begräbnisstätten diese beiden Kreuze errichtet.
Foto: US National Archives

General Wilhelm Falley und Major Joachim Bartuzat wurden indessen im Park des Schlosses von Bernaville bestattet. Da keine Särge vorhanden waren, wurden die ohnehin in Decken gehüllten Leichen zusätzlich noch in dicke Teppiche eingerollt, die man vom Fußboden eines der großen Räume des Schlosses genommen hatte. Trotz der Bedrohung durch die nahen Amerikaner ließ einer der Stabsoffiziere sechs Soldaten an den beiden direkt nebeneinander befindlichen Gräbern eine Salve Ehren-Salut schießen.

Auch bis zum Vormittag des 9. Juni war das Terrain um Foucarville noch immer nicht von den Amerikanern völlig eingenommen worden, und auf der Nationalstraße bewegten sich zwischen Sainte-Mère-Église und Carentan immer wieder deutsche Truppenverbände. An diesem Vormittag bekam der Fernmelder Heinrich Spieles den Befehl, mit einem

Unteroffizier ein Telefonkabel auf eine Anhöhe nahe Foucarville zu verlegen, auf der man einen Gefechtsstand mit einer Artillerie-Beobachtungsstelle eingerichtet hatte. Nachdem die Telefonverbindung hergestellt war, bot sich Heinrich Spieles eine einzigartige Gelegenheit:

"Ein älterer Offizier, der dort oben stationiert war, ließ uns durch ein Scherenfernrohr auf die See hinaussehen. Da konnten wir die ungeheure Masse der Kriegsschiffe sehen. Sie waren parademäßig aufgefahren. Man konnte auch das Blitzen der vielen Mündungsfeuer ihrer Kanonen sehen. Die Schiffe begannen gerade, so vermuteten wir, die Hauptverkehrsstraße, die von Carentan durch Sainte-Mère-Église nach Cherbourg führt, unter Feuer zu nehmen. Die dicken Granaten heulten direkt über uns hinweg. Zu dieser Zeit waren hier keine Jabos im Einsatz, weil sie sonst Opfer dieses Beschusses geworden wären. Uns war nun klar, daß wir diesen Kampf mit unseren Mitteln nicht gewinnen konnten..."

Die von den Granaten der deutschen 8,8-cm-Kanonen zerstörte Eingangsfront des Leroux-Manoirs (Vergleich siehe Seite 68).
Foto: Kollektion Robert Murphy

Bei La Fière konzentrierten sich amerikanische Reserve-Truppen nahe der Merderet-Brücke und längs ihres westlichen Ufers. Die Generäle Gavin und Ridgway trafen dort mit dem Befehlshaber der 90. Artillerie-Division, Brigadegeneral John M. Divine, zusammen. Divine versicherte, daß seine 15,5-cm-Kanonen, die er noch weiter in nördlicher Richtung hatte in Stellung bringen lassen, durchaus die andere Seite des Merderet beschießen können. Auch wurden sämtliche verfügbaren Granatwerfer in der Nähe des Bachs aufgestellt. Man plante für 10:30 Uhr ein Trommelfeuer auf die deutschen Truppen. Um 10:45 Uhr sollte eine Rauchsperre gelegt und außerdem die eintreffenden Panzer am Rand der Chaussee, nahe der hohen Hecken, plaziert werden. Somit waren sie für die 155 deutschen Soldaten nicht so leicht zu entdecken, konnten aber dennoch ihre Kanonen wirkungsvoll abfeuern.

Exakt um 10:30 Uhr begann das schwere Trommelfeuer der Amerikaner, das von deutscher Seite sofort erwidert wurde – mit Maschinengewehren und Granaten der vier weiter zurückliegenden 8,8-cm-Kanonen. Bei diesem Beschuß erhielt die Hausfront des Leroux-Manoirs einige Treffer und stürzte teilweise ein.

Robert Murphy schilderte die Situation: "Der Lärm der Kanonen und Granaten war ohrenbetäubend, als sich die G-Kompanie des 3./325. GIR auf die Brücke zu bewegte, um sie um

Von vier ebenfalls in der Nähe von Picauville aufgestellten 8,8-cm-Kanonen wurde der Bereich an der Merderte-Brücke, die Chaussee und das Leroux-Anwesen unter Feuer genommen. Eine 8,8-cm-Kanone konnte bis zu 20 Granaten innerhalb einer Minute abfeuern.
Foto: Archiv von Keusgen

10:45 Uhr in der Deckung der versprochenen Rauchsperre zu überqueren. Die Deutschen wußten, daß unsere Truppen nach unserem Trommelfeuer angreifen würden und hatten die Soldaten ihres Regiments auf der anderen Seite mit vielen Granatwerfern und Teilen ihrer Artillerie verstärkt. Nach ein paar Rauchgranaten, die nur etwa so viel Rauch erzeugten, wie eine Packung Lucky Strikes, begann um 10:45 Uhr unser Angriff..."

Der Sturmangriff der Amerikaner über die kleine Brücke wurde im starken deutschen Abwehrfeuer zu einem Durcheinander schnell vorrückender, aber auch mehrfach stoppender Gruppen. Viele der kampfunerfahrenen Soldaten waren vom Anblick ihrer gefallenen und nach schweren Verwundungen schreienden Kameraden geschockt und verharrten – und wurden somit selbst Opfer des deutschen Maschinengewehrfeuers und der Granaten.

Nachdem die Nachzügler zehn Minuten lang abgewartet hatten, erhob sich Leutnant Frank Amino und feuerte seine Männer an und rief: "Los, laßt uns gehen und die Hundesöhne töten!"

Der Leutnant lief seinen Männern voraus; einige folgten ihm, andere stolperten über ihre toten und verwundeten Kameraden und verharrten wieder. Als erstes waren Männer des 325. GIR und der 507. PIR auf Cauquigny vorgestoßen. Auch Soldaten der A- und der B-Kompanie des 307. Pionier-Bataillons befanden sich während des weiteren Angriffs über die Brücke auf der Chaussee. Zwischen den zerstörten Panzern der Deutschen lagen massenhaft Leichen. Nach nur wenigen Minuten ihres Vorstoßes hatten die Amerikaner

Bild rechts: Soldaten der 82. Airborne Division auf dem Vormarsch auf der Damm-Chaussee und bereits westlich der so heftig umkämpften Brücke. Jedoch hatte der erste Panzer eine Mine überfahren und blockierte für einige Zeit das Vorwärtskommen weiterer Fahrzeuge.
Bilder unten: Noch bis zum Ende des Krieges blieben die Panzerwracks der Deutschen am Rand der Chaussee stehen – stumme Zeugen eines grausamen Ringens um eine kleine Brücke...
Fotos: US National Archives

28 Tote und mehr als doppelt so viele Verwundete. Die nachfolgenden Männer stiegen über sie hinweg, drangen vorwärts. Das deutsche Granatfeuer schlug weiter zwischen den Amerikanern ein. Der erste der ihnen folgenden Sherman-Panzer wollte an einem der drei deutschen Panzerwracks vorbei und überfuhr dabei eine Mine, die von den Pionieren übersehen worden war. Die Explosion machte den Panzer unbrauchbar und verwundete sieben Soldaten. So wurde der weitere Vorstoß von Fahrzeugen für einige Zeit behindert.

Bis zum 10. Juni hatte sich die Situation der Amerikaner wesentlich verbessert. Die beiden Merderet-Übergänge bei La Fière und Chef-du-Pont wurden von ihnen beherrscht, und Oberst Lindquist beorderte sein 2./508. PIR von Chef-du-Pont aus endlich über die Damm-Chaussee zur *Höhe 30* und zu Shanleys Position. Die deutschen Truppen hatten inzwischen auch die Belagerung der Anhöhe aufgegeben und sich zurückgezogen. Dieser Rückzug war derart plötzlich und überstürzt vollzogen worden, daß sie 12 intakte Maschinengewehre und vier völlig funktionsfähige leichte Feldhaubitzen samt Munition zurückgelassen hatten. So war der Weg für den Vorstoß der Amerikaner ins Inland der Cotentin-Halbinsel endlich frei.

Am 10. Juni überflog eine Ju 188 des Kampfgeschwaders 2 *(vom Flugplatz Villaroche kommend)* um 23:15 Uhr Sainte-Mère-Église in einer Höhe von 2.000 Meter und warf 14 Bomben auf die Stadt ab *(4 AB500/10 und 10 SD50)*. In dem Bericht des Kampfgeschwaders wurde vermerkt: *Bomben im Ziel detoniert.*

An der Westküste der Halbinsel stand noch immer tatenlos die deutsche 243. Infanterie-Division des Generalleutnants Heinz Hellmich. Wenn ihre Führung am 6. und 7. Juni noch befürchtet hatte, daß es auch auf jener Seite des Cotentin zu einem feindlichen Angriff kommen könnte, so war doch spätestens ab dem 8. Juni erkennbar, daß sich die Landungen der Alliierten auf die fünf Küstenabschnitte *Utah*, *Omaha*, *Gold*, *Juno* und *Sword* konzentrierten – dennoch hatte die Masse der 243. Infanterie-Division auch weiterhin untätig verharrt...

Am 12. Juni hörte der Fernmelder Heinrich Spieles wieder eines der vielen Telefonate mit: "Da unterhielten sich zwei hohe Offiziere über die momentane Situation, von denen dann einer sagte: *Sainte-Mère-Église können wir abschreiben...*"

Auf einem der Gehöfte bei La Fière hatten die Amerikaner bereits seit dem 7. Juni eine Sammelstelle für deutsche Kriegsgefangene eingerichtet.   **Foto: US National Archives**

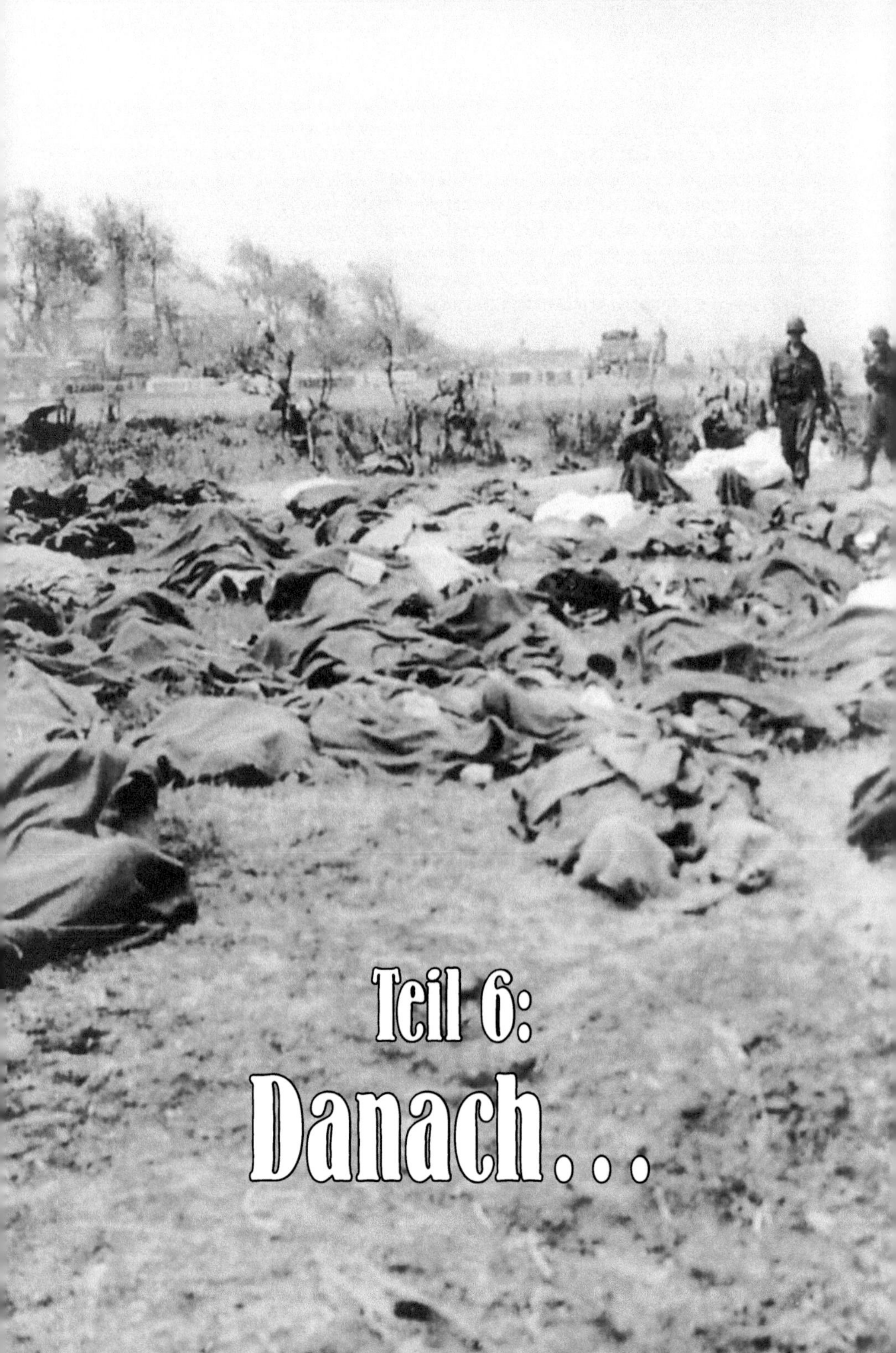
Teil 6:
Danach...

Die gefallenen amerikanischen und deutschen Soldaten…
…wurden an insgesamt sechs auf der Cotentin-Halbinsel bis zum
Kriegsende provisorisch angelegten Bestattungsplätzen zusammengetragen…   Foto: US National Archives

Ruhe inmitten des Chaos

Nachdem sich die schweren Kampfhandlungen der Invasion seit dem 10. Juni immer weiter von Sainte-Mère-Église entfernt hatten, kehrte nun im Zentralgebiet der US-Luftlandeunternehmen etwas Ruhe ein. An einigen Stellen gab es noch Gefechte mit nur bedingt widerstandsfähigen kleinen deutschen Soldatentrupps, doch konnten die Amerikaner, wenn auch mit großen Verlusten, langsam mehrere in sich geschlossene Fronten gegen die sich mit noch größeren Verlusten zurückziehenden Deutschen bilden: Eine mit Marschrichtung nach Norden, auf Cherbourg; eine nach Süden, um die Cotentin-Halbinsel gänzlich vom normannischen Mutterland abzuschneiden; eine andere nach Westen, gegen die noch immer tatenlos in der Küstenregion stehende 243. Infanterie-Division des Generalleutnants Heinz Hellmich; eine weitere Front nach Osten, auf und über Carentan hinaus, mit zwei geplanten Stoßrichtungen – südlich auf Saint Lô und östlich nach Bayeux...

Langsam kehrte etwas Ruhe in der Region ein, und die französische Bevölkerung begann mit Aufräumarbeiten und der Wiederherstellung eines einigermaßen geregelten Lebens. Über die ersten ruhigeren Tage nach dem Invasionsbeginn sagte die Tochter des Friseurs Le Cambaye: "Es war kein normales Leben mehr gewesen, weil alles durcheinandergeraten war..."

Nachdem in Sainte-Mère-Église nach dem starken Artilleriebeschuß und der Beendigung der Kämpfe in der näheren Umgebung langsam Ruhe einkehrte, patrouillierten US-Soldaten durch die Stadt, und die Bürger versuchten, wieder Ordnung in ihr Leben zu bringen.

Fotos: US National Archives

Am 8. Juni war Georges Brault vom 4,3 Kilometer nördlich Sainte-Mère-Église gelegenen Fresville mit seinem Fahrrad unter Lebensgefahr in die Kleinstadt gefahren. Er wollte sich vergewissern, wie es seiner Verlobten, Juliette Le Cambaye, geht – ob sie nach dem heftigen Kampfgeschehen und dem schweren Artilleriebeschuß überhaupt noch am Leben war... Als Georges auf der Nationalstraße gerade das auf halbem Weg liegende Neuville-au-Plain durchfahren hatte, wurde er auf der langen, geraden Strecke plötzlich von zwei Jagdbombern, die sich im Tiefflug genähert hatten, beschossen.

"...Aber er war gut bis zu mir durchgekommen", sagte Juliette. "Georges hatte mehrere Angehörige seiner Familie verloren. Ich war während der Kämpfe voller Sorge um ihn und sehr traurig. So war ich froh, als er plötzlich vor mir stand, unrasiert und schmutzig; aber wir haben uns in die Arme genommen und beide geweint..."

Die Hochzeit der beiden jungen Leute, die ursprünglich für den 6. Juni geplant war, hatte wegen des Invasionsbeginns nicht stattfinden können. Nachdem sich die Situation in Sainte-Mère-Église nach Beendigung der Kampfhandlungen in diesem Gebiet langsam zu konsolidieren begann, planten Juliette und Georges einen neuen, möglichst baldigen Termin für ihre Vermählung – nun den 23. Juni...

Am Samstag, den 10. Juni 1944 wurde in Sainte-Mère-Église eine Liste sämtlicher toter Bürger der Gemeinde angelegt; eine amtliche Tätigkeit, für die es dennoch keine offizielle Delegation gab. Es waren exakt 100 Personen, die infolge der Kampfhandlungen ums Leben gekommen waren – hauptsächlich durch den Beschuß der deutschen Artillerie.

Viele Männer waren freiwillig gekommen, um tagelang Gräber auszuheben und auf hölzernen Schubkarren Tote heranzufahren. Dabei handelte es sich um Zivilisten, die man inzwischen aus den Ruinen der Stadt geborgen hatte. Jedoch konnten die toten Franzosen nicht in der von etlichen Granateinschlägen beschädigten Kirche aufgebahrt werden, weil diese nun als Obdach für ausgebombte, kranke und verwundete Einwohner dienen mußte. Die Beisetzungen fanden am 14. Juni auf dem kleinen Friedhof direkt neben dem Haule-Park statt.

Sainte-Mère-Église war von der deutschen Besatzung befreit, auch einige der Dörfer in der Umgebung, doch war das nur ein kleiner Teil des Cotentin – der Rest mußte noch weiterhin erkämpft werden...

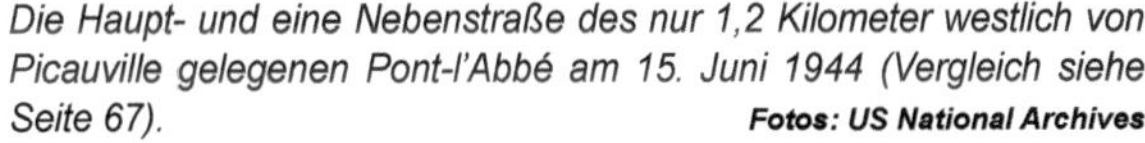

Die Haupt- und eine Nebenstraße des nur 1,2 Kilometer westlich von Picauville gelegenen Pont-l'Abbé am 15. Juni 1944 (Vergleich siehe Seite 67).   **Fotos: US National Archives**

Am Vormittag des 10. Juni schleppten amerikanische Soldaten mit einem Halftruck *(Halbketten-Lastwagen)* ein ähnliches deutsches, halbzerstörtes Fahrzeug auf den großen Vorhof des Mühlenanwesens der Familie Lagouche in Bernaville – es war jener Lkw, mit dem von den deutschen Soldaten zwei Tage zuvor die Leichname des Generals Falley und des Majors Bartuzat zum Château de Bernaville transportiert worden waren. Der Wagen hatte die Straße zum Nachbarort und somit das Vorrücken der amerikanischen Marschkolonne mit ihren Fahrzeugen blockiert. Kaum hatten die US-Soldaten den Hof verlassen, erschienen vereinzelt mehrere kleine Gruppen einiger Deutscher und traten an Madame Lagouches offene Küchentür: "Die Deutschen waren vom Kampfgeschehen gezeichnet, zerlumpt, bartstopplig und schienen sehr erschöpft und deprimiert. Freundlich baten sie um etwas zu trinken. Weil unsere Milch schon seit einigen Tagen nicht mehr abgeholt wurde, hatten wir somit sehr viel davon. Als sie getrunken hatten, zogen sie auf der Straße nach Westen davon..."

Zwei Tage später, am Montag, den 12. Juni, kamen sieben amerikanische Soldaten zum Mühlenanwesen und erklärten Madame und Monsieur Lagouche, daß sie und die dort wohnende Familie Laisné wegen der noch immer in der Nähe anhaltenden Kämpfe evakuiert werden müßten. Innerhalb von nur zehn Minuten hatten sie das Grundstück zu verlassen und sich, wie alle anderen Einwohner der Gemeinde Bernaville auch, zum 1,6 Kilometer

entfernten Gueutteville *(Richtung Sainte-Mère-Église)* zu begeben. Die Amerikaner akzeptierten keine Einwände seitens der Lagouches gegen eine Evakuierung. So sah sich der Mühlenbesitzer gezwungen, die gerade neugeborenen Welpen seiner Hofhündin zu töten, denn er wollte das Tier mitnehmen. Die Soldaten waren über die Tötung der Hundebabies entsetzt. Gleichzeitig packte Madame Lagouche ihre jüngste Tochter in eine Stroh-Tragetasche, und von einigen bewaffneten Soldaten eskortiert, zogen die Mühlenbewohner über die Felder nach Gueutteville. Doch Madame Lagouche war sehr betroffen von dem, das sie nun sah: "Auf den Feldern lagen viele, viele tote Soldaten – deutsche und amerikanische. Sie waren schrecklich zugerichtet. Es war grauenhaft..."

In Gueutteville mußten alle Evakuierten auf einen amerikanischen Militärlastwagen klettern, der sie nach Sainte-Mère-Église bringen sollte. Auf der Fahrt über die Damm-Chaussee durch das Überschwemmungsgebiet konnten die Franzosen viele der im sumpfigen Gelände zwischen Cauquigny und La Fière liegenden Lastensegler-Wracks erkennen, von denen teilweise nur ein Stück des Leitwerks oder zerbrochene Einzelteile aus dem trüben Wasser ragten. Auch die zerstörten Hotchkiss-Panzer standen noch an der schmalen Chaussee vor der Merderet-Brücke. Sie waren von den Amerikanern beiseite geschoben worden.

Als man in Sainte-Mère-Église ankam, sprang Lagouches Hündin von dem Lastwagen und rannte davon. *(Der Mühlenbesitzer sah sie niemals wieder...)* Dann wurden die meisten der Evakuierten in der ohnehin schon mit den vielen Verletzten angefüllten Kirche und einigen nahen Privathäusern untergebracht. Auch die Familie Lagouche wurde wegen ihrer beiden kleinen Kinder in einem Haus am Kirchplatz einquartiert – in einem Café. Doch schon am nächsten Tag ging Monsieur Lagouche mit seiner Familie zu dem Hof einer ihm bekannten Bäuerin außerhalb der Stadt. Aber als sie dort ankamen, wiederholte sich dieselbe Prozedur einer nun auch dort stattfindenden Evakuierung. Wieder mußte alles auf einem Lastwagen verstaut werden. Doch dieses Mal brachten die Amerikaner die französischen Zivilisten in einem verlas-

Überall in den nun kampffreien Gebieten um Sainte-Mère-Église hatten die Amerikaner damit begonnen, die Leichen ihrer und der deutschen Gefallenen zu bergen und ihre Personalien festzustellen. Die US-Fallschirmjäger wurden zur Bestattung direkt in ihre Fallschirme eingewickelt.
Fotos: US National Archives

senen Haus in Gueutteville unter, und sie wurden endlich mit Lebensmitteln versorgt.

Noch am selben Nachmittag wollten einige Männer eigenmächtig zu ihren Häusern bei und im nahen Bernaville zurückkehren, um sich von deren Zustand zu vergewissern. Auf ihrem Weg von US-Soldaten angehalten und als Spione verdächtigt, wurden sie zuerst verhört, dann wieder nach Gueutteville zurückgeschickt.

Erst am Nachmittag des 19. Juni konnten die Familien Lagouche und Laisné endlich zu Fuß zum Mühlenanwesen zurückkehren. Aber sie waren wenig erfreut, als sie sahen, was einige der US-Soldaten dort trieben. Alles, was vor ihrem Auszug noch an Getränken im Haus verblieben war, hatten die Amerikaner ausgetrunken – auch den Cidre und den starken Calvados *(ein hochprozentiger Apfelbrand)*. Im angetrunkenen Zustand waren gerade einige Soldaten dabei, ein Messerwerfen auf Madame Lagouches Küchentür zu veranstalten...

Am Freitag, den 23. Juni, kam es dann endlich für Juliette Le Cambaye und Georges Brault zu ihrer so sehnlichst erwarteten Hochzeit. Da Juliettes Familie vorerst nicht mehr in ihr von der Granate beschädigtes Haus in Sainte-Mère-Église zurückkehren konnte, hielten sich alle auf einem

Wenn auch die Hochzeit des jungen Paares Juliette und Georges Brault nicht in der Kirche von Sainte-Mère-Église stattfinden konnte, so hatte ihr Fotograf doch wenigstens eine entsprechende Kulisse.
Foto: Kollektion Juliette Brault

Amerikanische Soldaten legten entlang der Hauptstraße von Sainte-Mère-Église eine Fernsprechleitung zu ihrem Gefechtsstand (hier gerade am zerstörten Friseursalon). Rechts an die Fassade des Ladens hatte Madame La Cambaye ihrem Mann mit wenigen Worten geschrieben, wohin sie und die Kinder gegangen waren (siehe Bildausschnitt unten und Vergleich Seite 130).
Fotos: US National Archives

Bauernhof außerhalb der Stadt auf. Als ein amerikanischer Offizier von der bevorstehenden Hochzeit erfuhr, ließ er von einigen seiner Soldaten ein großes, weißes Zelt im Garten des Anwesens aufstellen.

Juliette war glücklich: "Die Amerikaner gaben uns für unsere Feier Konserven mit grünen Bohnen und anderen Lebensmitteln, und sie haben auch drei Paar Schuhe für mich ausgesucht. Das erste Paar war viel zu groß, eines zu klein, und das dritte Paar paßte auch nicht, aber es wurde etwas mit Stroh ausgepolstert, und ich habe es dann zu meiner Hochzeit getragen. Georges hatte Schuhe. Mama hatte ungefähr fünfzig Gäste eingeladen, und wir haben dann kirchlich geheiratet, was aber in der Kirche unmöglich war, denn da hatte man alle Verwundeten und die Evakuierten untergebracht. So hat uns der Pfarrer auf dem Bauernhof getraut – in dem weißen Zelt der Amerikaner. Die Trauzeugen waren ebenfalls zwei amerikanische Soldaten.

Wir hatten dann aber keine so schöne Hochzeitsnacht, da wir noch immer aus der Ferne Bombardements hören konnten – Cherbourg war ja noch nicht befreit..."

Als die Amerikaner auch den Raum um Carentan eingenommen hatten, wurde von ihnen die Schleuse bei La Barquette geöffnet, und das seit dem Frühjahr 1943 aufgestaute Wasser begann wieder aus den weitläufigen Überschwemmungsgebieten abzulaufen. Auf den langsam immer trockener werdenden Wiesen und Weiden kamen viele gleichermaßen skurrile wie makabre Überbleibsel des amerikanischen Luftlandeunternehmes zum Vorschein – zerrissene Lastensegler, beim Zerbersten herausgeschleuderte Kleinfahrzeuge wie Jeeps, Geschütze und sogenannte Baby-Bulldozer, Versorgungscontainer und viele Leichen jener Fallschirmjäger, die im kalten Wasser ertrunken oder von deutschen Soldaten erschossen worden waren. In einem in der Nacht zum 6. Juni völlig unversehrt im Wasser versunkenen WACO-Segler saß im Cockpit noch immer die Crew – und hinter ihr acht Infanteristen des 325. GIR... So hatte der Krieg auch in dem ehemaligen Überschwemmungsgebiet seine gräßlichen Spuren von Zerstörung, Leid, Qualen und einem mehr als hundertfachen Tod zurückgelassen...

Während des Hochwassers am Ablaufen war, kam auch eine von der deutschen Flak abgeschossene und in der Nähe von Chef-du-Pont ins Überschwemmungsgebiet gestürzte Transportmaschine des Typs Douglas C-47 wieder zum Vorschein.

Das während der Kämpfe um die kleine Merderet-Brücke vom Granatbeschuß stark in Mitleidenschaft gezogene Leroux-Anwesen Ende Juni 1944. Außer des schwerbeschädigten Manoirs waren auch einige der Nebengebäude betroffen. Anhand des hellen Randes am Ufer des Merderets (links im Bild) läßt sich der Wasserstand während der Überschwemmung erkennen (Vergleich siehe Seite 68). **Fotos: US National Archives**

Soldatenfriedhöfe

Sofort nach dem Abflauen der Kämpfe im Raum Sainte-Mère-Église hatten die Amerikaner mit der Bergung der toten amerikanischen und deutschen Soldaten begonnen – auch jener Verwundeter, die sich teilweise noch immer unversorgt an nur schwer zugänglichen Stätten befanden. Tote Fallschirmjäger wurden von den Bäumen geholt, an denen sie noch immer in den Geschirren ihrer Fallschirme hingen, und zu einem von zwei am Ortsrand von Sainte-Mère-Église in Entstehung befindlichen provisorischen Soldatenfriedhöfen gebracht. Auch trafen täglich Massen amerikanischer und deutscher Verwundeter sowie deutscher Gefangener in Sainte-Mère-Église ein...

Der damals 7-jährige Michel Le Cambaye beobachtete das Zusammentragen der toten amerikanischen Soldaten: "Ich konnte das alles nicht richtig begreifen... Es waren tote Amerikaner, die von ihren Kameraden vielerorts zusammengetragen wurden. Viele waren sehr schlimm zugerichtet, und alles sah grausam aus und war sehr beeindruckend für mich – und danach konnte ich lange Zeit nicht mehr richtig schlafen..."

Für die körperlich schweren Arbeiten der Aushebung Tausender Gräber auf den sechs Bestattungsplätzen auf der Cotentin-Halbinsel und der Anlage der Soldatenfriedhöfe wurden vornehmlich deutsche Kriegsgefangene eingesetzt. Noch monatelang rollten täglich immer neue Transporte mit Massen bei den weiteren Kämpfen um die Normandie Gefallener heran... **Fotos: US National Archives**

Wieviel amerikanische und deutsche Soldaten bei den schweren Kämpfen um Sainte-Mère-Église gefallen sind, ist unbekannt – es waren mehrere Tausend...

Die Amerikaner legten nun zwei vorerst provisorische Friedhöfe für ihre eigenen und auch deutsche Soldaten bei Sainte-Mère-Église an. "Friedhof Nr.1" befand sich in unmittelbarer Nachbarschaft zum städtischen Friedhof am Haule-Park *(nach seiner Fertigstellung mit insgesamt 3.000 Gräbern)*, "Friedhof Nr.2" lag nahe des östlichen Stadtrands *(mit insgesamt 5.000 Gräbern)*.

Bedingt durch die große Anzahl Gefallener während der noch wochenlang anhaltenden Kämpfe auf dem Cotentin legten die Amerikaner insgesamt sechs große Soldatenfriedhöfe an. Außer der beiden am Stadtrand von Sainte-Mère-Église entstand ein weiterer 4,1 Kilometer südlich der Ortschaft, an der ersten Straßenkreuzung nach der Abfahrt von der Nationalstraße 13 in westliche Richtung auf Carquebut mit 6.000 Gräbern, ein anderer, mit ebensoviel Gräbern, wurde auf gleicher Höhe und auf der östlichen Seite der Nationalstraße angelegt. Ein fünfter Friedhof entstand am *Utah Beach* mit 4.000 Gräbern und der sechste beim 9,6 Kilometer westlich von Sainte-Mère-Église gelegenen Orglandes mit 6.500 Grä-

Zusammen mit dem Pfarrer von Sainte-Mère-Église (Bildmitte oben links) fanden die offiziellen Trauerfeierlichkeiten auch noch mit 18 amerikanischen Pastoren statt. An den aufwendigen Zeremonien nahmen viele US-Soldaten und französische Bürger teil.

Fotos: US National Archives

bern. Obwohl diese Friedhöfe nur als provisorische Bestattungsplätze für die Dauer des Krieges dienen sollten, wurden sie sehr ordentlich und gepflegt angelegt – auch unter der freiwilligen Mithilfe der französischen Bevölkerung.

Am 14. Juni wurde auf dem "Friedhof Nr.2" auch der an einem Herzinfarkt verstorbene US-Brigadegeneral Theodore Roosevelt jr. beigesetzt. Der Sohn des Ex-Präsidenten der Vereinigten Staaten *(1901-1909)* hatte trotz einer schweren Arthritis am *D-Day* das Landeunternehmen der 4. US-Infanterie-Division am *Utah Beach* geleitet.

Bereits ab 1945 wurden die Leichname vieler amerikanischer Gefallener auf besonderen Wunsch ihrer Angehörigen exhumiert und in die Vereinigten Staaten überführt. Die Masse der in der Normandie verbliebenen erhielten ab 1948 neue Ruhestätten auf nur noch einem nun eigens für amerikanische Gefallene in der Unteren Normandie angelegten Soldatenfriedhof bei Colleville-sur-Mer (am ehemaligen US-Landeabschnitt "Omaha Beach"). Auch von dem provisorischen Soldatenfriedhof beim (1948) 389 Einwohner zählenden Orglandes wurden die amerikanischen Leichname nach Colleville verlegt und der Friedhof zu einer rein deutschen Begräbnisstätte mit 7.358 Toten umgewandelt. In den folgenden Jahren wurden die nach der Umbettung der amerikanischen Leichname freigewordenen Gräber mit weiteren deutschen Gefallenen aus diversen provisorischen Feldgräbern und kleineren Bestattungsplätzen aufgefüllt. So ruhen heute auf diesem Friedhof 10.152 Tote. Das entsprechend der Anzahl seiner Grabstätten ursprünglich ungewöhnlich weitläufige Terrain war im Laufe der Zeit auf zwei kleinere Gräberfelder reduziert worden.

Die beiden an der westlichen und östlichen Flanke von Sainte-Mère-Église gelegenen Soldatenfriedhöfe (vorn, neben dem kleinen Stadtfriedhof und dem daran angrenzenden Haule-Park, Friedhof "Nr.1" mit 3.000 Gräbern, hinten "Nr.2" mit 5.000 Gräbern). **Foto: US National Archives**

Eckhard Schlegel 1958 auf dem Soldatenfriedhof Orglandes.

Der 19-jährige Elektromechaniker-Lehrling Eckhard Schlegel aus Steinhude *(Großraum Hannover)* hatte im Frühjahr 1958 beim Volksbund Deutsche Kriegsgräberfürsorge angefragt, ob er sich an Renovierungsarbeiten von deutschen Soldatenfriedhöfen beteiligen könnte. Sein primärer Wunsch war es, nach Monte Cassino in Italien gehen zu können.

"Aber", so erklärte Eckhard Schlegel, "da war nichts zu machen, war alles schon besetzt, und sie haben mich an den Sportbund verwiesen. Dort bekam ich die Möglichkeit, im Sommer auf dem Soldatenfriedhof in Orglandes mitzuhelfen – nach dem Motto *Versöhnung über den Gräbern...*

Bild rechts: Der völlig verwilderte Soldatenfriedhof Orglandes im Juli 1958 vor den Renovierungs- und Gestaltungsarbeiten.
Bild links: Allmorgendlich wurden in dem kleinen Zeltlager bei Orglandes immer zwei Fahnen aufgezogen – eine französische und eine deutsche.

Fotos: Kollektion E. Schlegel

Es war eine Aktion bei der zusammen mit französischen Pfadfindern gearbeitet werden sollte. Das ging von Köln aus. Man brauchte nichts zu bezahlen, Verpflegung mit inbegriffen – dafür erbrachte man seine Arbeitsleistung. So fuhr ich mit dem Zug nach Köln, und von dort aus ging es dann mit einem Bus nach Frankreich, fast genau ins Zentrum der Cotentin-Halbinsel..."

Als Eckhard Schlegel mit weiteren 24 deutschen Jugendlichen in der Normandie ankam, war bei Orglandes bereits ein Zeltlager errichtet worden. Doch nicht nur für den jungen Schlegel war alles neu und fremd: "Wir kannten uns alle gar nicht; und es waren auch einige weibliche Teilnehmer dabei, die in eigenen Zelten, von den männlichen getrennt, untergebracht wurden. Es mußte ja auch gekocht werden, und dazu wurden die jungen Frauen eingeteilt.

Wir hatten nur eine Person dabei, die uns von Köln aus begleitet hat. Dieser Mann kannte sich aus, wußte wo es hinging und hat auch die Arbeit geleitet. Wir waren die erste Gruppe, die dort zum Arbeiten hinkam... Der Friedhof sah überhaupt nicht gut aus. Um die Kreuze herum war alles mit hohem Gras und dichtem Unkraut zugewachsen, völlig verwildert, verwahrlost. Man hatte nicht den Eindruck, daß dort seit dem Kriegsende überhaupt irgendeine Pflege betrieben worden war..."

1958 gab es noch keine Umzäunung des Friedhofs; er war lediglich mit einer Hecke von der Straße getrennt, von der aus ein direkter Zutritt auf das große Gräberfeld möglich war. Als Eckhard Schlegel den Friedhof zum erstenmal betrat, beschlich ihn ein sonderbares Gefühl: "Als ich die vielen Reihen der Kreuze sah, dachte ich, daß hinter jedem ein Menschenleben steht – und auf den Kreuzen noch keine Namen, nur eine Nummer, die irgendwo registriert war..."

Die Zusammenarbeit der deutschen mit den französischen Jugendlichen verlief in einer harmonischen, freundschaftlichen Atmosphäre. Beschädigungen, die auf revanchistischen Vandalismus schließen ließen, hatte Eckhard Schlegel nicht festgestellt: "Wir haben mit den jugendlichen Franzosen zusammengearbeitet, und es gab auf keiner Seite irgendwelche Ressentiments. Jeden Mittwoch haben wir Deutsche auch noch bei französischen Bauern gearbeitet, damit wir Kontakt zur Bevölkerung bekommen sollten – und die zu den jungen Deutschen..."

Freiwillige deutsche und von den französischen Pfadfindern organisierte Jugendliche waren 1958 die ersten Arbeitskräfte seit 1948, die für Instandsetzungsarbeiten auf dem Friedhof in Orglandes eingesetzt wurden (hier der Zustand der Anlage kurz vor Beendigung der Arbeiten – Vergleich siehe Seite 204). **Fotos: Kollektion E. Schlegel**

Da an den Wochenenden nicht gearbeitet wurde, unternahm der 19-jährige Schlegel mehrere weitere Touren ins Umland – allein: "Da bin ich einmal mit dem Bus nach Cherbourg gefahren *(32 Kilometer Wegstrecke)*, und von dort zu Fuß wieder in Richtung Orglandes zurückgegangen. Am Samstagabend stellte sich mir dann irgendwo unterwegs die Frage, wo ich übernachten sollte. So habe ich mit meinen wenigen Sprachkenntnissen einen älteren Herrn gefragt, der einen kleinen Laden hatte. Er sagte erst, daß er keine Möglichkeit habe; aber ich erklärte ihm, daß es mir egal sei, wo ich schlafen würde, Hauptsache, ich hätte ein Dach über dem Kopf. Da bin ich in die obere Etage des Hauses verwiesen worden. Dort habe ich dann auf dem Holzfußboden geschlafen. Das machte mir nichts aus, denn es war ja Sommer – nur die Mäuse tobten da um mich herum... Der Hausbesitzer war sehr nett, und ich erinnere mich noch sehr gern an ihn."

Eines Tages, in der Mitte der Woche, sollten einige der deutschen Jugendlichen auf einer Wiese des Bürgermeisters von Orglandes Heu auf einen Leiterwagen laden. Doch kaum hatten sie mit der Arbeit angefangen, begann es zu regnen. Der Bürgermeister ließ die jungen Leute ihre Arbeit abbrechen und bot ihnen derweil etwas Cidre an, "den er schon in einem Graben neben der Wiese deponiert hatte", berichtete Eckhard Schlegel. Da es aber nicht aufhörte zu regnen, lud der Franzose die Deutschen in sein Haus ein, um gemeinsam mit ihnen zu essen.

Bilder rechts: Generalleutnant Wilhelm Falley und der noch nach seinem Tode zum Oberstleutnant i. G. (im Generalstab) beförderte Joachim Bartuzat ruhen heute in sogenannten Kameradengräbern in Orglandes – jedoch weit voneinander entfernt. **Fotos: Koll. C. Falley / Éditions Heimdal**

Bilder rechts und links: Der 15 Meter hohe Turmbau bildet die Eingangshalle zu der weitläufigen und parkähnlichen Anlage des deutschen Soldatenfriedhofs in Orglandes. **Fotos: von Keusgen**

Der deutsche Soldatenfriedhof war am 21. September 1961 in Anwesenheit vieler Angehöriger der Gefallenen offiziell eingeweiht worden. **Fotos: von Keusgen**

"Weil es aber danach noch immer regnete", erzählte Schlegel weiter, "ist er mit uns in seine Scheune gegangen, wo er drei große Fässer mit Cidre stehen hatte. Da haben wir dann kräftig probieren dürfen. Wir hatten viel Spaß mit dem Herrn...

Die ganze Zeit über, die ich in der Normandie war, habe ich keine Vorbehalte gegen Deutsche erlebt."

Heute ist der Soldatenfriedhof Orglandes eine vom Volksbund Deutsche Kriegsgräberfürsorge gepflegte Ruhe- und Gedenkstätte nahe des Ortsausgangs und an der Straße nach Valognes gelegen. Wie auch bei den anderen fünf deutschen Friedhöfen in der Normandie, führte der Volksbund in den Jahren von 1956 bis 1961 die Umbettung der Gefallenen sowie die gartenbaulichen Gestaltungsarbeiten durch. Auf dem welligen, schräg abfallenden und fünf Hektar großen Terrain ruhen unter zwei der 10.152 grauen Steinkreuze auch Joachim Bartuzat und Wilhelm Falley – der erste General, der auf dem Weg zur Befreiung Europas vom Hitler-Regime gefallen war. Da Falley bereits einen Beförderungsvorschlag betreffs seines Adjutanten eingereicht hatte, war Bartuzat noch nach seinem Tode zum Oberstleutnant befördert worden. Falleys Mercedes war trotz des Beschusses und des Anstoßes an die Außenwand der Wassermühle fast unbeschädigt geblieben. Dieser Wagen wurde fünf Tage später von einem Leutnant namens Bush gefahren – einem Generalstabsoffizier der 82. Airborne Division.

John Steele besuchte anläßlich des 20. Jahrestags wieder Sainte-Mère-Église – und wurde zum Medien-Star.
Foto: Kollektion J. Pentecôte

John Steele 1964 vor der Kirche. Er zeigt zum Turm hinauf. Dort oben hatte er angeblich in der Nacht zum 6. Juni 1944 gehangen – genau vor zwanzig Jahren...
Postkarte: Kollektion J. Pentecôte

Bild links: Anläßlich des 20. Jahrestages besuchte John Steele auch den inzwischen längst wiederhergestellten Friseur-Salon der Familie Le Cambaye (im Hintergrund Juliette Brault – Vergleiche siehe Seiten 26, 30, 143, 176 und 199).
Foto: Kollektion J. Brault

Erinnerungen an die Invasion

Bereits am ersten Jahrestag der Invasion wurde 1945 auch in Sainte-Mère-Église der Befreiung der Stadt und Frankreichs gedacht – knapp einen Monat nach Kriegsende. Im Verlauf der Zeit nahm der Umfang der Festivitäten immer mehr zu, und immer häufiger kehrten nicht nur amerikanische, sondern auch deutsche Veteranen zum Schauplatz der *D-Day*-Ereignisse zurück.

Die zentrale Figur betreffs der amerikanischen Fallschirmjäger-Landungen ist John Steele. Doch mit dem Mann, der mit seinem Fallschirm in jener Nacht am Kirchturm hängengeblieben war, verbinden sich noch immer ungeklärte Fragen. So heißt es auch, daß ein deutscher Soldat ihm durch den Fuß geschossen haben sollte. Doch hatte Rudolf May ausgesagt, daß er während der Fallschirmjäger-Absprünge auf den Kirchplatz vom Turm der Kirche herab weder einen nicht zu seiner eigenen Gruppe gehörenden deutschen Soldaten gesehen hat, noch daß von irgendwo her auf dem Platz geschossen worden sei – eine Aussage, die auch Madame Georgette Flais *(geborene Monnier)* bestätigen konnte *(ausgenommen die beiden Schüsse hinter der Kirche auf John Ray und den deutschen Soldaten)*. Auch sollte Steele von Deutschen gefangengenommen worden sein, obwohl sich nach dem Abzug der Stadtbeobachter-Gruppe überhaupt keine deutschen Soldaten mehr in der Nähe des Platzes aufgehalten hatten. *(Tatsache ist, dass der Name jenes US-Fallschirmjägers niemals bekannt geworden war. Um für Cornelius Ryan's Buch "Der längste Tag" eine namentlich bekannte Person auszuweisen, wurde Ex-Fallschirmjäger Marvin John Steele gefragt, ob er die Rolle des unbekannten Soldaten übernehmen wollte; und der erklärte sich dazu bereit – und wurde weltbekannt.)*

Als Sohn des Mississippi-Riverboat-Kapitäns John und dessen Ehefrau Josephine Steele wurde Marvin John als eines von sieben Kindern in Metropolis, Illinois, 1912 geboren. Drei der Steele-Söhne waren als Soldaten im Zweiten Weltkrieg im Einsatz: Marvin John als Fallschirmjäger, Jakob war bei den Marines im Süd-Pazifik und der jüngste Bruder mit dem Beinamen "Short Dog" *(kleiner Hund)* fiel nur wenige Wochen vor dem Kriegsende in Deutschland. Marvin John Steele war der älteste Fallschirmjäger der F-Kompanie und hatte an Kampfeinsätzen in Nord-Afrika, im Nahen Osten, in Frankreich, in den Niederlanden und in Belgien teilgenommen. Noch oft war er nach dem Krieg in die Normandie und nach Sainte-Mère-Église zurückgekehrt und wurde dort gewissermaßen als Galeonsfigur des US-Luftlandeunternehmens gefeiert. Im Alter von nur 56 Jahren erlag er einer Krebserkrankung und verstarb am 16. Mai 1969. Steele wurde in seiner Heimatstadt beerdigt – doch Cornelius Ryans Roman sowie der gleichnamige US-Spielfilm *Der längste Tag* haben seinen Mythos unsterblich werden lassen.

Die eigentliche Attraktion der Kleinstadt Sainte-Mère-Église betreffs der *D-Day*-Historie bildet das 1960 gegründete Airborne-Museum mit seinem großen Ausstellungsbereich. Neben einer Vielzahl interessanter Exponate befinden sich in den Hallen auch ein WACO-Lastensegler und eine Dakota C-47. Mit diesem Flugzeugtypen wurden die Lastensegler über den Ärmelkanal gezogen und die Fallschirmjäger zu ihren Einsatzgebieten transportiert. Aber speziell des im Airborne-Museum ausgestellten Flugzeugs betreffend gab es noch zwei besondere Ereignisse nach dem Krieg: Bevor die DC-47 1982 ins Museum in Sainte-Mère-Église gestellt wurde, startete sie in diesem Jahr anläßlich des 38. *D-Day-*

Jahrestages noch einmal zu einem letzten Flug über die Stadt. Mit an Bord und in voller Springer-Montour war auch der inzwischen 57-jährige Ex-Fallschirmjäger und *Pfadfinder* des 505. PIR, Robert Murphy – und sein Absprung war der letzte aus dieser Maschine, und der letzte in Murphys Leben...

Nachdem das Flugzeug dann seinen Platz in einer der Ausstellungshallen bekommen hatte, kam es 1984, am 40. Jahrestag, und anläßlich der allgemeinen Feierlichkeiten zu einer weiteren Begebenheit betreffs dieser Maschine: Zwischen den vielen Besuchern, Ehrengästen und Offiziellen stand ein Amerikaner namens John Ginter, der sich als der ehemalige Pilot dieses Flugzeugs ausgab und behauptete, daß er es in der Nacht zum *D-Day* von Großbritannien aus über den Ärmelkanal und zur Cotentin-Halbinsel geflogen hätte. Er sagte auch, daß er dieses beweisen könnte, denn er hätte am Abend vor dem Abflug einen Penny als Glücksbringer ins Cockpit geklebt. Als man mit dem Piloten in die Douglas geklettert war, stellte sich heraus, daß der Penny noch immer an derselben Stelle

Zusammen mit dem französischen Fallschirmspringer Yves Tariel sprang Kriegsveteran und Ex-Fallschirmjäger Robert Murphy (rechts im Bild) 1982 zum letzten Mal aus der Douglas C-47 (Bild links) in der Nähe von Sainte-Mère-Église ab.

Fotos: Kollektion Robert Murphy / von Keusgen

Jeannette Pentecôte (geborene Legoupillot) mit dem Taschentuch des Amerikaners 1994 (oben), bevor sie es am 50. Jahrestag dem Museum übergab, in dem es nun ausgestellt wird.

Fotos: Kollektion Jeannette Pentecôte

Sämtliche Centfox-Filial-Pressestellen gaben in allen Ländern anläßlich der Uraufführungen des Films "Der längste Tag" spezielle Presseinformationen in Form 16-seitiger Broschüren heraus.

Abbildung: Archiv von Keusgen

hinter Ginters Pilotensitz klebte. Daraufhin wurde das Geldstück vorsichtig entfernt und zusammen mit einer kurzen Erklärung betreffs dieser Begebenheit in einer Vitrine nahe des Flugzeugs ausgestellt.

John Ginter hatte den Penny am 15. Februar 1944 als neues, glänzendes Geldstück in West Palm Beach in Florida gefunden und ihn als Glücksbringer bei sich getragen, als er nach Großbritannien fahren mußte. Dort war ihm dann jenes Flugzeug übertragen worden, und er hatte den Penny hinter seinen Sitz geklebt... Heute liegt das kleine Geldstück in jener Vitrine in der Nähe der Douglas C-47.

Neben vielen weiteren Ausstellungsstücken befindet sich in der anderen Museumshalle noch eines, mit dem ebenfalls eine ganz besondere Geschichte verbunden ist – ein Taschentuch: Die 16-jährige Jeannette Legoupillot war am 7. Juni 1944 während des deutschen Artilleriebeschusses von ihrem Vater sicherheitshalber aus Sainte-Mère-Église aufs Land geschickt worden. Ein paar Tage später stand sie wieder hinter der Theke des Bar-Restaurants ihres Vaters: "Die Amerikaner gingen durch die Straßen, ihre Maschinenpistolen im Anschlag, und durchsuchten noch immer alle Häuser nach Deutschen. Da betrat plötzlich ein junger, sympathischer amerikanischer Soldat etwas zögernd und schüchtern unsere Bar. Er kam auf mich zu und sagte in fließendem Französisch: *Mademoiselle, bevor ich von Amerika aus in den Krieg ziehen mußte, hatte meine Mutter mir gesagt, daß ich der ersten Französin, der ich begegne, dieses Taschentuch hier schenken soll...*

...Und er überreichte mir ein sehr hübsches, geblümtes Taschentuch. Das war sehr rührend. Dann ging er wieder, und ich habe ihn danach niemals mehr wiedergesehen..."

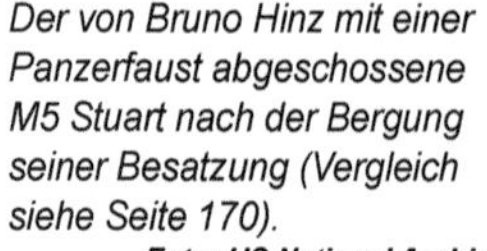
Der von Bruno Hinz mit einer Panzerfaust abgeschossene M5 Stuart nach der Bergung seiner Besatzung (Vergleich siehe Seite 170).
Foto: US National Archives

Ein anderes Museum in der Zentralregion der US-Luftlandeunternehmen wurde in einem Haus in Saint-Côme-du-Mont eingerichtet. Es ist jenes markante Gebäude an der Straßengabelung, in dem man am Morgen des 6. Juni 1944 in einem Zimmer in der ersten Etage dem Kommandeur des Fallschirmjäger-Regiments 6, Major von der Heydte, einen provisorischen Gefechtsstand eingerichtet hatte, in dem er sich für nur kurze Zeit aufhielt. Noch am selben Vormittag war von deutschen Sanitätern und einem Stabsarzt im Parterre eine Verwundetensammelstelle eröffnet worden. Dem heutigen Museum hatte man einen beziehungsvollen Namen gegeben, dessen "Verursacher" ein deutscher Soldat war: In den frühen Morgenstunden des 7. Juni 1944 hatte Bruno Hinz einen M5-Stuart-Panzer direkt an der Straßengabelung vor dem charakteristischen Gebäude mit der Verwundetensammelstelle, in die nur kurz zuvor sein schwerverwundeter Kamerad Karl-Heinz Mayer getragen

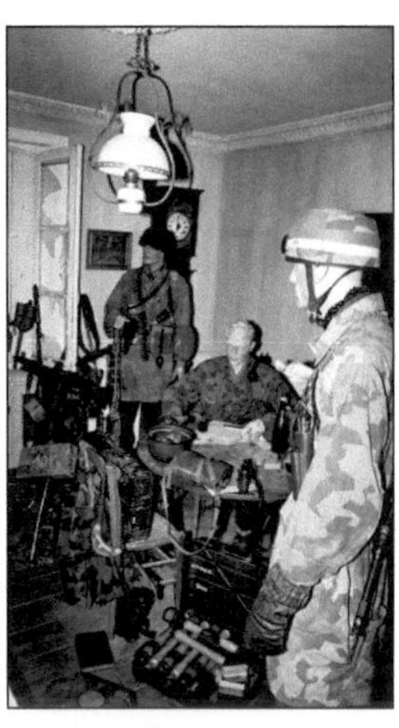

Im "Dead Man's Corner Museum" wurde auf sehr realistische Weise sowohl der Gefechtsstand des Majors von der Heydte (oben) wie auch die damals schon während des Kampfgeschehens überfüllte Verwundetensammelstelle rekonstruiert.

Fotos: von Keusgen

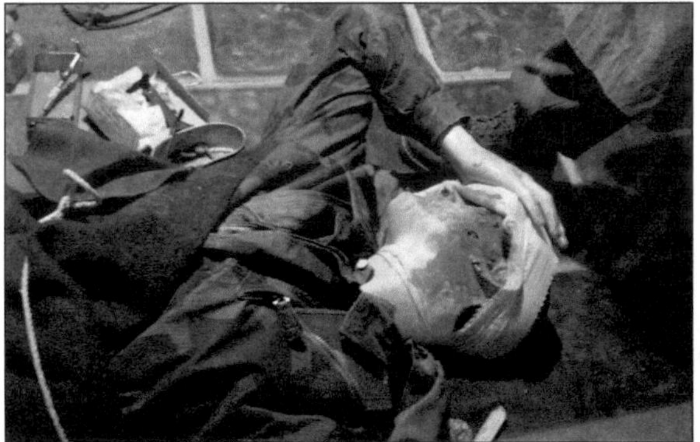

Zwei der im "Dead Man's Corner Museum" ausgestellten brutal-realistischen Szenen der deutschen Verwundetensammelstelle verdeutlichen den Horror, der in dieser Stätte herrschte.

Fotos: R. Schlögl

Bild links: Reenactment-Gruppe anläßlich eines Jahrestages auf dem Kirchplatz in Sainte-Mère-Église.

Foto: von Keusgen

Bild Mitte: Das bereits seit 1936 ausgegebene Fallschirmschützenabzeichen.

Abbildung: Archiv von Keusgen

worden war, abgeschossen. Noch einige Tage lang hing der tote, vornübergekippte Panzerkommandant aus der offenen Turmluke. Die auf ihrem Vormarsch durch Saint-Côme-du-Mont und an dem Panzerwrack mit dem toten Leutnant Anderson vorbeiziehenden Soldaten sprachen, wenn sie sich später über diese Straßengabelung *the dead man in the tank (die Ecke mit dem toten Mann im Panzer),* bis daraus irgendwann die kürzere und prägnantere Bezeichnung *Dead Man's Corner (Toter Manns Ecke)* wurde – und genauso wurde auch das Museum benannt. *(Am 12. Juni 1944, erst sechs Tage nach dem "D-Day", waren Anderson und die drei Leichname seiner Besatzung aus dem Panzer entfernt und auf dem provisorischen Soldatenfriedhof bei Carquebut bestattet worden.)*

Der schwerverwundete Obergefreite Karl-Heinz Mayer vom I./FJR 6, den zwei farbige US-Fallschirmjäger zu der Sammelstelle getragen hatten, mußte darin noch für die Dauer von sechs Wochen viele schreckliche Momente erleben: "Zuerst einmal war ich weg – bewußtlos... Als ich dann irgendwann wieder aufwachte, hatte man mich notdürftig versorgt, wie es eben unter den gegebenen Umständen möglich war. Aber da war ich ja nicht der Einzige, da haben sie ja andauernd welche 'reingetragen – tagelang... Da war da drinnen ein Geschrei und Gestöhne; das war kaum auszuhalten... Die lange Zeit, die ich da drinnen war, kann ich gar nicht mehr nachvollziehen." *(Nachdem die von den Deutschen zur Festung erklärte Hafenstadt Cherbourg am 26. Juni 1944 kapituliert hatte, lief am 15. Juli das erste Transportschiff der Alliierten in den Hafen ein. Es brachte Nachschub- und Versorgungsgüter und nahm Verwundete an Bord, um sie in ein Lazarett in Großbritannien zu bringen. Auch Karl-Heinz Mayer wurde zu diesem Transport von Saint-Côme-du-Mont nach Cherbourg gefahren.)*

Eine Vielzahl Denkmäler und Plaketten säumen heute die schmalen Straßen durch die *(längst nicht mehr so dichte)* normannische Bocage der Cotentin-Halbinsel. Überall findet man Straßen und Wege mit beziehungsvollen Namen, überall Monumente, Gedenksteine oder Bronze-Plaketten – und es werden noch immer mehr, von Jahr zu Jahr... Die D-Day-Feiern wurden im Laufe der Zeit zu einem wahren D-Day-Spektakel, das alljährlich Massen von Besuchern und die Medien aus aller Welt anzieht, ganz besonders zu den Jahrzehnte-Jubiläen. Schon kurz nach dem Krieg waren die ersten Veteranen zum Ort des Geschehens zurückgekehrt. Zuerst Amerikaner, dann, seit Ende der 50er Jahre, auch Deutsche – mit nur langsam zunehmender Tendenz. Doch schon seit vielen Jahrzehnten saßen oder standen Männer beisammen, die 1944 Feinde waren, und tauschen Erinnerungen aus, trinken, lachen und umarmen sich – und manchmal weinen sie zusammen. Doch wurden es von Jahr zu Jahr weniger...

Anläßlich des 60. Jahrestages hatte man in Sainte-Mère-Église auf dem Platz vor der Kirche ein großes Podium errichtet und mit starken Beschallungsanlagen und Multivisionswänden ausgestattet, und im hellblauen, beißenden Qualm der Bratwurstbuden schmetterte Frankreichs Musik-Superstar Mireille Mathieu das Lied der Résistance, *Le chant des partisans (Das Lied der Partisanen)* – und sie sang es wieder und wieder, vor einem internationalen Publikum, das fast Schulter an Schulter und Brust an Rücken dastand. Dazwischen Reenactors in historischen Uniformen – auch in deutschen, selbst in russischen. Zeitweise ging Mireilles von hartem Trommelschlag begleiteter Gesang im Geheul der Sirenen der ständig den Platz umkreisenden Jeeps und dem Gepolter und Geratter sich langsam bewegender Trucks und Panzer unter...

Juliette Brault sagte, ihren Bericht abschließend: "Es war großartig, als am 6. Juni 1944 die Befreier kamen und die Besatzung endlich vorüber war. Es lebe die Freiheit!"

Denkmal an einer der Stätten, an denen von 1944 bis 1948 auf provisorischen Soldatenfriedhöfen Bestattungen vorgenommen wurden (hier nahe Carquebut).

Denkmal zur Erinnerung an den 6. Juni 1944 am Rande des Kirchplatzes in Sainte-Mère-Église.
Fotos: von Keusgen

Jahrestagsfeier am Iron-Mike-Monument.
Bild unten: Nahe des Leroux-Anwesens, hatte Brigadegeneral James Gavin einst seinen Gefechtsstand (Vergleich siehe Seite 146).

Das Monument "The Beginning" (der Beginn) in Amfreville, nahe der ehemaligen Absprungzone "T" der 82. Airborne Division inmitten der großen Erinnerungsstätte an das US-Luftlandeunternehmen am 6. Juni 1944.

Das Denkmal des 508. PIR am südwestlichen Ortsausgang von Chef-du-Pont, nahe der (neuen) Brücke über den Merderet (Vergleich siehe Seite 136) und an der Chaussee nach Amfreville.
Fotos: von Keusgen

Bild oben: Das Monument des "Iron Mike" (Eiserner Michael) am Merderet, 80 Meter von der so hart umkämpften kleinen Brücke, ist Symbol der Standhaftigkeit ("eisern") der amerikanischen Soldaten bei La Fière. Ein zur Gedenkstätte gehörendes bronzenes Buch enthält philosophische Worte: "Die Erinnerung weitergeben, daß wir heute in Frieden, Freiheit und Würde leben, weil andere ihre Leben für uns gaben ..."
Fotos: von Keusgen

Quellenverzeichnis

Mündliche und schriftliche Erlebnisberichte, Korrespondenzen sowie behördliche Dokumente und Informationen

Brault, Georges – Einwohner in Fresville
Brault, Juliette (geb. Le Cambaye) – Einwohnerin in Sainte-Mère-Égilse
Burns, Dwayne – 82. Airborne Division
Chaterine, Marguerite – Einwohnerin in l'Angle
Deboeser , Rolf – Grenadier-Regiment 1058
Dixon, Jack (Winggezy) – 101. Airborne Division
Eisner, Julius – 101. Airborne Division
Ennenga, Johann – Reichsarbeitsdienst
Escher, Rudi – Grenadier-Regiment 1058
Falley, Claus – Sohn des Generalleutnants Wilhelm Falley
Flais, Georgette (geb. Monnier) – Einwohnerin in Sainte-Mère-Église
Hasley, Lucien – Einwohner in Picauville
Hinz, Bruno – Fallschirmjäger-Regiment 6
Josse, Auguste – Einwohner in Bernaville
Le Cambaye, Michel – Einwohner in Sainte-Mère-Église
Lagouche, Marguerite – Einwohnerin in Bernaville
Lahaye, Charles – Einwohner in Pont-l'Abbé
Lebarbenchon, Louis – Einwohner in Bonneville
Leidenheimer, George – 101. Airborne Division
Lyall, Clancy – 82. Airborne Division
May, Rudolf – Grenadier-Regiment 1058
Mayer, Karl-Heinz – Fallschirmjäger-Regiment 6
Murphy, Robert – 82. Airborne Division
Neusser, Max – Fallschirmjäger-Regiment 6
Pentecôte, Jeannette (geb.Legoupillot) – Einwohnerin in Sainte-Mère-Église
Reisenleitner, Harry – 82. Airborne Division
Russel, Kenneth – 82. Airborne Division
Shanley, Thomas J. B. – 82. Airborne Division
Spieles, Heinrich – Grenadier-Regiment 1058
Sullivan, William – 82. Airborne Division
Tucker, William – 82. Airborne Division
Ulan, Sidnay – Pilot, 82. Airborne Division
Villette, Paul – Einwohner in Picauville

Gavin, James M. – Brigadegeneral
(Korrespondenz mit Oberleutnant a. D. John J. Dolan, 1959) und
(Korrespondenz mit Sergeant a. D. William D. Owens, 1959)

Landgrebe – Major und Kommandeur der III. Abteilung des Artillerie-Regiments 243 *(schriftlicher Bericht über den Einsatz seines Regiments vom 6.6. bis 25.6.1944, 1945)*
Schlieben, August Karl-Wilhelm von – Generalleutnant und Kommandeur der 709. Infanterie-Division *(schriftlicher Bericht, 1945)*
Walton, William – US-Kriegsberichterstatter *(schriftlicher Bericht, 1944)*
Bundesarchiv Freiburg
Fallschirmjäger-Regiment 6 *(Kameradschaftspräsentation)*
Wikipedia

Bildnachweis

Privat-Kollektionen: Joachim Bartuzat jr., Juliette Brault, Dwayne T. Burns, Brigitte von Cube, Rolf Deboeser, Jack Dixon, Sven Eisengräber, Johann Ennenga, Rudi Escher, Georgette Flais, Franz Josef Freiherr von der Heydte, Bruno Hinz, Jörg Kohnen-May, Gerold Maderthaner, Karl-Heinz Mayer, Robert M. Murphy, Max Neusser, Jeannette Pentecôte, Magister Bernhard Prugger, Henri-Jean Renaud, Rudolf Schlögl, Heinrich Spieles, William Sullivan und William Tucker.

Archive: Bundesarchiv Koblenz, Éditions Heimdal, von Keusgen, National Archives and Administration Coll. Park/Maryland U.S.A. und Wikipedia

Danksagungen

Für ihre freundliche Unterstützung meiner Arbeiten an diesem Buch bedanke ich mich bei Joachim Bartuzat jr., Georges Bernage, Dwayne T. Burns, Brigitte von Cube, Rolf Deboeser, Sven Eisengräber, Johann Ennenga und Sohn, Georgette Flais, Roland Girard, Franz Josef Freiherr von der Heydte, Marc Lefèvre *(Bürgermeister von Sainte-Mère-Église)*, George Leidenheimer, Joseph Leprieur, Clancy C. Lyall, Gerold Maderthaner, Jörg Kohnen-May, Rudolf May, Karl-Heinz Mayer, Max Neusser, Jeannette Pentecôte, Magister Bernhard Prugger, Henri-Jean Renaud, Kenneth Russel, Rudolf Schlögl, Thomas J. B. Shanley, Heinrich Spieles, William Sullivan und William Tucker...

...doch möchte ich hier für ihre Mitarbeit folgende Personen ganz besonders hervorheben: Oberstleutnant a. D. Hans-Dieter Bechtold, Juliette Brault, Jack Dixon alias Winggezy, Rudi Escher, Claus Falley und Ehefrau, Bruno Hinz, Marguerite und Isabelle Lagouche, Robert M. Murphy, Karin Clarissa Röhrs, Paul Villette, sowie meinen Sohn Alexander und meine Frau Elodie.

Helmut Konrad von Keusgen

Anhang

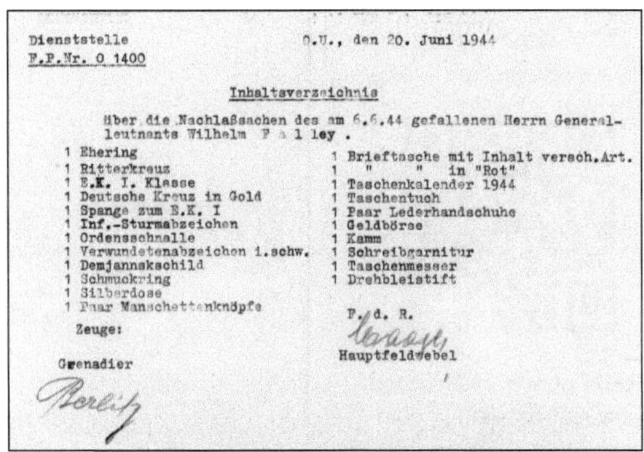

Dienststelle   O.U., den 20. Juni 1944
F.P.Nr. O 1400

Inhaltsverzeichnis

Über die Nachlaßsachen des am 6.6.44 gefallenen Herrn Generalleutnants Wilhelm F a l ley .

1	Ehering	1	Brieftasche mit Inhalt versch.Art.
1	Ritterkreuz	1	" " in "Rot"
1	E.K. I. Klasse	1	Taschenkalender 1944
1	Deutsche Kreuz in Gold	1	Taschentuch
1	Spange zum E.K. I	1	Paar Lederhandschuhe
1	Inf.-Sturmabzeichen	1	Geldbörse
1	Ordensschnalle	1	Kamm
1	Verwundetenabzeichen 1.schw.	1	Schreibgarnitur
1	Demjannskschild	1	Taschenmesser
1	Schmuckring	1	Drehbleistift
1	Silberdose		
1	Paar Manschettenknöpfe		

Zeuge:

Grenadier

F. d. R.

Hauptfeldwebel

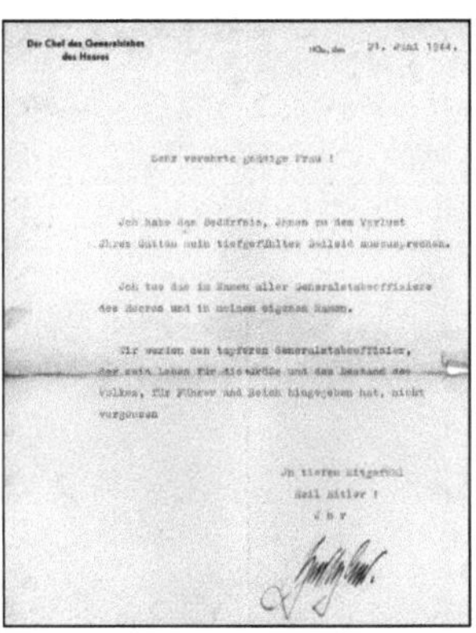

Trotz der noch lange anhaltenden Kriegswirrnisse wurden noch Nachlaßlisten der persönlichen Gegenstände des Generals Falley (oben) und des Oberstleutnants Bartuzat aufgestellt und Beileidschreiben an ihre Angehörigen gesandt (rechts, an Batuzats Witwe) – mit dem damals üblichen Heil-Gruß an jenen "Führer", der die ganze Welt in eine Katastrophe geführt hatte.

Abbildungen: Kollektion C. Falley / Kollektion J. Bartuzat jr.

Impressum

Eine Veröffentlichung von EK-2 Publishing GmbH
Friedensstraße 12, 47228 Duisburg
Registergericht: Duisburg
Handelsregisternummer: HRB 30321
Geschäftsführerin: Monika Münstermann

E-Mail: info@ek2-publishing.com
Website: www.ek2-publishing.com

Autor: Helmut Konrad von Keusgen
Karten Helmut Konrad von Keusgen
Originalausgabe H.E.K.Creativ Verlag, 2010
Neuauflage EK-2 Publishing GmbH, 2024

Verpassen Sie keine Neuerscheinung mehr!

Tragen Sie sich in den Newsletter von EK-2 Militär ein, um über aktuelle Angebote und Neuerscheinungen informiert zu werden. Somit verpassen Sie auch kein Buch von Helmut Konrad von Keusgen! Wir werden nämlich Stück für Stück seine komplette D-Day-Serie sowie weitere ausgewählte Titel des Autors neu veröffentlichen.
Als besonderes Dankeschön erhalten Sie kostenlos das E-Book »Die Weltenkrieg Saga« von Tom Zola. Enthalten sind alle drei Teile der Trilogie.

Link zum Newsletter:
https://ek2-publishing.aweb.page

Über unsere Homepage:
www.ek2-publishing.com
Klick auf Newsletter rechts oben
Via Google-Suche: EK-2 Verlag